Let's have a dialogue!

ワークシートで学ぶ 保育所実習

相浦雅子　那須信樹　原 孝成　編著

『保育実習指導のミニマムスタンダード Ver. 2』対応

同文書院

Authors
執筆者紹介

【編著者】

相浦 雅子（あいうら まさこ）／Lesson 22，Check 1・2
佐賀女子短期大学教授 〈こども未来学科学科長〉

那須 信樹（なす のぶき）／Lesson 1・2・38
中村学園大学教授 〈保育実習指導のミニマムスタンダード編集委員〉

原 孝成（はら たかあき）／Lesson 4・21
目白大学教授 〈保育実習指導のミニマムスタンダード編集委員〉

【著者】

原 陽一郎（はら よういちろう）／Lesson 3・18
筑紫女学園大学教授

井門 彩織（いもん さおり）／Lesson 5
目白大学講師

當銘 美菜（とうめ みな）／Lesson 6
目白大学助教

平田 美紀（ひらた みき）／Lesson 7・24
沖縄女子短期大学教授

小櫃 智子（おびつ ともこ）／Lesson 8・9・19・27
東京家政大学教授

清水 桂子（しみず かつらこ）／Lesson 10・11
北翔大学短期大学部准教授

輿水 基（こしみず もとい）／Special Lesson 1
阿久根めぐみこども園園長

小田 進一（おだ しんいち）／Lesson 12
北海道文教大学教授

永渕 美香子（ながふち みかこ）／Lesson 13, Special Lesson 5
中村学園大学短期大学部准教授

野中 千都（のなか ちづ）／Lesson 14・15
中村学園大学准教授

菅原 航平（すがはら こうへい）／Lesson 16・31
別府大学短期大学部講師

櫻井 裕介（さくらい ゆうすけ）／Lesson 17, Special Lesson 3
中村学園大学短期大学部講師

東内 瑠里子（とうない るりこ）／Lesson 20・30
日本福祉大学准教授

矢藤 誠慈郎（やとう せいじろう）／Lesson 23・33〜36
和洋女子大学教授　〈保育実習指導のミニマムスタンダード編集委員〉

牧野 彰賢（まきの あきたか）／Special Lesson 2
ほうりん福祉会理事長

山田 朋子（やまだ ともこ）／Lesson 25・26
中村学園大学准教授

太田 光洋（おおた みつひろ）／Lesson 28・29
長野県立大学教授

北野 久美（きたの くみ）／Lesson 32, Special Lesson 4
あけぼの愛育保育園園長　〈保育実習指導のミニマムスタンダード編集委員〉

廣瀬 真喜子（ひろせ まきこ）／Lesson 37
沖縄女子短期大学教授

島田 知和（しまだ ともかず）／Lesson 39
別府大学短期大学部講師

川俣 沙織（かわまた さおり）／Lesson 40
中村学園大学短期大学部講師

木村 健太朗（きむら けんたろう）／Special Lesson 6
新栄保育園副園長

はじめに

　令和の時代に入り，保育所における社会的な役割への期待も一段と大きなものになってきています。そこで働く保育士には，乳幼児期を生きる子どもたちの発育や発達，一人ひとりの個性を踏まえつつ，専門的な知識や技術，幅広い教養のもとに生まれる総合的な判断力，専門職として求められる倫理観，そして何よりその豊かな人間性をもって日々の保育に当たるという高度な専門性が求められています。

　保育所では，まさに，こうした専門性を背景に，子どもたちの生き生きとした眼差し，躍動感あふれる動き，屈託もなく喜怒哀楽を表現する子どもの姿に呼応するかのように，保育士もまた生き生きと，すべてを包み込むような柔らかな眼差しで子どもの育ちや学びを見つめ，その瞬間瞬間に関わり続けていらっしゃいます。保育所には，保育所保育指針の内容等を踏まえつつ，専門職同士の対話や省察を繰り返し，より良い保育のありようを考え，模索し，実践し続けていらっしゃる姿があります。もちろん保育士だけではなく，栄養士や看護師をはじめとする保育所の全職員が子どもの育ちや学びに寄り添い，ひとつのチームとして支え，その豊かな可能性を伸ばそうと奮闘されている姿があります。

　さて，みなさんもいよいよ保育所での実習に出かける時が近づいてきました。各養成校においては，学生の定員数や実習時期の違い，さらには所在する地域的な特性などもあって実習を取り巻く環境・条件というものは一様ではありません。しかし，次代の保育を担うみなさんにとって，保育所での実習が実り多きものとなるように実習指導担当の先生方はもちろんのこと，さまざまな方々の力や思いがそこに注がれているということを忘れないでほしいと思います。何より，そのチャンスを与えてくださる保育所の保育士をはじめとする園長先生や職員の方々，そしてみなさんが出会うことになる"良き師"でもある多くの子どもたちに感謝しつつ，「振り返り」と「学び続ける姿勢」を意識しながら，主体的・対話的で深い学びにつながるような実習となるように取り組んでほしいと願っています。

　なお，本書の発刊にあたっては，みなさんの保育士になるための歩みを支えながら，日々，保育士養成に対する熱き思いをもって教育・研究活動に邁進されている多くの養成校の先生方，さらには子どもたちのいま，そして未来をともに生きようと懸命に努力されている多くの保育実践の場の先生方に執筆の労を執っていただきました。この場を借りて心から感謝申し上げます。ありがとうございました。

2020 年 2 月

編著者を代表して　那須 信樹

目　次

2. 使い方に注意の必要な表現
Special Lesson 6　保育ってやっぱり楽しい！！　145

Part 1

主体的・対話的で深い学びを得られる
保育所実習にしていくために

　このレッスンでは，本テキストの「特色」を紹介しながら，実習に向けた事前・事後指導を受けるにあたって，学生のみなさんと授業（実習指導）担当の先生に共有していただきたいテキストの「活用法」について紹介していきます。

1．このテキストの特色と活用法

　このテキストの特色は，大きく次の2点にあります。1つは，このテキストの内容は，2005年（平成17年）初出の「効果的な保育実習のあり方に関する研究Ⅲ〜保育実習指導のミニマムスタンダード〜」を踏まえ，2018（平成30）年に発表された一般社団法人全国保育士養成協議会編による「保育実習指導のミニマムスタンダード Ver.2」（以下，「ミニマムスタンダード」と略）に示された内容を参考に構成されているという点です。

　そしていま1つは，事前・事後指導関連授業の深化を図るために「学び合い」と「振り返り」を軸とした"3つの仕掛け"が盛り込まれているという点です。

1）「保育実習指導のミニマムスタンダード」とは

　1つめの特色として，本書は「ミニマムスタンダード」の考え方を基盤に作成されたテキストであるということです。「ミニマムスタンダード」とは，保育実習（保育所・施設における実習）において，どの養成校においても実習指導担当の先生の間で"これだけは共有しておきたい"とされる，必要最低限の指導内容のことです。つまり，実習に出かけようとしている学生のみなさんに，"これだけは学んでおいて（学んできて）ほしい"とされる内容のことです。

　全国には，みなさんと同じように，将来，保育士になることを夢見て日々学習に励む多くの仲間が存在するわけですが，それぞれの養成校において行われている実習指導には大きな違いも認められます。各養成校の都合や地域性により保育士という同じ国家資格を取得するのに，実習事前・事後指導の内容をはじめ，実習時期の違いや実習評価のあり方，その他さまざまな書類の様式に違いが認められるなどの現実があります。

　もちろん，個別の養成校では対処できない問題もたくさんあります。しかし，専門職としての保育士を目指す実習生の学びの質を高めていくためにも，実習においてやはり"これだけは学んでおいてほしい"内容が存在します。その内容が，これから学んでいく各レッスンにちりばめられています。

2）「学び合い」と「振り返り」を軸とした"3つの仕掛け"

　2つめの特色として，本テキストをもとに学びを進めていくうえで，学習効果を飛躍的に高める"3つの仕掛け"を設定しています。次に紹介する「ワークシート」，「ラベルワーク」，「Homework Sheet」という仕掛けとその活用がポイントとなります。

　現代の保育実践の現場では，保育士の専門職性として従来の技術的に熟達していく保育士モデルに加えて，日々の保育実践を省察的，自覚的に"振り返り"ながら自らの保育実践や保育観を見つめ直し，改善していこうと努力する保育士モデルを含めた人材育成が重視されています。詳細については，保育者論や保育原理の授業の中で学ぶことになる（学んだ）と思われますが，このことは，個々の保育士の成長とともに，その保育士同士が"学び合い"ながら組織的に保育実践に取り組むことの

できる保育士集団としての成長をめざす，そのような保育専門職としての成長が期待されているということです。

　実習を前に，いま一度，保育士をめざす仲間とともに"学び合う"ことの意義や"振り返る"ことの意義について実践的に学びながら，保育所実習に向けての最初の一歩を踏み出すことにしましょう。

2.「ワークシート」で学び合う（7頁の「サンプルシートⅠ」参照）

　学び合うための仕掛け"その1"は，「ワークシート」の活用です。「ワークシート」は，毎時間の授業において授業担当の先生がレクチャー（板書）される内容やあなたなりの気づきをメモしたり，まとめたりするものです。実習直前には，ワークシートに記載した内容を振り返りながら実習中の自己課題や実習課題を明確にしたり，実習後には自らの実習を総括したりする場合などに利用します。このように，ワークシートの活用はあなた自身の実習に関する学びを累積的に高め，自らの学びの軌跡に自覚的になっていくことをサポートしてくれる存在となります。

　以下，ワークシートで学び合ううえでのポイントを示します。

1）準備＜※巻末の「ワークシート例」参照＞

　巻末に「ワークシート」のサンプル様式（原本）を添付していますので，授業担当の先生の指示に従い，授業回数に応じて必要な分だけコピーを準備してください。もちろん，ワークシートの様式は基本的に自由です。授業担当の先生と相談しながら記入項目を決めるところからはじめて，あなたの養成校だけのオリジナル様式を作成するのも良いでしょう。

2）記入はすべてペン書きで

　実習関連の記録（日誌や指導案など）は，基本的にペン書きが前提となります。指導上の理由から，まずは鉛筆で書くことを指示される園もありますが，特に園側から指示がない場合には，ペン書きを前提として考えなくてはなりません。あらかじめペン書きに慣れておく意味でも，ワークシートは日誌に近いものだと考え，すべてペン書きでチャレンジしてみてください。

3）各項目記入上のポイント（7頁の「サンプルシートⅠ」をもとに）

　①授業実施日：授業が実施された日付，曜日，天候，回数などを記入します。

　②学籍番号・氏名：自分の学籍（学生）番号と氏名を記入します。

　③出席者・欠席者：

　　自分のクラス（専攻）に在籍しているメンバーの人数を，出席と欠席の別に記入します。

　④ゲスト：

　　授業に参加（参観）してくださったゲストの名前を記入します。養成校によっては，卒業生である現職の保育士や在学中の保育所実習経験者である先輩学生，あるいは同じ大学の他教科の先生方をゲストに招いて，コメントをしてもらう場合などもあるようです。

　⑤主な授業内容・授業のねらいと Lesson ナンバー

基本的には，授業担当の先生の指示に従って，その当日に学ぶ授業内容と授業のねらいを記入します。右端には，その授業内容が示されるLessonナンバーを記入します。Lesson 1から順番に指導をされる先生もいらっしゃるかもしれませんが，なかには必要なLesson内容を適宜指示されながら授業を展開される先生もいらっしゃいます。Lessonナンバーを記入しておくことで，わかりにくかった点を再度確認したり，先生に質問したりするときに便利です。

⑥授業のポイント！

　授業担当の先生のレクチャー内容や板書された内容を記入していくスペースです。メモをとる感覚で，必要なこと，特に重要だなと思われること，友だちとの意見交換で学んだこと，気づきや新たな発見，自分なりの着想等々，その日の授業のエッセンスをダイナミックに記録する部分です。限られた時間で記録をとる力は，実習中の記録作成においても要求される力の1つです。イラストで表現したり，ペンの色を使い分けたりして，何よりあなたにとって意味のあるワークシートにしてください。

⑦ラベルA（白色）とラベルB（桃色）＜☞巻末の「3枚複写式ラベル」利用＞

　次項「3.『ラベル』で学び合う」のところで詳しく述べますが，毎回の授業終了時に1枚のラベルを作成します。授業の学びのエッセンスが集約された大事な「感想ラベル」となります。このラベルは「3枚複写式」になっていますので，同じ内容のラベルが同時に3枚できあがることになります。この中の1枚（桃色のラベル）を，あなたと同じ時間，同じ空間で，同じ授業を受講した友だちと交換します。自分のラベルを「ラベルA」（白色）として左側に，友だちのラベルを「ラベルB」（桃色）として右側に貼り付けます。

⑧Reflection！

　ワークシートによる学びの中で最も重視されるのが，このReflection！の部分です。Reflection，すなわちその日の授業で何が最も重要な学びであったのか，「授業のポイント」と「ラベル」に記載されたあなたとあなたの友人による内容を振り返りながら記入するスペースです。まさに熟考する時間が求められるわけですが，これもまた実習期間中，毎日作成する実習日誌に通じるものがあります。

⑨次回までの課題（Homework）・その他＜☞巻末の「Homework Sheet」サンプル参照＞

　次頁「4.『Homework Sheet』で学び合う」のところで詳しく述べますが，授業担当の先生から必要に応じて，「Homework」としての課題が指示されます。次回の授業に関連性のある内容を事前学習的に取り組むなど，各Lessonの「ワーク」に示される内容についてのディスカッションなどに向けた準備のための課題が示されることになります。「その他」については，次回授業内容に関する担当の先生からの連絡や学生同士の連絡や報告がある場合に記入するスペースです。

3.「ラベル」で学び合う＜☞巻末に「3枚複写式ラベル」を準備しています＞

　学び合うための仕掛け"その2"は，「3枚複写式ラベル」の活用です。早速，巻末に添付されている「ラベル」を1枚切り取って手にしてみてください。このラベルは3枚複写式になっています。一番上の黄色いラベルにやや強めの筆圧で記入すると，同じ内容のラベルが同時に3枚できあがります。

先に述べたとおり，「ラベル」を活用する大きな理由は，いまあなたの隣に座ってあなたと同じ時間，同じ空間で，同じ授業を受講した友だちが，いったい何を思い，何を感じ，何を学んだのかをラベルを通して共有することができるからです。何でもないことですが，ラベルを交換し，お互いに読み合うことわずか数秒であなたの学びの視野が広がります。また，このラベルをワークシートに添付しておくことで，複眼的にその日の授業を振り返ることも可能となります。

以下，ラベル記入上のポイントとラベルの活用方法を紹介します。

1）記入はすべてペン書きで

黒のボールペンなどを使用し，やや強めの筆圧で記入します。鉛筆書きは不可です。他人の目に触れることにもなります。ていねいな字で記入することを心がけましょう。

2）ラベルに「人格」を持たせる

ラベルに「人格」を持たせるということは，ラベルを書いた以上，その内容に責任を持つということです。一般的には，7頁の「サンプルシート」にみられるように，1段目に1. 授業の回数，2. 授業（教科目）名，3. 学籍（学生）番号，4. 氏名などを記入します。

3）記入する内容は"ひとつ"！

その日の授業で最もあなたの印象に残ったこと，授業担当の先生が指摘された重要なポイントなど，なにか"ひとつだけ"を原則に記入します。「○○がとても重要なことだと理解できた。そして××も大事なことだと気づいた。」のように，単に学んだことを羅列するのではありません。「○○がとても重要なことだと理解できたので，今後私にとっての課題は△△に気をつけながら日々の学生生活を送ることであると考えた。」のように，考察を含めたひとつの文章で言い表すことがラベル記入上のコツです。

4）ラベルの活用例

○黄色……授業担当の先生に提出します。出席カードの代わりにもなりますし，授業担当の先生がクラス全体の学びの傾向を把握するために活用されます。

○桃色……友だちと交換します。毎回，なるべく違う友だちとの交換を心がけましょう。ワークシートのラベルBの箇所にのりで添付します。

○白色……シール式になっています。自分のワークシート（ラベルAの箇所）に添付します。

4．「Homework Sheet」で学び合う（8頁の「サンプルシートⅡ」・☞巻末の「Homework Sheet」サンプル参照）

学び合うための仕掛け"その3"は，「Homework Sheet」の活用です。今回の授業を振り返り，また次の授業とのつながりを意識していくうえでも，予習・復習は欠かせません。このシートは，Homeworkの名のとおり，次の授業内容との関連性において授業担当の先生から出される"宿題"のことです。巻末のサンプルを大いに活用してください。

2回目以降の授業において，例えば，学生同士でこの Homework Sheet を交換し，10分程度の時間を用いて誤字脱字のチェックや意見交換などを相互に行うなどの取り組み方があります。もちろん2人から可能となる学習スタイルですが，5～6名を単位とする小グループ形式での学習のほうがより効果的です。

　以下，Homework Sheet 活用のポイントを紹介します。

1）準備〈☞巻末の「ワークシート例」参照〉

　巻末に「Homework Sheet」のサンプル様式を添付していますので，授業担当の先生の指示に従い必要に応じてコピーを準備してください。もちろん，Homework Sheet の様式は基本的に自由です。授業担当の先生と相談しながら，あなたの養成校だけのオリジナル様式を作成するのも良いでしょう。

2）記入はすべてペン書きで

　「Homework Sheet」への記入もペン書きが前提となります。ワークシートへの記入と同様に，あらかじめペン書きに慣れておく意味でも，すべてペン書きでチャレンジしてみてください。

3）各項目記入上のポイント（8頁の「サンプルシートⅡ」をもとに）

　①Homework Sheet のナンバー：授業担当の先生の指示により記入してください。

　②学籍番号・氏名：

　　自分の学籍（学生）番号と氏名を記入します。氏名の右端には，実習指導案などと同様に，提出者の印鑑を捺印したうえで提出します。

　③チェック担当者サイン：

　　先に述べたとおり，グループ内で相互に Homework Sheet を交換し，赤ペンなどで誤字脱字のチェックをしたり，当該課題への予習成果に対するコメントを記入したりする場合，該当者のサインを記入します。

　④提出締切日と提出先：日誌や指導案同様に，提出締切日と提出先を確認します。

　⑤課題内容：

　　授業終了時に，授業担当の先生から指示される課題内容を記入します。ある養成校の例では，「児童憲章」「全国保育士会倫理綱領」などに謳われている内容をそのまま転記するという課題もあるようです。機械的に転記するのではなく，考えながら転記することで，その内容や位置づけ，意義について再確認したり，各 Lesson に設けられた「ワーク」の内容に沿った形での事前学習内容が設定されたりするなど，内容は実にさまざまです。

5. 用語の説明

　本書において用いられる用語についての説明は，基本的に「ミニマムスタンダード」（2005・2018）に準拠する形で行います。詳細については，巻末の資料にて確認してください。

① 授業が実施された日付や曜日，天候や授業回数を記入します。

② 自分の学籍（学生）番号と氏名を記入します。

③ 自分のクラス，あるいは受講者メンバーの人数を出席と欠席の別に記入します。

④ 授業に参加（参観）してくださったゲストの名前を記入します。

＊該当する Lesson No. を記入します。

保育所実習指導ワークシート

授業実施日	10月 29日 月曜日 天候 晴 第 3 回目	出席者	51 名
		欠席者	3 名
学籍番号	07C333　　氏名　中村 裕美	ゲスト	伊藤香織 保育士（03C）

⑤ 授業担当の先生の指示に従って，その当日に学ぶ授業内容と授業のねらいを記入します。

主な授業内容 と 授業のねらい	※下の欄は、担当の先生の指示に従って記入してください。 Lesson No.

①前回授業のふり返り（課題相互チェック…HW2）を通して、グループ内で各自の実習園のプロフィールを紹介し合いながら、保育所保育を理解していくための視点を共有する。
②保育所実習事前指導の内容確認。
③実習園について理解する
④実習生としての心構えについて！

（lesson 1）
（lesson 2）
（lesson 5）

⑥ 授業担当の先生のレクチャー内容や板書された内容を記入していくスペースです。

◆授業のポイント！

●●●保育園（早良区）戸村
60人
1. 心身ともに健康な子ども
2. 思いやりがある子ども
3. ありがとうと言える子ども
4. ごめんなさいと言える子ども
5. 思い切り遊べる子ども
　延長保育 19時まで
　障害児保育
　自然いっぱいのところ

●●●保育園　中原
保育方針
1. 家庭を大きくした保育園
2. 小さな社会（集団）の保育園
3. 応答を中心とした保育を行い、集中力のある子どもを育てるを目標としている
4. 子どもを主役とした保育。子どもらしい時間（子どもの権利を保護する時間）基本的な生活の場、選択できる活動を大切にした保育を目指している
延長保育
一時保育
園庭開放

●●●保育園　長里
理念
・子どもたちに最善の喜びと幸せを
・子育てに夢と力を
7:00 ～ 16:00
延 18:00 ～ 20:00

●●市立●●保育所　中島
平日 7:30 ～ 19:00
1. 自然の摂理に触れ、環境教育を通して命の大切さを知り、探究心あふれる子どもに育てます。
2. 水、砂、土、太陽のもとで体を使って遊ぶ子どもを育てる。
3. 人の優しさを知り、人の中で生活することを喜ぶ子どもを育てます

行事：対面式、運動会など15ぐらいの行事がある
育児相談

●●●●保育園
41名 → 2人の保育士
エイサー（沖縄県の伝統的な踊り）をさくら組さん（年長）が10月に猛練習
→子どもたちの憧れだが難しい
運動会でやったことを自由遊びのときにやる（←子どもたちから）
子どもたちは色んな遊びを発明する発明家!!

各園の保育理念、方針、方法
保育所保育指針
児童憲章、倫理綱領等
告示化
児童福祉法・児童福祉施設最低設置基準

⊕ 先生からの一言 ⊕
実習日誌について…
考察の部分をよく考える
永 自分の思いをしっかり書く
世 子どものステキ・おもしろい所など
実る

⑦ 毎回の授業終了時に記入する感想ラベルです。毎回の授業で感じたり、考えたりした内容を記入し、メンバーと交換、学びを共有します。

ラベルA（白色）

10/29 ③ 保実研 07C333 中村 裕美
自分が実習する保育園を短い時間で紹介する事はとてもレクトく難しかった。それから園のいい所を自分でしっかり見つけないといけないと思った。

ラベルB（桃色）

10/29③ 保実研 07C334 長里百容
挨拶や報告など何気なくできそうなことも実際にしてみると戸惑ってなかなかできないことが分かった。実習中にできるように意識しておこうと思った。

⑧ 毎回の授業で自分にとって何が最も重要な学びであったのか⑥と⑦に記載した内容をふりかえりながら記入します。

◆Reflection！
今日はみんなが2月に行う保育所実習の実習先の保育所の紹介をしました。自分が実習に行く保育所の良い所を詳しく話すことは難しくて、なかなかみんなに伝わらなくて困りました。みんなが行く保育所の話を聞いてみて、一番印象に残ったのは、戸村さんが行く保育所です。本当に子どもが中心だということが分かるし、自然がいっぱいだということに興味を持ちました。また●●●●保育園で働いている伊藤香織保育士の話をきいて、子どもたちは色んな遊びを発明すると言われて、確かにそうだなぁと思いました。私たちが思いつかないようなことをさっと思いついていたりします。先生からの一言で実習日誌について言われて、ただ書くだけじゃなく、自分の思いをしっかり書いてこそ、ちゃんとした実習日誌になるんだなぁと思いました。だから、いざ実習をすると言ったとき、しっかりと子どもたちを見て、子どもたちと話して、色んなことを感じとっていきたいなと思います。実習生の心構えの中で「ほう・れん・そう」とあるけど、この3つのどれも大切だと思います。2月にある3週間では、この「ほうれんそう」をしっかり行って、充実した実習をしてきたいと思います。

次回までの課題（Homework）	その他〈予定、特記事項〉
HW（No.3）	①授業で学んだ実習生として必要な（求められる）心構えについて記述してください。（箇条書き可）また、それぞれの心構えに関して、現段階におけるあなたの課題を明らかにしてください。
その他	①グループ内ディスカッションを通して、実習生として求められる心構えをメンバー同士で共有していきます。 ②実習生としての心構えについて学びます。（2回目）

A.N.H 2020＜Ver.1.1＞

⑨「Homework」については，授業担当の先生より必要に応じて提示される「宿題」です。予習や復習的要素が含まれています。「その他」については，次回授業内容に関する予告や学生同士による連絡や報告を記入します。

サンプルシート Ⅱ

②自分の学籍（学生）番号と氏名を記入します。氏名の右端には，実習指導案などと同様に，捺印したうえで提出します。

④提出締切日と提出先を確認し，記入します。

①授業担当の先生の指示により記入します。「ワークシート」の最下段「次回までの課題」欄と対応しています。

③グループ内でsheetを交換し，赤ペンなどで誤字・脱字のチェック，コメントを入れたりします。その場合の担当者のサインを記入します。

A.N.H 2020＜Ver.1.1＞

Homework Sheet （No. ②）

チェック担当者サイン
那須

| 学籍番号 | 07C333 | 氏名 | 中村 裕美㊞ | 提出締切日と提出先 | 10月 22日　月曜日　13：00 までに　　へ提出 |

⑤授業終了時に，授業担当の先生から指示される課題内容を記入します。「ワークシート」の最下段「次回までの課題」欄と対応しています。

課題内容
〇あなたが実習を予定している保育所（園）の「プロフィール」を作成しなさい。
　　　米保育所（園）名・所在地・沿革・保育理念・保育内容・事業内容等々

　　　S保育園
　園の住所❀ K県 M市〇〇町×××
　　　TEL❀ ××××－××－××××
開所時間❀ 7：00～19：00
受入年齢❀ 生後3ケ月～小学校就学時未満
　保育所の方針
　S保育園は、過去にも未来にもとらわれないで、今を夢中に生きている子どもたちと共に、歩んできました。そして大人たちは皆、子どもたちに大きな期待をかけています。
　私たちが成し遂げられなかった事、より良い社会を築き上げられなかった大人たちの夢が子どもたちには重くのしかかっています。しかし、子どもたちは自由奔放です。
　この嬉々として跳び回る子どもたちのエネルギーは、一体どこからくるのでしょうか。
子どもには、大人たちの計り知れない無限の可能性があります。
　「子どもの能力は生まれつきではない」
　「どの子も育つ　育て方ひとつ」
の保育、教育方針で S保育園 は、いつも子どもたちと向き合っていきたいと思います。
　保育所の1日
　7時～：順次登園、所持品整理
　午前中：マラソン、体育遊び、設定保育、自由遊び、未満児はおやつが入ります。
　11時30分～：食事の準備、食事、片付け
　12時30分～：午睡 年長組は10月より午睡はありません
　15時：おやつ（全クラス）
　15時30分：帰りの準備、自由遊び、火曜日はジョイジョイクラブ（英語で遊ぶ）
　16時30分：順次降園
❀実習に向けて❀
　今まで習ってきたことを思い出しながら頑張りたい。園の先生方の指導をしっかり受け、自ら思ったことは尋ねるなどして、積極的に動きたい。まだまだ分からないことがあるので、もっと勉強しようと思った。

※用紙が足りない場合には、裏面を使用しても構わない。

Part 2

保育所実習に臨む〜〈事前準備編〉
保育所実習の概要について学ぶ

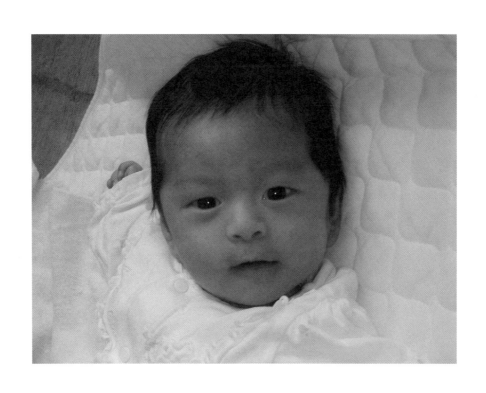

1. 保育所実習の概要

　みなさんが学ぶ養成校は，国（厚生労働省）が定める「指定保育士養成施設の指定及び運営の基準」に則りながら運営されています。この基準の中に「保育実習実施基準」が定められており，保育士資格を取得するために必要な保育実習の種別・履修方法（単位数と日数）・実習施設が明示されています（**表2-1 参照**）。実習施設の詳細については巻末資料②を参照してください。

表2-1　保育実習の種別・履修方法（単位数と日数）・実習施設

実習種別	履修方法		実習施設 （一部抜粋）
	単位数	施設における おおむねの実習日数	
保育実習 （必修科目）	4 単位	20 日	（主に）保育所
			保育所以外の児童福祉施設など
保育実習Ⅱ （選択必修科目）	2 単位	10 日	保育所又は幼保連携型認定こども園或いは小規模保育A・B型及び事業所内保育事業
保育実習Ⅲ （選択必修科目）	2 単位	10 日	児童更生施設又は児童発達支援センター その他社会福祉関係諸法令の規定に基づき設置されている施設

　保育所は，保育を必要とする子どもの健全な心身の発達を図ることを目的とする児童福祉施設であり，入所する子どもの最善の利益を考慮し，その福祉を積極的に増進することに最もふさわしい生活の場であり続けることが求められています。さらに，入所する子どもの保護者のみならず地域における子育て家庭に対する支援を行うことがその役割として求められています。そして，その役割を担うのが保育士をはじめとする，看護師や栄養士など多様な専門性を持つ保育所の全職員となります。

2. 保育士の定義について

　保育士とは，児童福祉法第18条の4において以下のように定義されています（巻末資料③参照）。

　「この法律で保育士とは，第18条の18第1項の登録を受け，保育士の名称を用いて，専門的知識及び技術をもって，児童の保育及び児童の保護者に対する保育に関する指導を行うことを業とする者をいう」。

　少子化や地域社会における人間関係の希薄化などに伴う家庭や地域における教育力の低下が指摘されています。こうした現状を踏まえ，子どもの健全な成長を図るためには保育所における子どもの保育（ケアワーク）だけでなく，その保護者や地域の子育て家庭に対する支援（ソーシャルワーク）を行うことが保育士の業務として求められていることが分かります。

3. 保育所実習の目的と内容

　保育実習実施基準の中に，「保育実習は，その習得した教科全体の知識，技能を基礎とし，これらを総合的に実践する応用能力を養うため，児童に対する理解を通じて保育の理論と実践の関係について習熟させることを目的とする」と明示されています。これは，養成校教員が主語になった基準ですから「習熟させる」という表現になっていますが，学生を主語に置き換えると，この部分が「習熟する」という表記となり，学生がより主体的に保育実習に取り組むことの目的が一層明確になります。

　実際，学生が保育実習で学ぶことは多岐に及びます。その学びを深めるためにも，実習中，特に重視すべき内容が存在します。以下，その主な視点を紹介します。

1）直接的・具体的な体験を通して保育を学ぶ

　実習の最大の目的は，主に保育士の子どもに対する関わり（指導や援助の実際など）を通して，保育実践という具体的な「事実」を学ぶことです。子どもの様子，保育士の様子を観察し，さらにはその場に構成されているさまざまな環境に関わることを通して学びます。そして，その「事実」を記録にとどめ，振り返り，実習施設の指導担当職員より指導やアドバイスをいただきながら，そこで得られた知見や技術をもとに自分なりにも子どもと関わりながら保育という営みの実際を理解していきます。部分実習や全日実習場面においては，養成校や実習中に学んだ保育の計画や内容等に基づいて試行錯誤を重ねながら，専門的な知識や技術の習得を目指します。

　こうして，日々，保育実践の場に直接的・具体的に関わりながら保育という営みを体験していく中で，養成校で学んできたこととつなげたり，また比較したりしながら自らの保育に対する思いなどについて記録をもとに振り返りを行います。この振り返りを通して自らの強みや特長を把握しつつ，これから学び，取り組むべき新たな自己課題・実習課題を見つけることが何より重要です。実習で体験したことをその後の学習に生かし，保育とはどうあるべきか，また自らの保育や子どもに対する価値観を問い直し続ける，そのような姿勢が求められます。

2）乳幼児の理解を深める

　さまざまな個性や特性を持った乳幼児に出会うことは，みなさんにとっても忘れられない体験になることでしょう。保育所に通う子ども一人ひとりの発達の違いや行動の特長，あるいは個性や個人的な特性，さらには子どもが考えていることや望んでいることなどについて，子どもに寄り添いながら理解しようとする姿勢が求められます。まさに「子どもにとってどうなのか？」という視点を持ち続けながら日々の実習に取り組むことを忘れてはいけません。

　ちなみに実習では毎日，日誌を書きます。日誌を書くということは，それによって保育を振り返り，保育士の指導や援助，子どもの内面について学生なりに考え，自分なりの解釈をすることで，保育をより深く理解することにつながる大切な時間を意味します。

3）子育て支援の実際にふれる

　実習生という立場であり，実際の子育て支援場面に出会うことは稀ですが，保育所で行われている

子育て支援活動にふれながら，現代社会における保護者の子育てを支える保育所の役割について理解する必要があります。保育所における子育て支援の基本となる考え方は，保護者や地域の関係機関との連携のもと，①「子どもの最善の利益を考慮し，子どもの福祉を重視」すること，②保護者とともに「子どもへの愛情や成長を喜ぶ気持ちを共感し合う」ことです。また，子育て支援は，①保育所に入所している子どもの保護者に対する支援と，②地域における子育て支援が存在します（☞ Lesson 20・21，28〜31 ならびに巻末資料④参照）。

4）専門職としての倫理について学ぶ

　実習生とはいえ，実習中は保育所の服務規程を守りながら「勤務」するわけですから，一社会人として，また責任ある大人としての言動や態度が求められます。また，保育所で保育に携わる職員の方々と一緒に働くためには，チームの一員としての連携や協働的な姿勢が必須になります。国家資格である保育士の資格取得を目指す学生においても，これまで以上に子どもの人権に配慮し，守秘義務を遵守し，体罰などの禁止，性差別による固定的な性役割分業意識を与えないなど，専門職としての倫理観に基づいた実習を意識しなくてはなりません（☞巻末資料⑤参照）。

　実際の実習においては，養成校において事前事後に学んだり，模擬的に行ったりした体験以上の多くの学びの要素が含まれています。ただし，こうした見通しの立ちにくい状況の中，いたずらに不安になったり心配になったりする必要はありません。むしろ「知らない・したことがない」，だから「できない」と考えるのではなく，「だから実習に取り組んでいるのだ」ということです。保育所実習の場合，実習にも基礎的な実習と応用的な実習というように段階制が設けられています。それぞれの段階に見合った実習を自ら心がけ，自覚的に「知る・してみる」という姿勢を持って取り組んでみましょう。

参考文献
・厚生労働省子ども家庭局保育課編『子どもを中心に保育の実践を考える〜保育所保育指針に基づく保育の質向上に向けた実践事例集〜』2019
・厚生労働省編『保育所保育指針解説』フレーベル館，2018
・全国保育士養成協議会編『保育実習指導のミニマムスタンダード Ver.2』中央法規出版，2018
主な関連授業
・保育者論，保育原理，社会福祉，子ども家庭福祉，子ども家庭支援論など
ワーク
・保育実習Ⅰ（またはⅡ）における「実習の目的」について友人と確認し合ってみましょう。

memo

保育実習Ⅰ及びⅡは「保育所」，「幼保連携型認定こども園」，「小規模保育 A・B 型及び事業所内保育事業」で実習することとなっています。「保育所」「幼保連携型認定こども園」は児童福祉法で定められた児童福祉施設であるし，「小規模保育 A・B 型及び事業所内保育事業」も児童福祉法で定められている福祉事業であり，その保育内容は保育所保育指針に準じるように定められています。

1. 保育所の社会的役割

保育所保育指針に記されているように，これらの施設に入所している子どもたちは「保育を必要とする」子どもです。この事由については，子ども・子育て支援法施行規則第 1 条に，①就労，②妊娠・出産，③保護者の疾病・障害，④同居又は長期入院等している親族の介護・看護，⑤災害復旧，⑥求職活動・起業準備を含む，⑦就学・職業訓練校等における職業訓練を含む，⑧虐待や DV のおそれがあること，⑨育児休業取得時に，既に保育を利用している子どもがいて継続利用が必要であること，⑩その他，上記に類する状態として市町村が認める場合，と 10 項目が挙げられています。これらの施設に入所しているということは，この事由に該当し，保育の必要性が高いことが認定されているからこそ入所しているのです。

従って，保育所保育の基盤は「養護」でなければなりません。ここで，まず「生命の保持」が挙げられているのは，上記の事由で保護者が子どもを保育することが困難であるために生命の危機にさらされる可能性があるからであり，保育士はまず子どもの生命を保護者の代わりに守ることが求められています。次に，「情緒の安定」が挙げられています。児童福祉施設は，家庭に代わる子どもの「生活の場」ですから，子どもたちが安心して心地よく生活できるように生活環境を整備するとともに，何よりも子どもと保育士との間に愛着関係が形成されなければならないといえるでしょう。

さらに，3 歳未満児からの保育所利用が増えており，平成 29 年には 0 歳児の 14.8％，1 歳児の 42.2％，2 歳児の 48.4％が何らかの施設に入所している状況にあります。そのため保育士は，全国保育士倫理綱領にある「子どもが現在（いま）を幸せに生活し，未来（あす）を生きる力を育てる」保育力を身につけ，「保育のプロ」としてこれからの社会を担う子どもたちの育ちを，乳児期から支えるという気概を持つことが求められているといえるでしょう。

2. 保育施設の特性

これらの施設に入所している子どもたちは，保育ニーズに応じた支給要件によって区分されています。

○1 号認定（教育標準時間認定）…満 3 歳以上の小学校就学前の子どもであって，学校教育のみを受ける子ども　4 時間

○2 号認定（保育認定）…満 3 歳以上の小学校就学前の子どもであって，保育を必要とする子ども　保育短時間（8 時間）保育標準時間（11 時間）

○3 号認定（保育認定）…満 3 歳未満の保育を必要とする子ども

保育所は，2 号・3 号認定の子どもたちが入所しており，保育は保育士資格を有している保育士が行います。

幼保連携型認定こども園には，1 号・2 号・3 号認定の子どもが入所しています。ただ，保育所か

ら移行した場合には2号認定が多くて1号認定が少なく，幼稚園から移行した場合には逆に1号認定が多くて2号認定が少ないので，同じ施設種別でありながら雰囲気が違っています。3歳未満の子どもを担当する職員は保育士資格を持っていることが必要であり，3歳以上の子どもは保育士資格と幼稚園教員免許状の両方を持っている「保育教諭」が主に担当しています。

　小規模保育事業所は3歳未満の子どもの施設です。定員は6〜19人で，A型では保育を担当する職員は全員保育士資格を持っている必要があり，B型では保育を担当する職員の半数が保育士資格を持っている必要があります。

　事業所内保育事業所は3歳未満の子どもの施設です。保育を担当する職員は，定員が20人以上の場合は全員が保育士資格を有すること，定員が19人以下の場合は半数以上が保育士資格を有することとされています。

　このように「保育」を行う施設であっても，施設種別によってさまざまな特性を持っています。実習施設の選択にあたってはこれらの特性に留意しましょう。

3. 実習園の概要・特色を理解する

　実習前に概要や特色を把握しておかないと，実習で困ることになってしまいます。そこで，下記の項目については把握しておくことが必要です。

　□施設種別・設置者・設立理念など
　　施設種別によって根拠法令が異なっていますので，まずはきちんと種別を把握することが必要です。また，設置者は社会福祉法人，学校法人，企業，個人のどれなのかを把握しましょう。

　□設立理念・保育方針・保育目標など
　　設立理念と保育方針や保育目標は密接な関係にあります。特に，宗教団体が関係している場合にはその宗教の文化が保育に取り入れられている場合が多いので，実習前に把握しておくことが大切です。

　□施設設備・保育の状況など
　　保育所と幼保連携型認定こども園は独立した建物と園庭を持っていますが，小規模保育事業所や企業内保育事業所の場合はビルの一室であったり園庭が無かったりする場合があります。その場合，どのような保育がなされているのか事前に把握しておくと，実習計画が立てやすくなります。

　□入所定員・クラス編成など
　　例えば保育案を考える際，クラスの人数や，同年齢クラス編成か異年齢クラス編成かによって，内容が大きく変わってきます。ですから，実習前にはこれらの状況を把握しておくことが必要です。

　□特色としている保育形態・保育内容など
　　実習園の保育形態や保育内容は何を特色としているのかについては，事前に調べておくことが必要です。特に保育に名前を付けてその特色を表現している施設の場合，その保育の特色について事前に学習しておきましょう。

参考文献
・厚生労働省「児童福祉施設の設備及び運営に関する基準」
　https://www.mhlw.go.jp/web/t_doc?dataId=82069000&dataType=0&pageNo=1
・内閣府・文部科学省・厚生労働省「子ども子育て支援新制度ハンドブック」
　https://www8.cao.go.jp/shoushi/shinseido/faq/pdf/jigyousya/handbook.pdf
・内閣府「企業主導型保育事業実施要綱の概要」
　https://www8.cao.go.jp/shoushi/shinseido/ryouritsu/pdf/jisshi_gaiyou.pdf

主な関連授業
・保育原理，保育内容総論，子ども家庭福祉

ワーク
・あなたが実習する保育所の種別・設備・人員配置などについてまとめましょう。

memo

　保育実習は，保育所などの児童福祉施設で実際に働く保育士の職務などを体験的に修得していくことが重要な目標の一つといえます。そのため，実習に臨むにあたっては，保育士の活動内容に関わる関連法規やガイドラインとなる保育所保育指針について理解しておく必要があります。

1．児童福祉法

　保育士は，2001（平成13）年の「児童福祉法」の一部改正に伴い，名称が「保母」から「保育士」と変わり，名称独占を持つ国家資格として法定化されました。さらに，2003（平成15）年には保育士は登録制となり，「保育士証」の交付を受けないと保育士として働くことができなくなりました（児童福祉法第18条の4参照）。

　保育士は，児童福祉施設等で従事することとなりますが，その基本精神は「児童福祉法」第1条及び第2条に示されています。また，その対象となる児童と障害児については，「児童福祉法」第4条及び同条の②にて定義されています。最後に，保育士の職務には児童や保護者のプライバシーに関わることが多く，保育士の信用や守秘義務については，「児童福祉法」第18条の21及び第18条の22に示さており，特に守秘義務については，「児童福祉法」第61条の2にて罰則が示ている，かなり重い規定といえます。

児童福祉法（昭和22年　法律第164号）

第1条　全て児童は，児童の権利に関する条約の精神にのつとり，適切に養育されること，その生活を保障されること，愛され，保護されること，その心身の健やかな成長及び発達並びにその自立が図られることその他の福祉を等しく保障される権利を有する。

第2条　全て国民は，児童が良好な環境において生まれ，かつ，社会のあらゆる分野において，児童の年齢及び発達の程度に応じて，その意見が尊重され，その最善の利益が優先して考慮され，心身ともに健やかに育成されるよう努めなければならない。

第4条　この法律で，児童とは，満18歳に満たない者をいい，児童を左のように分ける。

　1　乳児　満1歳に満たない者

　2　幼児　満1歳から，小学校就学の始期に達するまでの者

　3　少年　小学校就学の始期から，満18歳に達するまでの者

②　この法律で，障害児とは，身体に障害のある児童，知的障害のある児童，精神に障害のある児童（発達障害者支援法（平成16年法律第167号）第2条第2項に規定する発達障害児を含む。）又は治療方法が確立していない疾病その他の特殊の疾病であつて障害者の日常生活及び社会生活を総合的に支援するための法律（平成17年法律第123号）第4条第1項の政令で定めるものによる障害の程度が同項の厚生労働大臣が定める程度である児童をいう。

第18条の4　この法律で，保育士とは，第18条の18第1項の登録を受け，保育士の名称を用いて，専門的知識及び技術をもつて，児童の保育及び児童の保護者に対する保育に関する指導を行うことを業とする者をいう。

第18条の21　保育士は，保育士の信用を傷つけるような行為をしてはならない。

第18条の22　保育士は，正当な理由がなく，その業務に関して知り得た人の秘密を漏らしてはならない。保育士でなくなつた後においても，同様とする。

第61条の2　第18条の22の規定に違反した者は，1年以下の懲役又は50万円以下の罰金に処する。

---

2. 児童憲章

　子どもの権利に関する歴史的な流れとしては，1947（昭和22）年に「児童福祉法」が公布され日本における児童福祉に対する基本的な姿勢が示され，1951（昭和26）年5月5日に「児童憲章」が制定されました。その後，1959（昭和34）年に「児童権利宣言」が国連で採択されましたが，これは法的拘束力を持つものとはいえませんでした。1989（平成元）年に「児童の権利に関する条約（子どもの権利条約）」が国連で採択され，1994（平成6）年に日本が批准し，子どもの権利の尊重及び確保に関する具体的事項が規定されることとなりました。さらに，2005（平成17）年には，乳幼児期の子どもの権利に関する「乳幼児期における子どもの権利」が国連で採択されました。

　児童憲章は，子どもの幸福をはかるために定められたものと言えますが，その基本には健康に生まれ，安全に生活し，健やかに成長するなどの「生きる権利」，教育を受け，情報を得ることができるなどの「育つ権利」，あらゆる差別や虐待，搾取などから守られる「守られる権利」，自由に意見を表明し，集まって活動することなどができる「参加する権利」を保障することにあるといえます。

3. 保育所保育指針と保育所保育指針解説

　「保育所保育指針」（平成29年告示）は，「児童福祉施設の設備及び運営に関する基準」（昭和23年厚生省令第63号）の第35条に基づき，保育所及び保育所で勤務する職員のガイドラインとなるものです。また，「保育所保育指針解説」はその公式の解説書として位置づけられます。「保育所保育指針」は，「第1章　総則」「第2章　保育の内容」「第3章　健康及び安全」「第4章　子育て支援」「第5章　職員の資質向上」の5章で構成されています。「保育所保育指針」は，保育所で勤務する保育士にとって，保育内容だけでなく健康・安全管理，子育て支援，研修など広範囲のガイドラインとなっており必読ですが，実習生も同様に保育実習前には内容を理解しておく必要があると言えます。特に「第1章総則」の「1保育所保育に関する基本原則」には，「(1) 保育所の役割り」や「(5) 保育所の社会的責任」が明記されており，実習前に内容を確認しておく必要があるでしょう。

主な関連授業
・保育原理，子ども家庭福祉，社会福祉，保育者論
ワーク
・児童福祉法や保育所保育指針を読んで保育士の職務についてまとめてみましょう。

Lesson 5 実習の段階と方法について理解する

1. 実習の段階

　保育士養成の実習段階は，2003（平成 15）年に通知された厚生労働省雇用均等・児童家庭局長通知「指定保育士養成施設の指定及び運営の基準について」（平成 30 年 4 月 27 日一部改正，子発 0427 第 3 号）に基づいて構成されています。このなかで，保育士資格取得のために必要な保育実習基準について，以下のように明記されています。

実習種別	単位数 おおむねの実習日数	実習施設	各養成校での 科目名例
保育実習 I （必修科目）	4 単位 20 日間	保育所，幼保連携型認定子ども園，小規模保育 A 型・B 型，事業所内保育所	「保育実習 I」等 （2 単位 10 日間）
		乳児院，母子生活支援施設，障害児入所施設，児童発達支援センター，障害者支援施設，児童養護施設等 11 種別の児童福祉施設や社会福祉施設	「施設実習 I」等 （2 単位 10 日間）
保育実習 II （選択必修科目）	2 単位 10 日間	保育所，幼保連携型認定子ども園，小規模保育 A 型・B 型，事業所内保育所	「保育実習 II」等 （2 単位 10 日間）
保育実習 III （選択必修科目）	2 単位 10 日間	児童厚生施設又は児童発達支援センターその他社会福祉関係諸法令の規定に基づき設置されている施設であって保育実習を行う施設として適当と認められるもの（保育所，幼保連携型認定こども園等は除く）	「施設実習 II」等 （2 単位 10 日間）

　実際の科目名は，上記に示すように各保育士養成校によって異なる場合もあります。ここでは保育実習 I（必修 4 単位）のなかで，保育所の実習部分を便宜上「保育実習 I」（2 単位 10 日間）と表記します。通知のなかでは，各実習の目標や内容について以下のように明記されています。

	「保育実習 I」	「保育実習 II」
目標	1. 保育所，児童福祉施設等の役割や機能を具体的に理解する。 2. 観察や子どもとの関わりを通して子どもへの理解を深める。 3. 既習の教科目の内容を踏まえ，子どもの保育及び保護者への支援について総合的に理解する。 4. 保育の計画・観察・記録及び自己評価等について具体的に理解する。 5. 保育士の業務内容や職業倫理について具体的に理解する。	1. 保育所の役割や機能について，具体的な実践を通して理解を深める。 2. 子どもの観察や関わりの視点を明確にすることを通して，保育の理解を深める。 3. 既習の教科目や保育実習 I の経験を踏まえ，子どもの保育及び子育て支援について総合的に理解する。 4. 保育の計画・実践・観察・記録及び自己評価等について，実際に取り組み，理解を深める。 5. 保育士の業務内容や職業倫理について，具体的な実践に結びつけて理解する。 6. 実習における自己の課題を明確化する。

	「保育実習Ⅰ」	「保育実習Ⅱ」
内容	1. 保育所の役割と機能 　（1）保育所における子どもの生活と保育士の援助や関わり 　（2）保育所保育指針に基づく保育の展開 2. 子どもの理解 　（1）子どもの観察とその記録による理解 　（2）子どもの発達過程の理解 　（3）子どもへの援助や関わり 3. 保育内容・保育環境 　（1）保育の計画に基づく保育内容 　（2）子どもの発達過程に応じた保育内容 　（3）子どもの生活や遊びと保育環境 　（4）子どもの健康と安全 4. 保育の計画・観察・記録 　（1）全体的な計画と指導計画及び評価の理解 　（2）記録に基づく省察・自己評価 5. 専門職としての保育士の役割と職業倫理 　（1）保育士の業務内容 　（2）職員間の役割分担や連携・協働 　（3）保育士の役割と職業倫理	1. 保育所の役割や機能の具体的展開 　（1）養護と教育が一体となって行われる保育 　（2）保育所の社会的役割と責任 2. 観察に基づく保育の理解 　（1）子どもの心身の状態や活動の観察 　（2）保育士等の援助や関わり 　（3）保育所の生活の流れや展開の把握 3. 子どもの保育及び保護者・家庭への支援と地域社会等との連携 　（1）環境を通して行う保育，生活や遊びを通して総合的に行う保育 　（2）入所している子どもの保護者に対する子育て支援及び地域の保護者等に対する子育て支援 　（3）関係機関や地域社会との連携・協働 4. 指導計画の作成・実践・観察・記録・評価 　（1）全体的な計画に基づく指導計画の作成・実践・省察・評価と保育の過程の理解 　（2）作成した指導計画に基づく保育の実践と評価 5. 保育士の業務と職業倫理 　（1）多様な保育の展開と保育士の業務 　（2）多様な保育の展開と保育士の職業倫理 6. 自己の課題の明確化

2. 実習の内容

　実習の内容には，以上の内容を含むように構成されています。「保育実習Ⅰ」は，最初の現場実習となることが多く，「見学実習」「観察実習」「参与実習」を通して，子どもへの理解を深めるとともに，保育所の機能，保育内容や環境，保育士の職務について学ぶことを目標とします。次に「保育実習Ⅱ」は，「保育実習Ⅰ」で得られた保育所や子どもの理解を踏まえた上で実施されます。「保育実習Ⅱ」は，保育所での生活に参加するだけでなく，学生が自ら「指導計画」を作成し実践，評価することを体験し，保育士として必要な資質・知識・技術及び判断力を習得する応用的な実習となります。また，家庭や地域社会との連携や保育所，保育士の役割を具体的に理解していくことも重要な目標です。

参考文献
・全国保育士養成協議会編『保育実習指導のミニマムスタンダード Ver.2』中央法規出版，2018
主な関連授業
・保育原理，保育内容総論
ワーク
・保育実習Ⅰの10日間の中でどのような目標を持って，どのような内容の実習を行っていくか具体的に考えてみましょう。

Lesson 6 実習生としての心構えについて理解する

　保育所実習が他の保育士資格取得に関わる科目と大きく異なる点は，実際の保育現場に参加し，体験的に保育に必要な知識，技能，倫理観などを学ぶことだといえます。実習では，養成校での学びを実際に自ら実践し，現在自分が持っている力を確認したり，不足している部分を明確にしたりすることができます。保育現場は，保育士資格取得を目指すみなさんにとっては，学びの場だといえます。しかし同時に，現場の子どもたちや保育士，保護者の方々にとっては，大切な日々の生活の場です。実習生であるみなさんの何気ない言葉づかいや振る舞いが，子どもたちに影響を与えることもあります。そのため，学生であると同時に，「保育士」としての態度や役割も期待されています。

　このレッスンでは，実習前・実習中・実習後を通して実習生として必要な心構えについてまとめてみます。心構えは，実習に関する知識を得たり，養成校内外での現場体験に参加したりすることを通して，少しずつ身についていくものです。緊張や不安に焦るのではなく，ひと呼吸し，冷静に，今の自分に向き合ってみましょう。

1. 実習前

　実習前は，現場に出ることへの期待と同時に，不安な気持ちを感じることもあるでしょう。不安を抱えながらも折り合いをつけ，実りある実習にするために，以下のことを実践していきましょう。

1) 養成校での事前指導を受ける

　保育所実習に行く前に，各養成校で「保育実習指導」を受けます。実習指導では，実習についての理解を深めると同時に，これまでの学びを実践するための準備やリハーサル等が行われます。実習に向けた大切な説明を聞き漏らすことのないよう努めることはもちろん，保育教材の準備や具体的な活動を用意することは，実習に臨む気持ちにも影響を与えるでしょう。（☞Lesson 2 参照）

2) 実習園について理解する

　一口に保育所といっても，地域の特色や園の規模などによって千差万別です。一般的な保育所という施設の設置目的，役割や機能について理解しておくと同時に，自分が実習に行く保育所の特徴や環境，人数構成，保育目標などについても十分に理解しておく必要があります。また，同じ園であっても子どもや保育士の特徴によりその都度，変化していくものです。そのため，他者の意見を鵜呑みにせず，自分の五感を使って，しっかりと情報収集をしていきましょう。（☞Lesson 3, Lesson 12 参照）

3) 実習園でのオリエンテーションを受ける

　実習を行う園が決定したら，その園のパンフレットやリーフレットを読んだり，ホームページを見たりして理解を深めるとともに，実際に実習園を訪問してオリエンテーションを受けます。オリエンテーションでは，自分の学びたいテーマや実践してみたい内容について説明を求められることもありますが，自分中心にならないように謙虚な姿勢で臨むことが大切です。また，実習園から指示されたことにしっかりと応えられるように早めの準備を心がけましょう。（☞Lesson 11 参照）

4) 実習に関する手続きを行う

　実習をするためには，必要な手続きとそれにともなう書類作成があります。学生個人票や実習誓約書の他に，健康診断書や細菌検査証明書も実習園に提出します。抵抗力の弱い乳幼児のいる現場での実習では，健康管理と衛生管理が大切です。麻しん，風しん等の抗体検査を受け，抗体が確認できなかった場合には，予防接種を受けることも推奨されています。(☞ Lesson 10 参照)

2. 実習中

　実習中は，普段の環境や生活リズムとの違いに加えて，継続的な緊張感や睡眠不足などにより，心身にともに負担を感じることもあるでしょう。体調が万全ではない日があっても，以下のことに留意して実習に臨みましょう。

1) 安全管理，衛生管理に気をつける

　日常保育をする上で最も気をつけなければならないことの一つが安全管理です。怪我や事故を防ぐために環境整備をするなど，子どもたちの動きに注意しておくことが必要です。その他，アレルギーや何らかの理由により配慮の必要な子どもへの対応についても確認が求められます。また，子どもたちを傷つけることのないように，指輪やネックレスなどのアクセサリーは身につけず，爪の長さにも気をつけるようにしましょう。万が一，インフルエンザなど感染性の病気に罹ってしまった場合は，早めに実習園や実習指導者に連絡し，自身の治療に専念しましょう。(☞ Lesson 22 参照)

2) 守秘義務を守る

　保育士は，業務上知り得た子どもや保護者等の情報を外部に漏らしてはならないという義務を負っています。実習生であっても，個人のプライバシーに関わることを他言してはいけません。SNS などソーシャルメディアへの書き込みや写真の投稿も同様です。また，実習記録（日誌）には多くの情報が含まれているため，たとえ実名を使っていないとしても，取り扱いには十分に配慮する必要があります。守秘義務は実習が終了しても継続します。(☞ Lesson 4 参照)

3) 報告・連絡・相談を大切にする

　保育の現場は常に動いており，実習生といえども臨機応変に対応することが求められます。状況に応じてさまざまな指示を受けたり，場合によっては，自ら率先して保育に関わったりしなければならないことも出てきます。まず，保育の中で何か自分がしたこと，見たこと，聞いたことがあれば必ず実習指導者に報告しましょう。特に，指示を受けた仕事は，進み具合の状況や結果を必ず報告してください。また，自分の持ち場を離れるなど予定していたことと違うことをするときも，すぐに連絡しましょう。次に，何らかの理由により実習を欠勤・遅刻しそうな場合は，速やかに連絡をする必要があります。実習中に分からないことや判断に迷うことがあった場合にも，実習指導者に相談のうえで行動しましょう。また，何かやってみたいことがあれば，早めに相談するようにしましょう。

4) 約束の時間・期限を守る

　実習生のみなさんは，子どもたちや保育士の日常に参加させていただいている立場にあります。実習中は，日誌を書いたり，指導案を作成したりと忙しいことと思いますが，出勤時間や提出物の提出などが遅れて，実習園に迷惑をかけないように気をつけましょう。例えば，出勤時間が8時半と説明を受けた場合，「8時半には余裕を持って保育を開始できる」準備をしなくてはいけません。自分自身の身支度はもちろん，保育室の換気，遊具や園庭の整備などに必要な時間を予め想定して行動しましょう。しかし，時には何らかの突発的な理由により約束を守ることが難しくなることもあるでしょう。そんなときは，速やかに実習園（実習指導者）に連絡をし，現状を報告すると同時に，今後どうするつもりなのかについて簡潔に説明するようにしましょう。（☞ Lesson 39 参照）

5) 挨拶をしっかりし，言葉づかいに注意する

　挨拶は私たちの生活や人間関係の基本です。子どもたちや保育士はもちろん，保護者や近隣の方々に対しても，礼儀正しく挨拶をしましょう。「おはようございます」「ありがとうございます」「すみませんでした」などと，明るく大きな声でみなさんから挨拶してください。言葉づかいは，話し言葉にしても書き言葉にしても，実習が始まってから気をつけるだけでは不十分です。普段のみなさんの日常が表れますので，日頃から丁寧な言葉づかいを心がけましょう。また，子どもに話すときは，若者言葉や赤ちゃん言葉などを使用しないように気をつけましょう。実習が後半になると徐々に緊張が和らいできますが，友だち言葉などくだけた言葉で話さないように注意しましょう。

6) 積極的に関わる姿勢を持つ

　保育現場に関わることはすべてが学習です。知らないことや未経験なことを理解し身につけていくために，現場をしっかり観察し，自ら考え，試みようとする態度が大切です。決して，「分かったつもり」にならず，謙虚な気持ちで実習に取り組んでいきましょう。

　特に，以下のような視点に立ち，積極的に学んでいってください。

(1) 子どもたちの遊びや生活に自分から関わること。受け身にならず，何をすべきかを考え，自ら動くこと。

(2) 保育士からの指導や助言をよく聴くこと，保育士の言葉や行動をよく観察すること，疑問に感じたことは，その日のうちに尋ね解決するよう心がけること。

(3) 遊具や玩具の配置など遊びのための環境構成から安全・衛星管理のための清掃や環境整備などを含めた，全体としての環境構成についてよく学ぶこと。

7) 自己の課題を明確にする

　実習は，保育現場で実際の子どもの姿や保育士の役割などを学べる重要な時間です。実習全体を通して何を学ぶのか，どのような目標を持って日々の保育に関わるかを明確にして実習に臨みましょう。また，実習を通して，実習園の特徴や地域での役割などに関する理解が深まってきたら，自分が立てた課題を見直してみましょう。（☞ Lesson 9 参照）

8) 実習日誌を毎日必ず提出する

　日誌は，自分自身が保育士になったときや自分が指導計画を作成するときに貴重な資料となるものです。また，日誌には，現実の子どもたちの姿や，子どもたちに対する保育士の援助の仕方，対応の仕方，一日の保育の流れなどが記入されており，実習終了後に自分自身の実習内容を振り返る際や，次の実習に行くための準備にも活用することができます。実習中は，毎日日誌を書きます。そして，その内容を実習指導者に確認していただきます。学習する立場として，指導や注意を受けた場合には，素直に指摘を聞き入れ，改善に努めましょう。

3. 実習後

　実習後は，実習を終えた達成感を味わいながら，実習前とは異なる自身の成長を感じてください。また，実習中の記憶が鮮明なうちに，以下のことを忘れずに行いましょう。

1) 実習園へのお礼状を書く

　実習で指導を受け，お世話になった人たちへ感謝の気持ちを込めて実習園にお礼状を書きます。実習後は，なるべく早めにお礼状を書きましょう。（☞ Lesson 10 参照）

2) 実習日誌をまとめる

　実習日誌は，実習中はその日その日に実習園に提出しますが，実習最終日の記録の記入が終わったら，実習日誌の記入に不備がないかを丁寧に確認し，実習園に提出します。その後，実習園から日誌が返却されたら，どのような指導がされているかを必ず確認し，振り返りの材料とします。

3) 実習の振り返りをする

　実習園で反省会を開いていただき，話し合いの中から自分の現状を自覚し，今後の課題を見つけていきます。ただし，保育所の場合，保育時間が長いため，全体的な反省会を開いていただく時間がない場合もあります。

　養成校では，実習報告書やレポートを作成したり，実習の自己評価などを行ったりします。また，実習報告会やグループによる反省会が実施されていると思います。他の実習生の実習体験を聴いたり，自身の体験を共有したりすることによって保育についての理解がより多面的になり，より深い理解ができるようになるでしょう。（☞ Lesson 24～26，Lesson 33～36）

参考文献
・厚生労働省「指定保育士養成施設の保育実習における麻しん及び風しんの予防接種の実施について（平成 27 年 4 月 17 日雇児保発 0417 第 1 号）」2015
・児童福祉法 第 18 条の 22

ワーク
・実習中，保育現場にいる自分を具体的にイメージしてみましょう。どんな気持ちがわいてきますか。場面や対象によって気持ちに変化がありますか。
・このレッスンでは取り上げられていませんが，必要だと思う心構えについて挙げてみましょう。

1. 実習記録の意義

　保育所保育指針解説に「記録をする際には，子どもに焦点を当てて，生活や遊びのときの様子を思い返してみる視点と，一日の保育やある期間の保育について，保育士等が自分の設定したねらいや内容・環境の構成・関わりなどが適切であったかといったことを見直してみる視点がある」と記されています。この二つの視点からの記録を通して保育士等は，子どもの①表情や言動の背後にある思い，②体験したことの意味，③成長の姿，等を的確かつ多面的に読み取る力をつけるということです。つまり，「保育の実践や一人一人の子どもに対する援助が適切であったか」と振り返ることに「記録」は大切な役割を持ちます。

　実習記録は，実習生自身が保育の場で保育を学んでいくためのものであり，書き留めるという行為を通して，自分の実践を振り返ったり，保育士からの指摘を受けたりしながら，自分の良いところと改善するところを具体的に学び，かつ，可視化することができます。実習記録に明確な視点を持ち，さまざまな場面や事柄に出会い，判断したり，葛藤したりしたことを記録に残す体験は，実習生にとって大変貴重な経験となり，保育専門職を目指す自身の礎となっていきます。

2. 保育士養成カリキュラムにおける実習記録の位置づけ

　「保育実習」は，「指定保育士養成施設の指定及び運営の基準について」に基づいた教科目の一つです。実習記録の意義について，根拠となる基準を理解している必要があります。

　実習記録については，「指定保育士養成施設の指定及び運営の基準について」の「（別紙2）保育実習実施基準」第2履修の方法5において「指定保育士養成施設の長は，毎年度の始めに実習施設その他の関係者と協議を行い，その学年度の保育実習計画を策定するものとし，この計画において，全体の方針，実習の段階，内容，施設別の期間，時間数，学生の数，実習前後の学習に対する指導方法，実習の記録，評価の方法等を明らかにし，措定保育士養成施設と実習施設との間で共有すること。」と示されています。また，第3　実習施設の6においては，「指定保育士養成施設の実習指導者は，実習期間中に学生に指導した内容をその都度，記録すること。また，実習施設の実習指導者に対しては，毎日，実習の記録の確認及び指導内容を記述するよう依頼する等，実習を効果的に進められるよう配慮すること。」と実習記録について示されています。

3. 実習記録（日誌）と関連した語句の整理

　「日誌」「日記」「記録」は，意味合いもよく似通っており，混同されて用いられることがあります。広辞苑第7版（2018）によると，次のように記載されています。

　〔日誌〕組織の中で（後日の資料にするため）毎日の出来事や行動を記録したもの。また，その帳面。

　〔日記〕日々の出来事や感想などの記録。一般に日誌よりは私的・個人的。

　〔記録〕後々に伝える必要から，事実を書き記すこと。また，その文書。

　実習記録（日誌）は通常，「実習日誌」と呼称し，実習生が実習過程で日誌の形で記録したものをさします。「保育日誌」は，保育者が園の業務の一環として保育の実施状況などを日誌の形で記録したものをさします。

4. 実習日誌の実際

　実習では，毎日の実習日誌を記録します。日誌の様式は各養成校によって違いますが，記録を取ることにより「学びを振り返る」という観点は共通しています。29ページに示された様式例はある養成校でのものです。他に乳児用もありますが，(1) 乳児用日誌と (2) 幼児用日誌の共通する箇所，異なる箇所，それぞれについてポイントを記しますので，一つの参考に学びを深めてください。

①日時・天候・クラス・年齢・出席人数・欠席人数〔(1) (2)〕

　いつ，どのような状況で，何歳児の子どもたちが，どのような人数規模で展開された保育であったのか，その日の保育を振り返る観点に非常に関連の深い条件となります。

②「今日のクラスのねらい」と「今日の実習生の目標」〔(1) (2)〕

　配置されたクラス担任のねらいの下に，実習生自らの目標を持ち，保育を営みます。

③時間・項目〔(1) (2)〕

　保育者は，生活リズムを子ども自身が毎日の生活の中で自然に身につけていくことを意識します。特に乳児期には，個々の発達に即したリズムを大切にしながら，次第に集団のリズムへと移行することを念頭に一日の流れを理解します。

④環境構成・準備〔(1) (2)〕

　活動時に使うものの配置や子どもと保育士の位置関係などを記すところです。また事前に一日の流れの中で準備するもの等を書いておくと，気持ちにゆとりを持って保育に向かうことができます。

⑤子どもの活動（保育者の配慮）・個の姿〔(1) (2)〕

　子どもの様子は，可能な限り具体的に記すと，より早くクラスの子どもを把握することができます。幼児は，全体の一日の流れの中に見られる個々の様子を書き，乳児は，一日の時間軸の中で個々のリズムに沿った保育者の配慮も添えて書いています。特に乳児は，一人ひとりを丁寧に観察することに主眼を置き，その日に関わった数名の乳児「個の姿」を書くことで理解と関係性が深まります。

⑥保育者の援助・配慮〔(2)〕

　保育者や実習生の関わりは，より具体的に書いておきましょう。そのときの言葉なども「　」で正確に記しておくと，指導実習を行うときの参考になります。なぜ，そのような言い方だったのか，その関わりのねらいは何だったのか等についても記しておくと，保育士の関わりについての学びが深くなります。

⑦本日のエピソード〔(1) (2)〕

　一日の中で，たくさんの子ども・保育者の姿と出会います。その中でも特に「心」が動かされ，「心」が出会った瞬間を逃さずに記録に残します。また，その場面を振り返り，考察することによ

り，深い子ども理解や保育士職理解につながります。

⑧一日の流れからわかったこと〔(1) (2)〕
　配置クラス（年月齢構成等）の具体的な体験により理解できたこと，学べたことを書きます。

⑨今日の反省と課題〔(1) (2)〕
　「今日の実習生の目標」についての振り返りはもちろんのこと，日誌全体を見渡して自分なりの考察を書いてみましょう。

⑩実習指導者助言
　指導担当の先生からの助言は，しっかり読み，書いていただいたことは，翌日の自分の保育に生かしましょう。

参考文献
・全国保育士養成協議会『保育実習指導のミニマムスタンダード Ver.2』中央法規出版，2018
・厚生労働省編『保育所保育指針解説』フレーベル館，2018
・相浦雅子，那須信樹，原孝成編『STEP UP! ワークシートで学ぶ保育所実習1・2・3』同文書院，2014

主な関連授業
・保育実習指導Ⅰ，保育実習指導Ⅱ，保育実習Ⅰ，保育実習Ⅱ

ワーク
・保育場面を視聴して，エピソードを書き，学生同士で伝え合い意見交換してみよう。

幼児用日誌（　　　）歳　クラス配置（　　）日目　　　　　　　　　実習生氏名＿＿＿＿＿＿＿＿

月　日　曜日	天候	①組（男　　人　女　　人）計　　人（欠席　　人）	園(所)長印	実習指導者印
今日のクラスのねらい		②		
今日の実習生の目標				

時間・項目	環境構成準備	子どもの活動	保育者の援助・配慮 ○：保育士，☆：実習生	本日のエピソード （タイトル及び内容・考察）
③	④	⑤	⑥	⑦ 一日の流れからわかったこと ⑧

今日の反省と課題	⑨	実習指導者助言	⑩

幼児用（　　　枚目／　　枚中）

保育の計画及び評価について理解する

指導案例1　部分実習　午睡前　「絵本の読み聞かせ」

6月22日（木）　11：50〜12：00　ひよこ組　（1歳児）16名　　実習生氏名　　○ ○ ○ ○

子どもの姿
- 園庭で飼っているうさぎや散歩途中で出会う犬や猫などを指さして保育者に知らせたり，一緒に眺めたりして，喜ぶ姿がある。
- 言葉に関心を持ち，生活の中でオノマトペを楽しむ姿がある。
- 午睡の前には，保育者に読んでもらう絵本を楽しみにしている。

> ねらいと内容は，子どもの姿から考える

ねらい
- 言葉の響きやリズムの楽しさを味わう

> ねらいと内容は，子どもが主語となる文章に！

内容
- 絵本「もけらもけら」を楽しむ

> 担当する時間帯の子どもの姿を捉える

時間	環境の構成	予想される子どもの活動	保育者（実習生）の援助と配慮
11：50	保育室 布団 ござ た な 着替えスペース ・猫のパペット，絵本「もけらもけら」を用意しておく。 ・カーテンを閉め，落ち着いた雰囲気の中で絵本を見られるようにする。 ・絵本が見えるように，実習生は子どもの椅子に座り，子どもはござの上に座るようにする。子ども全員が絵本を見えているかを確認する。	○ござの上に座る ・絵本を楽しみにする姿がある。 ・先に着替えを済ませておもちゃで遊んでいた子どもは遊びを続けている。 ○パペットを見て楽しむ ・猫のパペットの登場に喜ぶ。 ・遊んでいた子どもも関心を示し，近くに来て座る。 ・ミーちゃんからの話しかけに応えたり，子どもからもミーちゃんに話しかけたりして，やり取りを楽しむ。 ・どんな絵本が始まるのか期待を持つ。 ○絵本「もけらもけら」を見る ・絵や言葉のおもしろさを感じながら，笑ったり声を出したりする。 ・絵本に出てくる言葉を一緒に繰り返したりして楽しむ。 ・絵をじっくり見たり，指をさしたりして絵を楽しむ。 ・ミーちゃんの再びの登場に喜ぶ。 ・ミーちゃんに「おやすみなさい」と言い，眠る気持ちになる。	・全員の着替えが済んだ頃を見計らって「絵本をみましょうね」と子どもたちに声をかけ，ござの上に座るよう誘導する。 ・猫のパペットを使い，子どもたちに話しかける。 ・猫のパペットに親しみが持てるように「ミーちゃん」という名前を付けて子どもたちに紹介する。 ・子どもたちの反応を見ながら，ミーちゃんとのやり取りを楽しめるようにする。 ・ミーちゃんから，「これから楽しい絵本が始まるよ。一緒にみようね」と語りかけ，絵本の読み聞かせを始めるきっかけとする。 ・絵本の表紙を見せ，ゆっくりと始める。 ・声の大きさや間の取り方に留意し子どもの反応を受けとめながら進めていく。 ・言葉の響きやリズムを一緒に楽しみながら読み聞かせるようにする。 ・子どもも一緒に言葉を発することを楽しめるように，子どもの声に合わせていくようにする。 ・絵も楽しめるように，絵本をめくるタイミングにも留意する。 ・楽しかった気持ちを受けとめ絵本を終える。 ・ミーちゃんからも「楽しかったね」と語りかけて絵本をしまい，「そろそろ眠くなったね，おやすみなさい」と午睡に入れるようにする。

> 子どもの興味や関心発達の姿を書く。

> 保育室の環境図をかく

> 子どもが絵本に集中できる環境構成のポイントを考えて書く

> 子どもの具体的な姿を予想してみる

> 子どもの多様な姿を予想する

> 読み聞かせるときに気をつけたいことを書く

> 子どもの興味を捉えた導入の工夫をする

> 絵本の楽しさを味わえるような援助を考える

> 楽しい気持ちで終えるとともに，次の生活の流れも意識した援助を考える

指導案例2　全日実習

子どもの生活，遊び，友だちとの関わりの姿を捉える

9月10日（木）　8：45〜16：00	ひまわり組　（4歳児）　22名	実習生氏名　　○　○　○　○

子どもの姿
・見通しを持って生活し，身の回りのことを自信を持って行っている。当番活動が始まり，自分の役割を喜んで果たしている。
・園庭では体を動かしたり，水や土，砂などに関わったりして遊ぶ姿がよくみられる。水と土や砂を混ぜて，その変化や感触を楽しんだりしている。
・友だちと誘い合い，おかあさんごっごやレストランごっこなど，役になりきってごっこ遊びを楽しむ姿がある。

ねらい
ねらいは子どもに育ってほしいと願うこと
・色が変化する不思議さや楽しさを味わう
・思いがけずにできる模様の美しさや面白さを楽しむ

内容
子どもの興味・関心，発達，季節を考慮し，子ども理解に基づいたねらいと内容にする
・色水遊びを楽しむ
・染め紙をして遊ぶ
内容は，ねらいを達成するために子どもが経験すること

時間	環境の構成	予想される子どもの活動	保育者（実習生）の援助と配慮
8：45	保育室 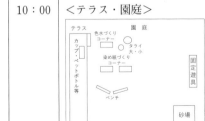 ・登園後，子どもたちが遊びだせるよう上記のように遊びの環境を用意する。	○順次登園 ・保育者や実習生に，挨拶をしたり，家での出来事を話したりする。 ・タオルかけにタオルをかけ，カバンをロッカーにしまう。 ○保育室で好きな遊び ・ブロックやパズル，絵本，お絵かきなどをして遊ぶ。 ・ままごとコーナーでは，お母さんごっこやレストランごっこを友だちと楽しむ。	・子ども一人ひとりに笑顔で優しく「おはよう」と声をかけ，朝の受け入れをする。 ・子どもの顔色や表情，動きなどをよく観察し，心身の健康状態を確認する。 ・朝の身支度の様子を見守る。 ・子ども一人ひとり楽しく遊べているか見守りながら，必要に応じて遊びに誘う。 ・子どもたちの中に入り，一緒に遊びを楽しむ。
9：30	＜保育室＞ ・子ども同士で顔が見合えるよう椅子をサークル状に並べる。	○片付け・排泄・手洗い ・遊んでいるものを片付ける。 ・トイレに行き，手洗いをする。 ・実習生を手伝い，椅子を並べる子どももいる。 ・椅子に座る。 ○朝の集まり ・手遊び「ちゃちゃつぼ」を楽しむ。最後までできた達成感を味わったり，できなくても「もう1回やりたい」と言ったりする。 ・実習生の朝の挨拶に応え，「おはようございます」と挨拶する。 ・名前を呼ばれたら返事をする。	子どもの主体性を大切にした援助を考える ・片付けの時間であることを知らせる。 ・子どもたち自身で片付ける姿を大切にしながら見守る。 ・トイレに行くように声をかける。 ・排泄・手洗いの様子を見守り，椅子を並べる。 ・子どもたちが集まったら，手遊びを始める。子どもたちの動きに合わせゆっくりとすすめ，難しい手遊びにチャレンジする楽しさを味わえるようにする。
9：45		・靴を履いて園庭に出る。	・気持ちよく一日が始まるよう笑顔で子どもたちに朝の挨拶をする。 ・子どもの名前を呼ぶ。子ども一人ひとりと目を合わせ子どもの返事を受けとめる。
10：00	＜テラス・園庭＞	○色水遊び・染め紙遊び ・ベンチに座る。	・「これから園庭であそびましょう」「楽しいものをもってきましたよ」と期待が持てるように誘う。 ・園庭のベンチに座るよう声をかける。

クラスの一日の生活の流れを参考にする。ゆとりを持った時間配分を考える

いつもどのような朝の集まりをしているか，よく観察し日誌に記録しておく。日誌を参考に指導案を書く

活動・遊びの場をどのように設定するか，テーブルや椅子，物の配置を環境図にする

時間	環境の構成	予想される子どもの活動	保育者（実習生）の援助と配慮
	・色水をつくるコーナーと染め紙づくりコーナーをつくる。 ＜用意するもの＞ ・食紅（赤・青・黄） ・水を入れたペットボトル（大）3本 ・色水（3色）ペットボトル（中）に各6本（箱の中に入れておく） ・途中で様子をみて、タライ（大・小）にも水をはり、色水をつくる。 ・ペットボトル、透明カップ、卵の空き容器、調味料容器等 ・染め紙用の和紙を三角折、四角折にしてそれぞれ30枚ずつ用意しておく。 （予備として折ってない和紙30枚） ・染め紙をつるすための紐をテラスにはっておく。 ・子どもの名前を書いたシールを用意し、洗濯ばさみに貼って、誰が染めた紙かわかるようにしておく。	・透明の水に色がつくことを不思議がったり、興味を持ったりする。 ・「イチゴジュースみたい」、「レモンジュースだ」と、色水をみて想像したことを言葉で表現する。 ・「早くやりたい」と、遊びに意欲を見せる。 ・カップなど好きな容器に色水を入れて遊ぶ。 ・色水が混ざり、別の色に変化することに気づき、保育者や友だちに知らせる。 ・いろいろな色を混ぜて色の変化を確かめて遊ぶ。 ・太陽の光を通して透明な色水が地面に移ることを発見する。 ・さまざまな色の水を「○○ジュースみたい」と見立てて遊ぶ。 ・実習生が何をするのか、興味を持って見つめる。 ・染まった紙を見て、「きれい」「やってみたい」という。 ・思いがけずにできる模様を楽しむ。折り方や色の付け方によって模様が異なることに気づき、試して何度もやってみる。 ・友だちの染め紙にも興味を持って見る。 ○片付け・着替え ・カップやペットボトルなど遊んだものを片付ける。 ・保育室で着替える。 ○排泄・手洗い ・排泄、手洗いを済ませ、友だちと誘い合って座る。 ・当番が給食の支度を手伝う。 ○給食	・「これから魔法をかけるから見ていてね」と水の入ったペットボトルに魔法の粉（食紅）を入れて見せる。 ・「次は何色かな」と赤、青、黄の3色を順番に目の前で作ってみせ子どもの想像を引き出すようにする。 ・子どもの言葉を受けとめて、「今日はこの色水で遊びましょう」と声をかけ、テーブルにあらかじめ作っておいた色水を並べて置き、自由に遊べるようにする。 ・子どもの色水への自由な関わりを大切にし、思い思いに遊ぶ姿、子どもなりに工夫して遊ぶ姿を大切にする。 ・子どもの発見に共感し「おもしろいね」「きれいね」と言葉をかけ一緒に楽しむ。 ・子どもの試している姿を大切にし、「今度はどんな色になるかな」と声をかける。 ・子どもの発見を受けとめ、色や光の美しさを一緒に感じるようにする。 ・子どもの見立てを受けとめ、「○○ジュースください」とやりとりを楽しむ。 ・色水遊びに満足してきたところで、子どもたちの前で和紙を折り色水につけて染めて見せる。 ・やりたくなった子どもたちが自由に染め紙を楽しめるよう和紙とカップに入れた色水をテーブルに置く。 ・子どもが試している姿を見守り、できた模様を一緒に楽しむ。 ・「○○ちゃんの模様もきれいね」と、友だちの染め紙にも関心が向くようにする。 ・遊びに満足した子どもから遊びを終わりにし、手を洗い、洋服が濡れている子どもは着替えるように声をかける。 ・自分で着替えている姿を見守り、必要に応じて着替えの援助をする。
10：20			
11：15	・遊び終えた場所から、片付けていく。 ・テーブルを並べる。 ・テーブルを拭き、食卓に花を飾る。 ・給食の配膳の準備をする。		・排泄、手洗いの様子を見守る。 ・当番の子どもと一緒に給食の準備をする。
11：45			
		中　略	
16：00		○降園準備 ・タオルや着替え袋をしまう。 ・連絡帳をカバンにしまう。	・降園の支度を見守る ・子どもに連絡帳を渡す。 ・子ども一人ひとりの体調などを確認する。

（吹き出し注記）
・子どもが興味を持ち、自らやりたくなるような導入を考える
・活動に必要なものを具体的に記載する
・子ども一人ひとりの活動の取り組み方を大切にする
・どのような状態で準備しておけばよいか、子どもの動きを予想して考えておく
・子どもと一緒に活動を楽しむ姿勢を大切にする
・誰が作ったものかわかるようにしておく。作ったものの飾り方、保管の仕方を考えておく

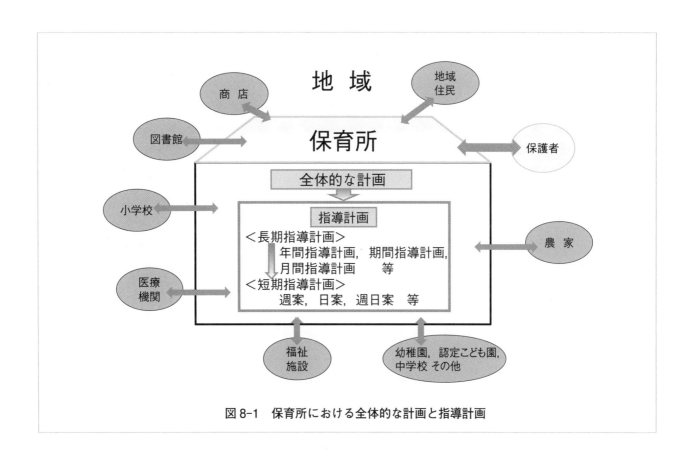

図 8-1　保育所における全体的な計画と指導計画

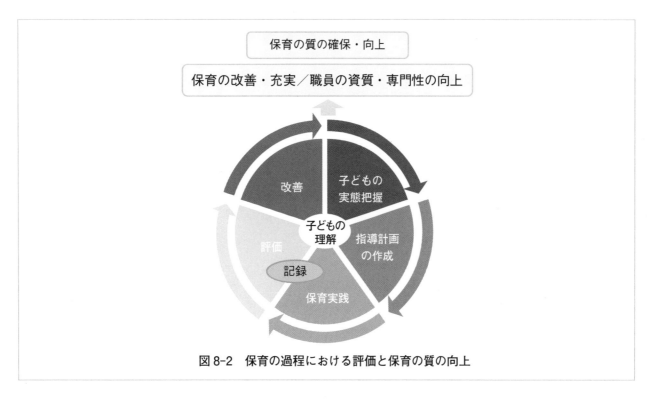

図 8-2　保育の過程における評価と保育の質の向上

自己課題と実習課題を明確にする

実習を行うにあたっては，実習課題を明確にすることが大切です。では，実習課題をなぜ明確にしなければならないのでしょうか。学生の実習課題の中に，「積極的に子どもと関わり，一生懸命に実習に取り組む」という文章をよく見かけます。これは，実習に対する思いや姿勢の表明であり，自己課題と言えます。大切なことですが実習課題とは言えません。実習課題とは，実習で何に取り組み，何を学ぶかということです。本 Lesson では，実習課題をなぜ明確にすることが必要なのか，どのようにして実習課題を立てたらよいのか，具体的に学んでいくことにします。

1. 実習課題を明確にする意義

実習では，学校で学んだ子どもや保育の理論を実際の保育の現場で実践と照らし合わせながら，学びを深めていきます。また，実践で学んだことを学校での学びにつなげ，理論と実践を往還的に学びます。実習での学びを充実したものにするためには，これまでの学校での学びを整理し，"実習で何に取り組み，何を学ぶか"という実習課題を明確にする必要があります。実習課題を明確にしないまま実習しても，実際の子どもたちや保育者の姿からおそらく多くの学びがあることと思います。しかし，保育者になるために学ぶべきことは数多くあります。それらを確実に学び，保育者として必要な専門性を修得するためには，行き当たりばったりではなく，実習課題を明確にし，学ぶべきことを意識しながら実習に取り組むことが必要になるのです。

また，実習課題を明確にして実習を行えば，実習後の振り返りおいても，実習課題がどのように達成されたか，あるいは達成されなかったのかを自己評価し，自己課題を明らかにしてその後の学習につなげていくことが期待できます。

2. 実習課題の立て方

実習課題とは，前述した通り "実習で何に取り組み，何を学ぶか" ということです。実習課題を立てるにあたっては，実習で取り組んでみたいこと，学びたいことを書けばよいのですが，ただ思いつくままに書きまとめていくだけでは，抜け落ちてしまうことがあるかもしれません。また，整理されないままに書きまとめた内容は，十分とは言えないでしょう。行う予定の実習で求められていることを踏まえ，これまでの学校での学びとどうつなげるかなどを整理して，洗練した内容にしていくことで，実習に生かされる課題となります。

それでは，実習課題をどのように立てたらよいか，実習課題を考える際のポイントを確認していきましょう。実習課題を立てるにあたっては，主に以下の 4 点を踏まえて考えるとよいでしょう。

1）Point 1　自分が行う実習の段階と内容を理解する

保育所での実習は，必修である「保育実習Ⅰ」で行われる 1 回目の実習と，選択必修である「保育実習Ⅱ」で行われる 2 回目の実習があります。実習には段階があり，1 回目の基礎的な実習と 2 回目の応用的な実習ではその目標や内容が異なります。自分が行う実習は 1 回目の実習であるのか，あるいは 2 回目の実習であるのか，実習の段階を確認しましょう。そして，自分が行う段階の実習の目標や内容を理解します（☞ Lesson 5 参照）。自分が行う実習の目標や内容を理解しなければ，適切な実習課題は設定できないでしょう。また，各学校で用意されている実習評価票の項目も確認し

てみましょう。保育者になるために，実習の中で何を学び，何を身につけることが求められているかが理解できます（☞ Lesson 37 参照）。このように自分が行う実習において，学ぶべきことがあります。まずはそのことを理解した上で実習課題を考えます。

2）Point 2　これまでの授業等での学びから自分の関心を整理する

　これまで，保育所における保育，保育所で生活する乳幼児期の子どもに関しては，保育原理や保育内容演習，乳児保育，子どもの保健など，授業の中でその知識や技術を学んできました。こうしたこれまでの学びを思い起こし，どのようなことに特に関心を持ったか，考えてみましょう。また，学校での授業の他に，保育所でのボランティア等，保育や子どもに関係する課外での活動に取り組み，その実際から学んでいる方も多いことでしょう。こうした学びの中から，自身の関心を整理し，実習課題につなげていきます。

3）Point 3　実習園の概要を理解する

　具体的な実習先が決まったら，ホームページや学校に備えてある実習先の資料等を確認し，実習先の保育所がどのような保育所なのか，保育所の沿革や理念，保育方針や力を入れて取り組んでいること，環境等を理解しておきましょう（☞ Lesson 3 参照）。実習先の保育所だからこそ学べることを実習課題にすることで，学びが深まることでしょう。一方，自身の関心だけで実習課題を立てると，実習先の状況と合わず実現できない課題になってしまうこともあります。実習園の概要を理解した上で実習課題を考えることが大切です。

　実習課題は，保育所での事前オリエンテーション実施前に書きまとめ，オリエンテーション時に自身の課題を伝えられるようにしておくことが必要です。しかし，事前オリエンテーションに行ってみて初めて実際の保育所の様子が具体的に理解できることもあります。オリエンテーションが終了してからもう一度，設定した実習課題を見直して修正する作業も必要になってきます。

4）Point 4　2回目の実習の場合，1回目の実習での学びや反省を整理する

　2回目の実習の場合には，1回目の実習での学びや反省を踏まえた実習課題を立てることで，実習での学びが1回目から2回目へとステップアップした内容になるようにしたいものです。1回目の実習を終えた後，振り返りの中で自己評価や園評価を整理し，今後の学習や実習に向けて自己課題が明確にされたはずです（☞ Lesson 26 参照）。こうした1回目の実習での学びや反省を整理する中から見出した自己課題を実習課題としていきます。

3.　実習課題の実際

　先に挙げたポイントを踏まえながら，どのように実習課題を立てていけばよいのか，その実際を1回目の保育所実習で立てたAさんの実習課題を例に解説します。実習課題を書き上げるまでの手順に沿いながら，Aさんが立てた実習課題を見ていきましょう。

1）Step 1. 実習で学びたいことを箇条書きで挙げてみる

　このとき，前述の Point 1 自分が行う実習の段階と内容を理解する，Point 2，Point 3 を踏まえて考えます。

Aさんが書き出した「学びたいこと」
・授業で製作したパネルシアターを実践してみたい　・保育士の子どもへの援助を学びたい
・保育所の自然環境と子どもの自然環境と関わりについて学びたい，飼育・栽培等に関心がある
・保育所の一日の生活は１回目の実習としておさえておきたい　・保育士の一日の業務について学びたい
・子どもの遊びの様子を観察したい　・子どもの発達について学びたい
・ボランティア先で子どもたちが毎日絵本を楽しんでいた…私も絵本の読み聞かせをしたい
・実習先で異年齢交流に力を入れていることがわかった…異年齢交流の実践について学びたい

2）Step 2. Step 1 で挙げた学びたいことを整理し，具体化する

　Step 1 で列挙したことを分類整理します。列挙した事項には，抽象的な内容もあれば，具体的な内容もあります。より抽象度の高い内容は大項目に，具体的な内容は小項目に整理します。その際，必要に応じて，Step 1 で書き出した内容を修正したり，加筆したりしていくとよいでしょう。表を埋めていく過程で空白となる箇所も出てきます。大項目が埋まらない場合には，小項目の内容から大項目のタイトルを考えます。大項目はあるけれど小項目が埋まらない場合には，学びたいことがまだ

表9-1　実習で学びたいことの整理

	大項目	小項目
1	部分実習の実践	・保育士の絵本の読み聞かせを観察し学ぶ。学んだことを生かして，自身も絵本の読み聞かせを実践する。 ・子どもの姿から指導案を立案し授業で製作したエプロンシアターを実践する。
2	子どもと自然との関わり	・園の自然環境と自然環境への子どもの関わりの様子を観察し学ぶ。 ・飼育活動や栽培活動の取り組みの実際を学び，そのねらいと子どもの育ちについて考察する。
3	園生活の一日の流れ	・年齢ごとの子どもの一日の生活について学ぶ。 ・保育士の一日の動きについて学ぶ。
4	子どもの理解と関わり	・各年齢における発達の様子について学ぶ。 　→特に基本的生活習慣・運動機能・言葉の発達に着目したい。 ・子どもの遊びの様子を観察するとともに，子どもと一緒に遊びながら，子どもの遊びの理解を深める。
5	保育士の子どもへの援助	・子どもの発達に応じた援助について学ぶ。 ・子どもの遊びの充実のための環境構成と保育士の関わりについて学ぶ。
6	異年齢交流	・異年齢の子ども同士がどのように関わっているのか観察し，その中での育ちについて考察する。 ・異年齢交流での保育士の援助や配慮を学ぶ。

抽象的です。小項目には，実習する上で具体的にどのように取り組んだらよいかわかるレベルにまで具体化した内容を記入するようにします。**表9-1**は，Aさんの学びたいことを整理した表です。

3）Step 3．具体的になった学びたいことを順序立てて文章にする

学びたいことをただ列挙するだけではわかりにくいので，整理し，順序立てて文章にします。

初めての実習にあたり，子どもたちとの関わりを通して，保育所の生活，そこでの保育士の役割や職務について学びたいと思います。具体的には，以下の4点を実習課題として挙げたいと思います。

> 学びたいことをわかりやすく，記述する

1点目は，園生活の一日の流れの理解することです。子どもの年齢ごとに異なる生活の流れについて詳細に学びたいです。また，そうした子どもの一日の生活を保育士がどのように支えているのか，保育士の一日の動きもよく観察し学びたいと思います。

> 学びたいことを具体的に書く

2点目は，子どもへの理解を深めることです。中でも，各年齢の子どもの発達の実際について学びたいです。特に，基本的生活習慣の自立や運動機能の発達，言葉の発達に着目したいと思います。また，子どもの園生活の中心である遊びの様子をよく観察するとともに，一緒に遊ぶことを通して，子どもにとって遊びの意味や遊びを通しての育ちについて考察したいです。

3点目は，保育士の子どもへの援助の実際を学ぶことです。各年齢の子どもへの発達に応じた保育士の援助をよく観察し，自身も実践できるよう努めたいです。また，子どもの遊びが充実するための保育士の環境構成や子どもへ関わりの実際にも着目し学びたいと思います。

4点目は，子どもの自然環境との関わりの実際を学ぶことです。自然環境との関わりの中で子どもたちはとても大切な学びをしていることを学びました。園生活の中で子どもたちがどのような自然環境と関わっているのかその実際を観察し学びたいです。特に，飼育活動や栽培活動の取り組みの実際を学び，そのねらいと子どもの育ちについて考察したいと思います。

5点目は，園で大切されている異年齢交流の取り組みについ学ぶことです。異年齢の子ども同士がどのように関わっているのか観察し，その中での育ちについて考察したいです。また，異年齢交流での保育士の援助や配慮について学びたいと思います。

> 実習先の特色を踏まえて課題を設定する

最後，6点目に，部分実習の実践についてです。事前に保育士の絵本の読み聞かせをよく観察し学んだ上で，子どもたちが楽しめるような絵本の読み聞かせを実践したいです。また，機会があれば大学で製作したエプロンシアターを実践したいと思います。実践にあたっては，子どもの姿を事前によくとらえ，指導案を立案し，計画に基づく実践の学びを深めたいと思います。

> 実習の段階を踏まえて課題を設定する

参考文献
・小櫃智子他著『幼稚園・保育所・認定こども園実習のためのパーフェクトガイド』わかば社，2017

主な関連授業
・保育原理，保育者論，保育の心理学，子どもの理解と援助，子どもの保健，子どもの食と栄養，保育の計画と評価，保育内容総論，保育内容演習，保育内容の理解と方法，乳児保育など

ワーク
・今度予定している実習の課題を考え，書いてみましょう。

実習に必要な事務手続きについて理解する

1. 保育所実習の一連の流れについて

　保育所実習の実施が可能となるには，事前に所定の手続きを行うことが必要となります。手続きは，大学などの養成校側が行うものと，学生自身が行わなければならないものがあります。手続きの内容には，書類の作成・提出や実習先への連絡・訪問等があります。学生のみなさんは，それらの一連の流れを把握し，その一端を担う立場であることを理解する必要があります。期日までに必要書類を提出することや，指定の日時に訪問することなどが求められます。実習生の立場といえども，各々が職業人としての自覚を持ち，責任のある行動をすることが必須であるといえます。

　図 10-1 に，手続きの一連の流れを紹介します。手続きは，大学や養成校側，学生，実習施設の三者が連動して行われます。学生のみなさんが行う手続きは，主に囲みの部分になります。これらの流れから，養成校と実習先双方に対する対応が生じるということが，理解できると思います。

手続きの流れ	手続き書類等
事前指導　「実習園希望調査書」の記載・提出　↓　園への依頼　（大学側が行なう。場合によっては学生が行う養成校もある。）　↓　内諾書の受け渡し　↓　「実習調査書」・「誓約書等の記載」・提出　↓　実習園へ正式文書等の発送　（大学から上記書類も含めた正式文書を発送する。）　↓　実習園の正式決定　↓　「実習園への連絡」　↓　事前訪問（オリエンテーション）の実施　↓　実習開始　↓	❶「実習園希望調査書」 ❷「実習生調査書」 ❸「誓約書」 ❹ その他健康状況に関する証明書等 ❺ 実習園への連絡と事前訪問（オリエンテーション）
事後指導　「実習日誌」の提出・「出席表」（出勤簿）の最終確認等　↓　お礼と報告	❻「実習日誌」 ❼「出席表」（出勤簿） ❽ お礼状

図 10-1　保育実習のための手続きの一連の流れ（例）

2. 各段階での手続き内容

　図10-1の手続きの流れからは，みなさん自身が実際に行わなければならない内容や全体像が見渡せるのではないでしょうか。養成校における保育実習の事前事後指導の時間において，各々がこれらの流れを把握し進めていくことが重要です。ここでは，学生の主な動きと図10-1の右列に記した必要書類にふれながら，具体的に示します。

1）実習希望先について

　実習園を決定するにあたり，第一段階にはみなさんが実習を希望する園を，養成校へ申告する必要があります。そのために❶「**実習園希望調査書**」等の記載と提出があります。申告にあたっては，みなさんが実習希望園の情報を事前に調べて把握していることと，長期にわたる実習期間中，確実に通勤が可能であることが基本となります。

確認のポイント
①実習希望園が国の認可を受けており，保育士資格取得ための実習可能な対象施設[1]であるかを把握します。 ※養成校の指導教員からの指示や確認方法に従って調べましょう。 ②実習希望園についての概要を調べます。調べ方については，園のホームページ，パンフレットの他，市町村のホームページに掲載されている場合があります。 ③自宅からの公共交通機関のルートや通勤時間を確認します。 ④可能な範囲内で調べた事前情報をもとに検討し，所定の書類に記載し養成校へ提出します。

2）事前指導と必要書類について

　実習先より実習受け入れの許可は，「実習受け入れ内諾書」などの書面で正式に交わされます。その書面には，正式な園名，園長名，実習指導者名，日程等の詳細が示されます。また，養成校からも必要書類を提出します。その書類の一部には，学生のみなさんが記載し作成することも求められます。養成校の指示に従いながら，準備を進めます。

　❷「**実習生調査書**」は，自分自身の情報を記載し，実習先の先生方に実習学生について知っていただくための資料です。記載する内容は，主に自身の名前はもちろんのこと，実習時の住所や連絡先，通勤の方法などがあります。実習期間中のみなさんの住所や通勤の方法を示すことは重要です。実習生への通常の連絡に用いられるほか，場合によっては緊急時や災害時などの連絡の際にも活用されます。他の項目には，これまで積み重ねてきた学びや教育的な経験の状況，ボランティア活動の記載欄等もあります。そして，これからの実習に向けた目標，自己課題等を記載する欄を用いられていることが多いでしょう。これらの書式は，養成校によって異なります。

　実習先の規定に準じて実習行うために，❸「**誓約書**」（自治体によっては「協定書」「契約書」等）があります。これらの資料で，主に留意しなければならない点は，実習生も守秘義務を遂行する立場にあるということです。実習時に知り得た情報は，外に漏らさないことを守ることが求められます。保育士の職務には，信用失墜行為の禁止や守秘義務という対人援助専門職としての義務[2]があります。実習生もこれに準ずる意識で務めることが必要です。

その他に，健康状況に関わる❹証明書の提出等があります。健康診断（胸部レントゲン），腸内細菌検査（検便），抗体検査（麻疹・風疹等）などの確認や，自治体や実習先によっては，証明書の提出も必要となります。また，実習先において子どもたちと同じ給食を食べることや，食事をともにする場面も多くあります。食物アレルギーの有無など，事前にその旨をお伝えすることや検査結果などの提出も必要な場合があります。

これらの書類は，必要に応じて養成校や実習園の指示に従って作成，準備をします。また，提出方法は，養成校側から関係資料を一括して郵送する場合や，学生自身で事前訪問（オリエンテーション）の際に（☞ Lesson 11 参照）持参する場合もありますので事前に確認しながら進めます。なお，書類を作成準備するにあたっては，以下の確認のポイントを参考にしてください。

確認のポイント

①書類作成，記載の際は，相手に見ていただくものであることを前提に，丁寧に記入します。
②筆記具のインクの色は，基本は黒が無難（一般的には，ブルーブラックも可）です。消えるペンは使用しないようにします。
③下書きの筆跡が残っていないかを確認し，消す際，はインクの伸びなどに注意をします。
④裏うつりや，筆圧による紙の凹凸が表れないよう，下敷きを用いるなどの工夫をします。
⑤印鑑は，朱肉の状態を確認し，欠けのないよう鮮明に押印できるようにします。

3）事前訪問（オリエンテーション）について❺

事前に実習園へ連絡をとり，オリエンテーションを実施していただくことになります。実習開始前に，実習園についての理解を深め，実習に備え準備をしておくべきことを把握するための，貴重な機会となります。オリエンテーションについての詳細は，次の Lesson 11 に記載されています。

4）事後指導と確認書類について
（1）実習先における事後指導

日々の実習において，自らが振り返り，自己評価と自己課題を整理することを繰り返していきます。そのひとつに，❻「実習日誌」の記録があります[3]。定められた期日までに提出し，指導担当保育士の先生方から指導を受けます。都度，指導や助言をいただくことの他に，「反省会」の時間を設けていただけることもあります。日誌の他にも，細やかな日々の気づきや学び，質問事項などを書き留めておき，整理しておくと役立つでしょう。

（2）大学における事後指導

実習終了後は，「実習の総括と自己評価を行い，保育に対する課題や認識を明確にする。」[4]ことが求められています。そのためにも，みなさんの学びの記録録といえる実習日誌やノートは，振り返る上でも重要な資料にもなります。また，実習終了後に記載する「実習報告書」の提出や実習報告会などを通して，実習の取り組みや学びを仲間や後輩に伝える機会もあります。このように学びを可視化しながら，新たな課題を見いだしていきます。

なお，実習終了後は，実習日誌や❼出勤簿は速やかに大学に提出します。提出の際に，不備があっ

て慌てることのないよう，日頃から記載漏れや誤りがないか等の確認を心がけ，慎重に取り扱いましょう。

確認のポイント

①実習日誌は，記載漏れがないことや，実習担当の先生の検印があるかどうかを確認します。

②これまでの日誌の日数分の記載が脱落していないかを確認します。

③最終日誌の提出方法や，受け取りの方法・日時について確認します。

④出勤簿や「実習出席表」の押印箇所や日数に誤りがないか確認，把握します。

5）お礼と報告

　実習終了後には，一週間以内に実習園へ❽「お礼状」を送付します。実習全般を通してお世話になったお礼を述べることはもちろんのこと，学んだことなども含め自分の気持ちを伝えます。また，養成校に戻った際には，訪問指導をしてくださった養成校の教員にも，実習終了の報告とお礼を述べます。

確認のポイント

①便箋と封筒は，白地の無地のものを用意します。

②宛先，園名，宛名（園長先生名）等を確認し，正しく記載します。

②見本となる文書は書式の参考とし，内容は自分の気持ちと言葉を用いて丁寧に記載します。

③送付にあたっては，重さ（枚数）と切手の料金を確認し，不足にならないように確認します。

※「2）事前資料と必要書類について」の確認のポイントも参照

参考文献
・全国保育士養成協議会編『保育実習指導のミニマムスタンダード Ver.2』中央法規出版，2018
・相浦雅子，那須信樹，原孝成編『STEP UP! ワークシートで学ぶ保育所実習1・2・3』同文書院，2014
・長島和代編『わかる・話せる・使える　改訂版これだけは知っておきたい　保育のマナーと言葉』わかば社，2017
・全国保育士養成協議会「平成29年度子ども・子育て支援推進調査研究事業　保育実習の効果的な実施方法に関する調査研究」

主な関連授業
・保育実習指導I，保育実習指導II

ワーク

［脚注］
1）　厚生労働省雇用均等・児童家庭局局長通知「指定保育士養成施設の指定及び運営の基準について」保育実習実施基準　第2履修の方法平成30年4月27日（本書 Lesson 5 参照）
2）　児童福祉法第18条の21[信用失墜行為の禁止]保育士は，保育士の信用を傷つけるような行為をしてはならない。児童福祉法18条の22[秘密保持義務]保育士は，正当な理由がなく，その業務に関して知り得た人の秘密を漏らしてはならない。
3）　「保育実習指導のミニマムスタンダード」保育実習I（保育所）の知識・技術の評価内容に対応する実習体験や評価ポイントの例（p145）　実習の評価内容I（保）-4-2「記録に基づく省察と自己評価ができている。」について，「学生自身が日々の記録をもとに自己の活動に対して省察・自己評価をし，それを次の実習に生かす。」という評価のポイント例が挙げられている。
4）　厚生労働省雇用均等・児童家庭局局長通知「指定保育士養成施設の指定及び運営の基準について」教科目の教授内容 < 教科目名 > 保育実習指導II又はIII　目標5　平成30年4月27日

実習園でのオリエンテーションについて

1. 実習園でのオリエンテーションの意義と目的

　実習開始前には事前に実習園に訪問し，オリエンテーションを実施します。なぜ，オリエンテーションを行うことが必要なのでしょうか。保育所における保育の基本は，保育所保育指針に基づいて行われます。そこには，保護者や地域の実情等を踏まえた上で，各園の工夫がなされています。オリエンテーションでは，実習先である保育所の保育の方針や理念等をはじめとする，概要について事前に把握することができる貴重な機会となります。実習園を理解し，実習に備えて必要な準備を明らかにし，具体的な課題を持ち取り組むことは，有意義な実習をするうえで欠かせないことです。

2. オリエンテーションの一般的な流れと内容

　オリエンテーションを実施するにあたっては，次のような手続きの流れがあります。
　　1) 依頼　→　2) 事前準備　→　3) オリエンテーションの実際　→　4) まとめ

1) 依頼について（例）

　依頼は，実習開始の約1か月前頃に，実習生から電話にてお願いをします。望ましい時間帯は，午後1時から3時頃の間といえます。電話では，実習の受け入れに際するお礼の挨拶を述べ，オリエンテーション実施のお願いと日程調整をしていただきます。実施日は，実習園側のご都合にもよりますが，みなさんが実習の準備を整えることを考えても，開始の2週間前には設定いただけると安心といえます。授業期間や他の実習日程などのスケジュールを把握し，確実に訪問可能な日を複数挙げておきましょう。また，同時期に複数の学生が配属されている場合は，代表者一名が電話をします。その場合も同様に，あらかじめ訪問可能な日を相談しておきましょう。

依頼の際の留意点
①事前に，自身の訪問可能日を数日挙げておきます。 ②静かな場所，電波がつながりやすい場所からかけます。 ③筆記用具，スケジュール帳など，予定のわかるもの等を手元に用意しておきます。 ④養成校名，名前を明確に名乗り，実習受け入れの御礼と，お世話になる旨の挨拶をします。 ※代表者の場合は，その旨もお伝えします。 ⑤用件（実習開始前のオリエンテーション実施のご依頼）をお伝えします。 ⑥園長先生または実習指導者の先生とご相談し，日程を調整します。決定したら日時を復唱し，お礼を述べます。 ⑦ご不在時など，改めてかけ直す際は，日程の確認をする。 ※先方から「折り返し連絡します」などと伝えられた場合は，「こちらからの用件ですので，改めてご連絡させていただきます」とお伝えするのが一般的なマナーです。万が一，お電話いただいた際に確実に出られる（もしくは折り返す）よう，実習先の電話番号を設定しておくことや，自身の電話の呼び出し音（曲の設定）をノーマルなものにしておくなど，整えておきましょう。

2) 事前準備について（例）

　訪問日が決まったら，オリエンテーションに向けた事前準備をしておくことが重要です。当日の交通手段や，移動時間について把握しておきます。また，可能な範囲内で園の概要や特色をあらかじめ

調べ，自分なりに園の理解を深めておきます。調べる際には，Lesson 10 の「1）実習希望先について」の確認のポイント②③も参照しましょう。さらに，これまでの学びを整理し，当日の持ち物，伺うべきことなどをまとめておきます。

3）オリエンテーションの実施について（例）

当日は，服装・身だしなみを整え訪問します。時間には余裕を持って行動し，約束の時間の 15 分前には到着するようにします。園内で出会った方々には，職員の方の他，保護者の方にも自ら挨拶をします。開始時は，園長先生ならびに実習指導担当の先生に，改めてご挨拶と自己紹介をします。また，記録をとらせていただくことをお伝えします。終了後は，お忙しい中，貴重な時間を設定してくださったことに対しお礼を述べ，ご挨拶し退室します。

オリエンテーションの実施の内容と留意点

① 実習園について理解する。
　・沿革・方針・理念・特色，保育環境，園児数，クラス編成，職員構成，開所時間，地域の特性等，全体的な計画・指導計画等について，説明やパンフレット・資料を拝見するなどをして理解を深めます。
② 保育の内容について理解する。
　・保育の環境（保育室・設備・園庭等）について理解します。
　・この時期の子どもの姿や，保育の内容，季節や行事に関する活動等について伺います。
③ 実習計画（クラス配属，勤務日程，行事，指導実習（部分・責任実習）や実習内容について確認する。
　・実習生の配属クラスや，日程について伺います。
　・実習生の勤務について確認し，早番や遅番なども示されます。
　・部分実習や責任実習の実施日程等について確認します。
　・実習日誌・指導案等の提出方法や提出先について確認します。
④ 事前準備や全般的な注意事項について確認する。
　・子どもの発達や生活を踏まえ，あらかじめ把握しておくべき活動（うたや遊び）について確認する。
　・実習時の服装，持ち物について確認する。
　・昼食（お弁当・給食，費用の支払い方法など）

4）まとめ（例）

終了後は，オリエンテーションの内容をまとめ，所定の用紙に記入し，養成校に提出します。所定の用紙は，実習日誌とセットになっている場合や，別紙の報告書などがあります。書式を事前に確認しておきます。また，各々が実習開始までにするべきことを明確にし，事前準備を進めます。

参考文献
・相浦雅子，那須信樹，原孝成編『STEP UP! ワークシートで学ぶ保育所実習 1・2・3』同文書院，2014
・増田まゆみ，小櫃智子編『保育園・認定こども園のための保育指導ガイドブック』中央法規出版，2018

主な関連授業
・保育実習指導Ⅰ，保育実習指導Ⅱ

実習前に「知る」を意識する

認定こども園 阿久根めぐみこども園園長

輿水 基

実習を前に私は何をしたらいいのだろう？ 何ができるのだろう？ と不安になることがあると思います。やみくもに悩むのではなく，ちょっと整理して，悩んでみてほしいというのがこのコラムの大きな趣旨です。

実習とはかなり特殊な期間ですし，実習生とはかなり特殊な身分です。限られた時間ですべてを感じ学び取ろうとするのではなく，実習もキャリアイメージの一部と捉えてほしいと思います。ひょっとすると，あなたの人生を変える出会いや体験ができたり，逆に進路選択が大きく変わったりすることにもつながるかもしれません。だからこそ，わからないなりに，何がわからないのかをわかっておくことも大事だろうと思います。

私たち幼稚園・保育所・こども園という施設は実習の受け入れ先であると同時に，みなさんが就職して半生をともにする可能性のある施設でもあります。だからこそ，実習前に考えることは，実習が終わってからも，就職前も，就職してからも，一度辞めたとしても，また復職などするときも考えてほしいことなのだと思います。

子どもを知るフォトラーニングのための
写真1

5つの知ってほしいこと（考えてほしいこと）
1. 保育実習を知る
2. 子どもを知る
3. 実習先を知る
4. 仕事を知る
5. 自分を知る

1. 保育実習を知る

これはおそらく，みなさんの所属する養成校で指導があるのだと思います。指導案の書き方に始まり，事前訪問や打ち合せのときの配慮，身だしなみや提出物などの確認などもあろうかと思います。大事なことは，今回の保育実習で「何を学びたいか」をよく考えておくことで

子どもを知るフォトラーニングのための
写真2

す。その際にはすでに実習に行っている先輩の話も参考になるでしょう。大変だった話もリアルですが，何が楽しかったのか，どんな学びがあったのかを聞くことができるといいですね。

　また，どちらかというと，実習生は「どのようにしたらいいか？」というHOWと，「これは何だ？」と知らなかった知識を得るためのWHATを知りたがります。そりゃそうです。実習の中で子どもたちの前に立つときのことを考えるからです。でも大事なことは，「なにか（WHAT）」「どのように（HOW）」だけでなく，『なぜしているのか』というWHYも意識してください。これは考えるだけではわからないことも多いでしょうから，ぜひ実習先の担当の先生や管理職の先生にも聞いてみてほしいのです。WHYがわからないまま真似をしてもなかなか他の場面での応用が利きません。ですから，なぜだろう？という疑問をたくさん実習中に持ってほしいですし，私たち教育・保育の施設の側からすると，聞きやすい雰囲気やWHYの質問に答えられるようになっている必要もあるわけです。

2．子どもを知る

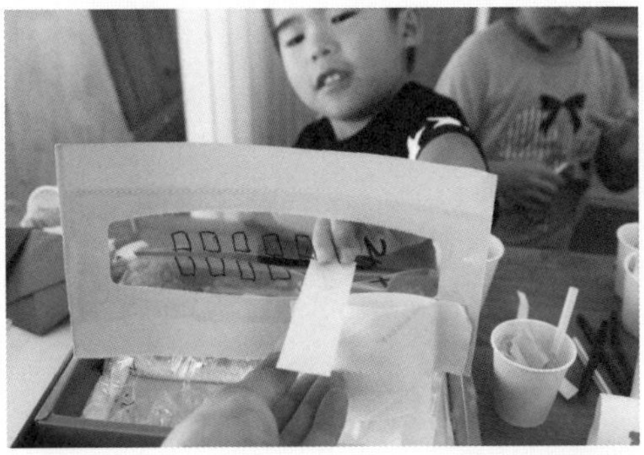

　あなたの知っている「子ども」とはどんなものでしょう？　保育の実習をする前に子どものこともぜひ知ってほしいと思います。手掛かりはいくつかあります。まずは，養成校の講義に出てくる子どもたち。発達のことであったり，障碍児のことであったり，事例の中だったり，製作や手遊びなどを学ぶ中で，常に子どものことがイメージされていたのではないでしょうか。それも一つの子ども像です。

子どもを知るフォトラーニングのための
写真3

　今回，子どもを知るためのフォトラーニング用に6枚の写真を選びました。写真1から順に年齢が上がっています。子どもたちが何に夢中になっているか，何をしようとしているのか，を考えてみてください。写真を注意深く丁寧に見ることで気づくことはたくさんあります。その注意深さや丁寧は実習やその後の保育者としての働きに不可欠なものです。自分の感じたことや読み取ったことと，友だちが感じたことは違います。その違いはどこから来たのかなどを対話してみてほしいのです。私たちは違うことから多くのことを学び気づくことができます。最後にそれぞれの写真が何をしている場面なのかを説明しています。まずは説明を見ずに写真を読み取り→対話→次に説明を見て再度読み取り→再度対話→気づきの共有といった順でやってみてください。

　また，ごきょうだいやご親戚にまだ幼い子がいる場合もあるでしょうし，あなたが生活する身の回りには必ず子どもがいます。そのような絶好の機会には少し様子を見ておいてください。注意深く丁寧に見るほど，子どもたちの不思議な行動やかわいい仕草，機嫌の変化などにも気づくことができます。保育の実習中には見ることができない，普段の子どもたちのことも知っておい

てほしいのです。

　さらには，みなさん自身が幼い頃，どんな子どもだったでしょう？　何が好きで，どんな遊び
をしたのか。何が嫌いで，どんなことに腹を立てていたのか。何に感動し，どんなことで泣いた
のか。少し自分の記憶を紐解いてみてください。思い起こせる最も幼いときの記憶はどんなもの
でしょう？　こんなことを考えてみるだけでも，「子どもを知る」ことにつながります。

3. 実習先を知る

　実習先を選ぶことがあるとしたら，ぜひどんな園
があるのかよく調べてください。残念なことに，
そんなに各園レベルでは情報発信していないところ
が多いのが現状です。ですが，調べれば見えてくる
こともあります。可能であれば，事前にボランティ
アなどをすることもいいかもしれません。

　実習先がどんなことを大事にしているのか，どん
な子ども観でどんな保育をしているのか，ぜひ調べ
てみてください。若い人なら SNS を使いこなしてい
る人も多いことでしょう。Instagram をやっている

子どもを知るフォトラーニングのための
写真 4

園は少ないですが，Facebook ページを持っている園は結構あります。ホームページやブログ
をやっているところもあります。ぜひいろいろ調べてください。その中で，私はここで実習がし
たい，その先には，私はここで働きたい，と思える園と出会えるかもしれません。人材不足が叫
ばれる保育業界にあって，「ここで働きたい」という強い意志を持った学生は喉から手が出るほ
どほしい存在です。また，実習で保育の道を断念してしまう人もいると聞きます。できるだけ
そんなことにならないためにも，ぜひいい園を探してください。調べてください。そしてできる
ことなら行って直接見て体感してください。

4. 仕事を知る

　私は実習生に「実習生は失敗することに意味があるし，失敗していい存在だよ」とよく言いま
す。初めてすることばかりですから，うまくいかなくて当然です。その中で少しでもうまくいく
ようにはどうしたらいいかをどれだけ考え，悩み，準備できたかが問われると思います。これ
が，1年後なり2年後に保育者として働きだしてからだと，失敗ばかりもしていられません。園
によってはゆっくり育ってほしいと失敗をちゃんと許容したりカバーしたりするところもありま
すが，何より働く者としての自覚から，本人が失敗をできないと思うようになります。

　保育の世界は，一般的な会社などとは少し違う組織ですが，保育者も社会人としての自覚をも

子どもを知るフォトラーニングのための
写真5

持って仕事をしています。保育の道に進まずとも役に立つであろうことは，実習の中にもちりばめられていると思います。また，みなさんがアルバイトなどしているとしたら，それも仕事を知るいいきっかけになります。いろんな仕事がある中で，あなたが「保育」を仕事にしようと養成校に来たのだとすれば，保育の仕事の独自性と，他の仕事との共通性を意識することはとても大事だと思います。

5. 自分を知る

　最後に，実習を前に「自分」を知ってほしいと思います。改めて「なぜ保育者になろうと思ったのか」「私の得意なこと，苦手なこと」「何をしているときが好きなのか」といった問いを自分に投げかけて，答えてみてください。先にあげた「子どもの頃」のことも自分を知る入口になると思います。

　改めて今の「自分」を知ることで，「何を学びたいのか」「何が知りたいのか」「何が足りないのか」が見えてくると思います。

子どもを知るフォトラーニングのための
写真6

　今の自分を改めて知ることは，実習前にも，実習が終わってからも，就職してからも，一度辞めても，また復職するときも，ぜひ自分自身に問いかけてほしいと思います。

　楽しく充実した保育実習になるように精一杯の受け入れをしたいと思いますが，きっと十分ではありません。そこを埋めるのはみなさんがどんな思いで実習に臨むかで決まります。「いい問い」を持ち続ける，そんな実習生を待っています。一緒に子どもたちのために楽しく保育をしましょう。

📷 子どもを知るフォトラーニングのための写真の説明
写真1：思い思いの水遊びをする1歳児
写真2：「はいどうぞ」ままごとをしている2歳児
写真3：かき氷屋さんのレジからおつりを渡す3歳児
写真4：給食先生と一緒に一文字一文字確認しながら献立を書く4歳児
写真5：自分たちで掘った芋を大きさ順に並べる協議中の5歳児
写真6：ちょっと雨が降ってきて本格的な雨宿り場所を作った5歳児

Check! 1

ここでは，Part 1「主体的・対話的で深い学びを得られる保育所実習にしていくために」とPart 2「保育所実習に臨む〜〈事前準備編〉保育所実習の概要について学ぶ」について振り返ってみましょう。

☐　ラベルやワークシートの活用方法は理解できていますか。（☞ Lesson 1）

☐　ラベルやワークシートは効果的に活用できていますか。（☞ Lesson 1）

☐　保育士の定義について理解していますか。（☞ Lesson 2）

☐　保育所実習の目的と内容とはどのようなことですか。（☞ Lesson 2）

☐　保育所の社会的役割について説明できますか。（☞ Lesson 3）

☐　実習先の概要と特色は把握していますか。（☞ Lesson 3）

☐　保育所に関連する法規類にはどのようなものがありますか。（☞ Lesson 4）

☐　保育所保育指針解説は読みましたか。（☞ Lesson 4）

☐　「保育実習Ⅰ」「保育実習Ⅱ」「保育実習Ⅲ」の違いは理解できていますか。（☞ Lesson 5）

☐　「保育実習Ⅰ」と「保育実習Ⅱ」のねらいと内容を確認しましょう。（☞ Lesson 5）

☐　実習生としての心構えはできていますか。（☞ Lesson 6）

☐　実習記録（日誌）の意義は理解できていますか。（☞ Lesson 7）

☐　実習記録（日誌）と関連した語句は整理できていますか。（☞ Lesson 7）

☐　実習日誌の実際を見て，わからないところはありませんでしたか。（☞ Lesson 7）

☐　全体的な計画とは何かが理解できていますか。（☞ Lesson 8）

☐　指導計画（指導案）の立て方は理解できていますか。（☞ Lesson 8）

☐　指導案の実際を見て，わからないところはありませんでしたか。（☞ Lesson 8）

☐　実習課題を明確にすることの意義は何ですか。（☞ Lesson 9）

☐　あなたの実習課題を設定することはできましたか。（☞ Lesson 9）

☐　保育所実習の流れや手続について把握できましたか。（☞ Lesson 10）

☐　さまざまな手続きの内容は理解できていますか。（☞ Lesson 10）

☐　実習園で行うオリエンテーションとは何かを理解していますか。（☞ Lesson 11）

☐　実習園で行うオリエンテーションの流れと内容は把握していますか。（☞ Lesson 11）

保育所実習をより充実させるためには，実習そのものの意義や目的をしっかりと理解することが大切です。ここでのチェックをもとに実習の概要を再度確認し，保育実習Ⅰに向けてしっかりと準備をしていきましょう。

保育所実習Ⅰ[※]に取り組む～〈実習中編〉
保育の実際について学ぶ

※国が定める「保育実習実施基準」（☞巻末資料②参照）によれば，保育士資格取得のための必修科目である「保育実習Ⅰ」は保育所と保育所を除くその他の施設における実習を意味します。また，選択必修科目である「保育実習Ⅱ」は保育所での実習を，同「保育実習Ⅲ」は施設での実習を意味します。

本書では混乱を避けるために，Part 3以降，便宜上，「保育実習Ⅰ」の保育所における実習を「保育所実習Ⅰ」，「保育実習Ⅱ」を「保育所実習Ⅱ」と表記する場合があります。内容によっては，一部，実施基準通りの表記を使用しています。

実習園の概要について学ぶ

　保育実習を行う保育所は，個々に保育内容が大きく異なります。保育理念や規模などの概要をよく理解することにより，それぞれの園が大切にしていることを知ることができ，実習に向かう姿勢を示すことができます。

　実習園の概要については事前に把握することができます。園の要覧やパンフレットは，近隣の自治体や養成校で参照や入手が可能です。また，各施設のホームページで確認できる場合もあります。事前確認を行い，オリエンテーション（事前訪問）に臨みます。事前確認しておいた内容を，オリエンテーションで具体的に確認することで，実習園の全体像を理解することができます。

1. 要覧・パンフレット・オリエンテーションでの事前確認

　要覧等には，実習園の全般的な事項が，コンパクトに示されています。園名，設置団体，設置年月日，園長名，住所，電話番号（Fax・E-mail）などの基本情報のほかに下表の項目があります。

表12-1　要覧・パンフレットでの確認内容とオリエンテーションでの取り組み例

項目	内容	オリエンテーションでの取り組み例
①沿革	園の設立の目的とともに，これまでの経過，園の歴史です。	現在に生かされている内容を質問しましょう。
②理念	建学の精神や設立者の思いや宗教（仏教・キリスト教等）的な特徴などが述べられています。同時に社会福祉法人・学校法人・その他の法人など法人の背景も知ることができます。	現在に生かされている内容を質問しましょう。
③保育方針	園独自の保育の理念が設定されています。	保育目標や保育におけるこだわり，特に現在取り組んでいることなどを質問しましょう。
④クラス編成と園児数	クラス名とクラスごと年令ごとの男女別在籍数が示されています。	各担任名を確認しましょう。
⑤保育時間・一日の流れ	平常の保育時間（土曜日），延長保育時間，および，各年令のデイリープログラムが示されています。	園児の生活の流れをしっかり把握しましょう。
⑥職員構成	園長・事務長・主任保育士・保育士・栄養士・調理師・用務員・看護師・嘱託医などが示されています。	実習で指導を受ける全員の名前を確認しましょう。
⑦園周辺の環境と特徴	園の周囲の公園やあそび場，商店街や寺社等の環境について示されています。	周辺の自然環境，社会環境を知り，保育とのつながりについて質問しましょう。
⑧園の平面図	園庭や遊具。物品庫，物置，配置図が示されています。	教具や教材などの保育材料や掃除道具等の生活用具の保管場所を確認しましょう。

⑨行事予定	年間行事計画が示されています。	実習期間中の行事について質問しましょう。
⑩保育課程	保育の計画（保育課程・指導計画等）は，多くは，要覧やパンフレットには掲載されていません。	保育課程，年間保育計画，期案，月案等の閲覧について質問しましょう。
⑪特別保育事業や独自の取り組み	特別保育事業等の独自の取り組みは，多くは，項目のみ掲載されています。	障害児保育や延長保育等や異年齢児保育について，取り組みの内容と実習との関わりについて質問しましょう。

表 12-2　実習日誌の「実習園の概要」の記入例

実習園の沿革
昭和 52 年 3 月　社会福祉法人認可 昭和 53 年 4 月○○私立○○保育園開園 平成 20 年 4 月新園舎移転 平成 27 年幼保連携型認定こども園○○保育園へ
保育・教育目標
1　命を大切にする子 2　思いやりのある子 3　豊かな感性を持てる子
教育・保育方針（目指す方向）
1　子どもが安全に情緒の安定した生活ができる環境つくりを行います。 2　豊かな人間性と生きる喜びを持った子どもを育みます。 3　公的施設として地域社会・家庭と協同関係を築き，安心して子育てができる役割を担います。
○○保育園の最近の取り組み
・異年齢保育　多種多様な人間関係を尊重できるよう縦割りクラスでの活動を行っています。 ・育児担当制　一人の保育士が複数名の子供を担当し，保育を行うことで信頼関係を築き，できる限り家庭に近い日課で安心して生活することができます。 ・森の活動による自然との触れ合い　保護者のご厚意により，○○の森をお借りして自然の中で保育を行っています。

主な関連授業
・保育内容総論
ワーク
・保育理念や保育内容に特徴のある保育所の要覧等を複数集め，比較してみましょう。

Lesson 13 デイリープログラムの実際について学ぶ

1. デイリープログラム

　子どもの食事や排泄，午睡など生理的欲求に基づいて一日の保育の流れを考えて計画されたものがデイリープログラムです。デイリープログラムの時間を基本として日々の保育の計画が立てられます。なぜ保育において，デイリープログラムが必要なのでしょうか。子どもは毎日同じ生活を繰り返し，同じリズムで生活をすることで精神的にも身体的にも安定することから，基盤となる生活の流れが必要になってくるのです。子どもが園で過ごす時間は長く，生活にもリズムが必要となってきます。子ども自身も生活の流れがいつも不安定であると落ち着きません。また子どもは生活のリズムが安定することで，自分の中で見通しが立ってきます。年齢によってデイリープログラムも異なってきますが，行事の練習等で子どもの生活のリズムが乱れないように適切な日々の保育を行っていくことが大切なのです。デイリープログラムは，園によって異なりますが，基本は子どもが保育所に登園してから降園するまでの一日の流れを，時間と内容で示しています。

2. 保育所の一日

　保育所の実際のデイリープログラムの例を乳児，幼児に分けて示しています。**表13-1**の時間と内容を見て，保育所での一日の流れを想像してみましょう。

表13-1　保育所のデイリープログラムの例

時間	0・1歳児クラスの例	時間	4歳児クラスの例
7：00	順次登園	7：00	順次登園
9：00	好きな遊び，排泄，オムツ交換	9：00	好きな遊び
9：30	朝の会，午前の間食	9：50	排泄，手洗い
10：00	主な活動（園外散歩等）	10：00	朝の会
11：00	オムツ交換，排泄，手洗い	10：30	主な活動（運動や制作等）
11：15	昼食準備	11：30	排泄，手洗い
11：30	昼食（0歳児　授乳・離乳食）	11：45	昼食準備
12：15	排泄，着替え，午睡準備	12：00	昼食
12：30	午睡	12：45	歯磨き，排泄，午睡準備
14：30	起床，排泄，着替え	13：00	午睡
15：00	手洗い，午後の間食	14：40	起床，排泄，間食準備
15：30	帰りの会	15：00	間食
15：45	好きな遊び	15：30	帰りの会
16：30	順次降園	15：45	好きな遊び
		16：30	順次登園
18：00	延長保育，軽食，順次降園	18：00	延長保育，軽食，順次降園

　登園の際，すぐに保育室に入ってくる子どももいれば，園で飼っているうさぎにえさをやってからやっと保育室に入ってくる子ども，しっかり保護者とお別れをしないと一日調子が悪い子どもなど，一人ひとりペースがあります。また乳児は保育者に優しく抱っこされ，好きな遊びをすることで，ゆったりと園の生活へ入っていきます。朝の受け入れの際にも子どもの様子は日々異なります。

　好きな遊びの際に，前の日に楽しんでいた平均台をする子どももいれば，砂場で遊ぶ子ども，友だちとかけっこをしている子どももいます。朝の会では，季節の歌をうたったり，当番の紹介を行ったりしています。朝の会の後は，主な活動を行いますが，行事の練習を行ったり，季節の制作を行ったり，子どもは精一杯活動をしています。昼食では，保育所では色々な食材に触れ，みなで食べることを楽しんでいる子どもや，苦手な野菜を食べようと努力している子どもの姿も見ることができます。午睡では，すぐ寝る子どももいますが，朝起きる時間が遅かった子どもはなかなか寝ないこともあります。このようにデイリープログラムを基盤として子どもの生活が積み重なっているのです。

3．デイリープログラムの実際

　3歳未満児は，年齢や月齢によって発達の違いが大きく個人差があります。デイリープログラムは特に0歳児，1歳児は計画通りにはいきません。0歳児の場合も1年を通して計画された流れに生活のリズムを持っていくことは必要ですが，特に「食べる」「寝る」「排泄する」など子どもの生理的欲求を人切にしながら個人差を踏まえ，日の前の子どもの様子を一番に考えて保育を行っています。

　1歳児は，月齢の低い子どもは睡眠を長くとる配慮をします。また，歩くことを楽しむ時期なので転倒に気をつけなくてはなりません。2歳児は，自分で行えることが増えてくる時期でもあり，自分から友だちと遊んだり，ひとりで過ごすのを心地よく感じたりと同じデイリープログラムであっても子どもによって配慮は違ってきます。子どもの「発達」に目を向けるのは大切ですが，その子どもの置かれている家庭の「環境」にも十分に配慮をして関わっていくことが必要です。子どもの24時間を配慮しての保育者の関わりが重要になってくるのです。

　その一つの例が家庭との連絡帳によるやり取りです。連絡帳を見ると授乳，排泄，入浴，睡眠，体調の変化など記載する欄があります。保育者は朝の受け入れの際に様子を聞くだけではなく，前日睡眠が短かったり浅かったりした場合は，保育所での睡眠を長めにとる配慮を行うなど決められたデイリープログラムを基本として子どもの様子を見て変化を加えることもあるのです。

　3歳以上児は，活動も活発になり集団での動きや活動も増えてきます。また，行事の練習など発表の前は，練習時間が長くなることもあるかもしれません。しかし，子どもの一日の時間の流れを変えることなく，その中でできるだけ活動が充実するように保育者は考えていく必要があるのです。

4．現代的な課題からみたデイリープログラムの意義

　現代の子どもを取り巻く家庭環境はさまざまであり，保護者の勤務状況も複雑になり延長保育の子どもも増加しています。また，休日出勤をする保護者に代わって休日保育を行う園もあります。家庭の状況によって子どもの生活は複雑化しています。そのような状況を踏まえ，園での生活時間は，家庭との接続を大切にしながら考える必要があります。一人ひとりの子どもの発達や環境を大切にして，年齢において望ましい経験ができるように精神的にも安定して一日を過ごすことができるように配慮します。デイリープログラムを踏まえ，常に家庭と連携をしながらの保育が求められています。

主な関連授業
・保育の計画と評価，乳児保育

乳児の発達や生活の実際について学ぶ

1. 乳児の発達

　乳児とは，児童福祉法に「満1歳に満たないもの」と定義されています（児童福祉法第4条第1項第1号）。乳児期は，心身の発育・発達が著しい時期です。この時期の子どもは，いつも関わっている特定の大人との応答的な関わりを通じて情緒的な絆が形成されるといった特徴があります。この時期に関わる保育者は，子どもがこれからを生きていくうえで最も必要となる「人への信頼感」を形成する大切な時期に関わることを認識し，愛情豊かに，応答的に保育を行う必要があります。

　乳児の発達の特徴の主なものとして次のようなことが挙げられます。保育者の関わりも一緒に考えてみましょう。

1) 身体の育ち

　首がすわる，寝返りが打てる，座る，はう，つたい歩きをするなど自分の意思で身体を動かすようになります。移動したり手が使えたりすることで，身近な人やものに興味を持って関わり，探索活動が活発になります。

2) 人との関わりの育ち

　乳児は，初めての言葉（初語）を発する以前から，身振りや表情，泣く，笑う，喃語などを通して他者へとコミュニケーションを図っています。それらの乳児の働きかけに，周囲の大人（特定の大人）が応答的に愛情深く関わることで人への基本的な信頼感が育っていきます。あやされると手足をバタバタと動かしたり，微笑んだりなど，いつも関わる特定の大人を認識し，次第に人とのやり取りを楽しみ，愛着関係が強まっていきますが，6か月～7か月頃には見知らぬ相手には人見知りをするなどの様子が見られるようになります。また，身近な大人との親密な関わりを基盤としながら，同じくらいの月齢の乳児など，他の子どもとの関わりを広げていく様子も見られるようになります。

3) 言葉の育ち

　9か月頃になると身近な大人との関係の中で，自分の意志や欲求を指差しや身振りなどで伝えようとするなどコミュニケーションの芽生えが見られるようになります。応答的に関わる大人が自分の気持ちに共感し，大人から自分に向けられた気持ちや簡単な言葉が分かるようになっていきます。

　乳児期は，乳児を能動的で主体的な存在であることを受容し，乳児の基本的欲求や依存的欲求（甘えなど）を満たしてくれる特定の大人との信頼関係を築くことが重要です。衛生的で安全な環境が保障され，安心して過ごせる配慮がなされた環境の下で，愛情深く応答的に関わるようにしましょう。

2. 乳児の生活

　保育所では，さまざまな月齢・年齢の子どもが一日を過ごしています。子どもたちの生活が整うように計画されたのがデイリープログラムです。乳児にとってのふさわしい生活とは何か，健康な一日の生活の流れとはどのようなものなのかイメージしてみましょう。

1) 登園・降園

　朝，保護者と一緒に登園し，夕方に保護者と一緒に降園します。家庭から保育所へ，保育所から家庭へ生活の場所が引き継がれる時間です。乳児にとってどちらの生活の場も心地よい場であるように，保育者は家庭との連携を図るようにします。その方法としては，送迎時の会話や連絡帳などです。保護者との信頼関係を築くことは，乳児にとってもよい環境とつながります。

2) 排泄（おむつ替え）

　おむつが汚れたとき，乳児は泣いて知らせたり，表情で気持ち悪さを伝えたりします。保育者はすぐにおむつ替えをして，さっぱりとした清潔の気持ちよさを伝えるようにしましょう。子どもと個別に関わることのできる時間を大切に，プライバシーに配慮できる環境のもとで安心して過ごせるように，微笑みかけたり，言葉をかけたりしながら，ゆったりとした穏やかな雰囲気で乳児との触れ合いの時間を大切に関わることが望まれ，また，その中で，便の状態や肌の様子など，乳児の健康状態を把握するようにしましょう。

3) 授乳・離乳食

　乳児期は，乳汁栄養での栄養摂取から次第に離乳食，幼児食へと移行する時期です。5〜6か月ころから離乳が開始され，1歳〜1歳半くらいまでに離乳はほぼ完了し，幼児食へと移行していきます。離乳は，「授乳・離乳の支援ガイド」（厚生労働省，2019年）を参考に進めるようにしますが，家庭との連携のもと，進度を共有しながら，一人ひとりの育ちに合わせて無理のないように離乳を進めるような配慮が必要となるでしょう。また，保護者との連携だけでなく，栄養士や調理員，看護師など保育に関わる職員と情報を密に共有しながら，それぞれの専門性を持って協働することが必要となります。月齢によったり個人差があったりするため，細やかな配慮が必要となるときです。

4) 睡眠

　乳児期には，睡眠に個人差があるため，様子を見ながら必要に応じて午前の午睡が行えるようにします。1歳ころには午睡は1回になるよう生活のリズムが整う様子が見られるようになるでしょう。睡眠と覚醒のリズムにより生活のリズムが形作られるため，家庭との連携を密にして，一日のトータルとしての睡眠の確保がなされるようにします。睡眠中の乳児の様子にも細心の注意が必要となります。1歳未満（特に6か月未満）の乳児で睡眠時に多く発生する乳幼児突然死症候群（SIDS：Sudden Infant Death Syndrome）は，事故や窒息など死亡するような原因が見当たらないにもかかわらず死亡するもので，保育者は，睡眠時の様子（呼吸や顔色など）をこまめにチェックする体制をとっています。保育室の温湿度や採光，寝具など環境を整え，子どもが安心して眠られるような環境を整えたり，子守歌を歌ったり，眠りに誘うようなリズムで体に触れたりするなど雰囲気作りにも配慮をしましょう。

5) 衣服の着脱

　衣服の着脱は，健康の保持を行うのと同時に，さっぱりした感覚や気持ちよさなどを知ることがで

きる機会です。乳児と保育者が1対1で関わることのできる時間となるため，ふれあいを通して信頼関係を育むようにします。乳児期の前半は厚着に気をつけること，乳児期後半は動きやすさを考慮することが求められます。

参考文献
・須永進編『乳児保育の理解と展開』同文書院，2019
・茶々保育園グループ 社会福祉法人あすみ福祉会編『見る・考える・創りだす乳児保育Ⅰ・Ⅱ』萌文書林，2019

主な関連授業
・乳児保育Ⅰ，乳児保育Ⅱ，保育内容総論

ワーク
・乳児保育のデイリープログラムにおける保育者の役割を考えてみましょう。

memo

1歳以上3歳未満児の発達や生活の実際について学ぶ

1. 1歳以上3歳未満の発達

　乳児期を経て，幼児へと変化をしていく時期が1歳以上3歳未満です。乳児期と同様に心身の発育・発達が著しい時期です。1歳くらいになると「自分でしようとする」時期です。この時期の子どもは，「自分で」取り組んでみますが，まだ大人の援助を必要とするため，温かく見守りながら「自分でしようとする」子どもを見守る保育者の存在が重要となります。2歳くらいになってくると「なんでも自分でやってみたい」時期です。何でも自分でやってみようとしますが，うまくいかずかんしゃくを起こすこともあります。「自分でやってみたい」ことを意識化できるようになってきて，自己主張を強くするようになりますが，子どもの気持ちを受け止め，丁寧に寄り添い，温かなまなざしで子どもを受け止めることで，子どもの育ちや生活の自立を支えましょう。

　乳児の発達の特徴の主なものとして次のようなことが挙げられます。保育者の関わりも一緒に考えてみましょう。

1）1歳から2歳未満の発達

　この時期の子どもの育ちも心身ともに目覚ましいものがあります。しかし，個人差が大きいのもこの時期の特徴であり，「1歳になったから○○ができる」というわけではありません。温かなまなざしを持って子どもの育ちを見守りましょう。

（1）身体の育ち

　1歳前後には歩き始めますが，個人差があります。歩くことができるようになると，歩いてはバランスを崩して転んだり，立ち上がったりしながら，歩くことそのものを楽しみ，自分の体を思ったように動かそうとします。次第に，よじ登ったり，両足で跳んだりするように，基本的な運動機能が発達します。つまんだり，めくったり，指先も器用に使えるようになり，身の回りのことなどを自分でしようとする姿が見られます。

（2）人との関わりの育ち

　いつも関わる親しい大人との関係を基盤に，次第に関係を広げていく様子が見られ，友だちと一緒にいることの心地よさを感じるようになります。同じものに興味を示し，子ども同士で物のやり取りをしたり，顔を見合わせて笑ったり，周囲の子どもと関わって楽しむ様子が見られるようになります。

（3）言葉の育ち

　初めての言葉（初語）が出てから，言葉は一語文から二語文へと次第に増えていきます。言葉の理解が進み，温かく関わる親しい大人とのやり取りを通じて，自分の意思を伝えたいという欲求が高まってきて，指さしや身振りなどで自分の意思を伝えようとする姿が見られます。絵本のオノマトペや言葉を楽しみ，保育者の真似をする姿も見られるようになります。

2）2歳以上3歳未満の発達

　この時期の子どもの育ちでは，自我が芽生えて何でも自分でやろうとする姿が見られ，さまざまなことで自立に向かう様子が見られます。自分でできるよ，という子どもの気持ちに寄り添い，子どもの満足感や達成感を得られるように温かく関わる保育者の援助が望まれます。

（1）身体の育ち

　歩くことがさらにうまくできるようになり，走る，跳ぶや，ひとりでの階段の上り下りも安定してできるようになります。基本的な運動機能や指先の機能が発達し，次第に自信を持って自分の体を思

い通りに動かそうとします。遊具を使って登ったり滑ったり，2歳の後半にもなると三輪車に乗ってみたり，低い平均台の上でバランスをとって歩いたりもします。太いペンやクレヨン等でぐるぐる描きをしたり，穴にひもを通して遊んだりなど，指先の発達も顕著です。

（2）人との関わりの育ち

保育者や周りの子どもと一緒に見立て遊びやごっこ遊びなどを楽しみはじめ，2歳後半には，その遊びが発展する様子が見られるようになります。いつも一緒に過ごす友だちを名前で呼んだり，友だちと追いかけっこをして遊んだりする様子も見られます。強く自己主張することが多くなり，友だちとのけんかなども見られるようになりますが，そのような経験を通して，他者の気持ちを知ったり，思いやりが育ったりしています。

（3）言葉の育ち

発声が明瞭になり，語彙も増えていきます。自分のしたいことやしてほしいことなどを言葉で表出するようになりますが，適切な言葉が見つからず戸惑う様子が見られます。保育者が，子どもの言葉や伝えたいことをとらえ，丁寧に応答することで，子どもの言葉は豊かになっていきます。友だちとのやり取りの中でうまく伝わらない場合も，保育者が丁寧に関わり気持ちを受け止め伝えることで，言葉で伝え合うことを知っていきます。

2．1歳以上3歳未満の生活

この時期の子どもにとってのふさわしい生活とは何か，健康な一日の生活の流れとはどのようなものなのか，デイリープログラムを立てながらイメージしてみましょう。

1）排泄（トイレ）

おむつがとれ，排泄の自立に向かうときです。個人差があることを念頭に，焦らずゆっくりと見守りましょう。失敗をしたときにも，叱らず，次への意欲とつながる援助をしましょう。

2）食事

1歳半くらいまでに離乳はほぼ完了し，幼児食へと移行していきます。手づかみからスプーン，はしへと食事にも意欲的に取り組む様子が見られます。意欲を持って楽しんで食べることを主にしながら保育者は援助します。

3）衣服の着脱

「自分でやってみたい」気持ちを大切に，保育者は見守りさりげなく手伝ったりしながら，子どもが自立に自信を持てるように援助をします。脱ぐ，着るなどを通して，着脱を積極的にしようとする気持ちを支えたり，脱いだ衣類をたたんだり整理をする様子を見守りながら，子どもが生活を自分のものにしていくことを支えましょう。

参考文献
・須永進編『乳児保育の理解と展開』同文書院，2019
・茶々保育園グループ 社会福祉法人あすみ福祉会編『見る・考える・創りだす乳児保育Ⅰ・Ⅱ』萌文書林，2019

主な関連授業
乳児保育Ⅰ，乳児保育Ⅱ，保育内容総論

ワーク
この時期の保育のデイリープログラムにおける保育者の役割を考えてみましょう。

3歳以上児の発達や生活の実際について学ぶ

　3歳以上の子どもたちは，それ以前に育まれた愛着関係等を基盤として，生活面では基本的な生活習慣の多くを自立して行うことができるようになります。遊びの面では粘り強く試行錯誤をしたり，他の子どもと協力したりすることができるようになり，さまざまな遊びを発展させていきます。また，生活面でも，遊びの面でも保育者の存在だけでなく，同世代の子どもたちの存在が発達に大きな影響を与える時期でもあります。このような特徴を踏まえ，保育所保育指針には「個の成長と集団としての活動の充実が図られるようにしなければならない」と記載があるように，保育者は個の育ちを支えるとともに，集団的な活動やその中での育ちにも注目していくことが重要となります。

1. 3歳の発達や生活

　3歳頃は，運動面では歩く走るといった動作だけでなく，またいだり，引っ張ったりといった基本的な運動動作が一通りできるようになり，一人で滑り台や三輪車で遊ぶことができるようになります。

　社会情動面では，保育者との関わりよりも同世代の子どもとの関わりを好むことが多くなりはじめますが，そのことにより物の取り合いや意見の食い違いから子ども同士でのトラブルが生じることも多くなります。最初のうちは，泣く，叩くといったあまり適切でない主張の方法を多く取りますが，大人の援助のもと，少しずつ自分の言葉で相手に思いを伝えることができるようになっていきます。

　また，自分と他児を比較して自分ができていなかったり，失敗したりすると恥ずかしいという気持ちも芽生え，行動が消極的になる子どもも現れます。認知面では，記憶する力が高まり，その日に経験したことなど過去の出来事について「○○はどうだった？」など，きっかけを与えると，思い出して言葉にすることもできるようになっていきます。言語面では，語彙が増え，絵本の言葉から目の前にないことをイメージできるようになり，会話は少しずつ文法的に整ったものになっていきます。

　遊びでは，的あてやボーリングなどの簡単な動作を伴う遊びや，お店屋さんごっこや電車ごっこといった比較的役割のはっきりとした「ごっこ遊び」などを楽しむことが多くなります。

2. 4歳の発達や生活

　4歳頃は，運動面では食べながら話す，片足で跳ぶ，台の上でバランスを取りながら虫網で虫を取るなど複数の動作を組み合わせて同時に行うことができるようになります。

　社会情動面では，他者の意図を理解する力が育ち，人によって同じ遊びでも楽しいと感じる子とつまらないと感じる子がいることなどを理解して，関わることができるようになっていきます。子ども同士でのトラブルを繰り返し経験することで，自己主張する力とともに自己抑制をする力も育ち，少しずつ子どもだけでお互いが納得できるような解決方法を見つけられるようになっていきます。

　認知面では，アニミズムといわれる「お花が笑っている」「お空が泣いている」というような，植物や無生物にも心があると考える傾向が強くなることや，想像力の高まりによって実生活の中で経験したこと以外も想像できるようになり，現実世界と空想世界の境界が曖昧になりオバケを強く恐れるなど，この時期特有の認知を行います。言語面については，おおむね大人と同じような文法構造になる時期であり，「どうして氷ってできるの？」といった物事の因果関係についての質問等が増え，言葉によって現象の理解を深めていきます。

　遊びでは，勝ち負けのあるゲームや，砂場で協力して何かを作り上げるような集団での遊び，なぞ

なぞなど言葉やイメージを使った遊び，手指の動作の発達により少し複雑な手遊びなどを楽しむことが多くなります。

3. 5歳の発達や生活

　5歳頃は，運動面ではボールや道具を使った遊びや，縄跳びなどいくつもの動作を複雑に組み合わせる遊びをスムーズに行うことができるようになっていきます。

　社会情動面では，集団で楽しく遊ぶためのルールの必要性を認識し，自分たちでルールを作ったり，守ったりすることができるようになります。また，クラスやグループの一員であるという集団への帰属意識も高まり，先生の手伝いなどその集団の役に立つことに喜びをおぼえるようになります。

　認知面では，記憶力が高まり出来事を時系列に沿って理解・説明したり，概念化が進み物事を関連づけて理解したりできるようになります。言語面では，人の話をよく聞いたうえで，自分の意見を言葉にして伝えるなど，伝え合いが盛んになります。さらに，多くの子どもが教えなくても自然にひらがなの読みを覚えたり，自分の名前や簡単な単語などを書くことができるようになったりします。

　遊びでは，複雑な役割のあるごっこ遊び，カルタやすごろくなど文字や数に関わる遊び，さまざまな道具や技法を用いての描画・造形などを楽しむことが多くなります。

4. 6歳の発達や生活

　6歳頃は，運動面ではおおむね大人と同様の動作が行えるようになります。手先も器用になり，描画や楽器演奏による表現も豊かになります。

　社会情動面では，遊びによって一緒に活動する子どもが変わるのではなく，特定の仲間関係の中で活動をしていくようになり，その中で秘密を共有し，時には自分が望まない役割でも仲間の意志を尊重して役割を分担するなどの意識が強くなります。

　認知面では，集中力を持続することのできる時間が長くなり，複雑なストーリーの物語や数の保存などが理解できるようになります。言語面では，経験を共有していない人にもその経験を伝えることや，抽象的な物事についての会話もできるようになっていきます。また，思考のための外言（独り言）の頻度が減り，内言による思考ができるようになります。

　遊びでは，さまざまなルールのある集団での遊びや，イメージや目的を共有して，道具を使った複雑な工作を取り入れたごっこ遊びや劇作りなどを楽しむことが多くなります。

参考文献
・開一夫，齋藤慈子編『ベーシック発達心理学』東京大学出版会，2018
主な関連授業
・保育原理，保育の心理学，子どもの理解と援助
ワーク
・年齢ごとの心身の発達の特徴だと考えるポイントを書き出して整理し，他の学生のものと見比べてみましょう。
・「おにごっこ」や「ままごと」などいくつかの遊びを思い浮かべ，年齢によって遊び方や子どもが楽しんでいる部分，ルールなどが違う部分を書き出して他の学生のものと見比べてみましょう。

Lesson 17　保育環境への配慮の実際について学ぶ（1）屋外

1. 園の環境を規定する枠組み

　保育・幼児教育における「環境」とはどのようなことでしょうか。法律的な観点からみると，「幼稚園設置基準」や「児童福祉施設最低設置基準」等により，保育者の人員配置や1クラス当たりの子どもの数，施設の広さや設備について定められています。保育原理や教育原理の授業で学んでいることでしょう。この章では保育，または実習におけるより具体的な視点で「環境」について考えていくこととします。

　これまでみなさんは保育・幼児教育についてさまざまな学びを通して，いよいよ保育実習というものが現実的になってきていることでしょう。これまでの学びから，「環境を通して」，「遊びを通して」，「子どもの主体性」などの言葉について学んできました。子どもが主体的に遊んだり，主体的に活動したりするためには，保育者が子どもを取り巻く環境を構成していく必要があるのです。さらに，保育においては保育者主導の一方

自然と人工物

的な保育の展開ではなく，一人ひとりの子どもが保育者の援助の下で主体性を発揮して活動が展開することが重要です。また，ただ遊ばせているだけでは教育は成り立たないのです。保育・幼児教育において保育者が行う，子どもの成長につながる環境構成について考えていきましょう。

1）環境に含まれるもの

　みなさんは保育・幼児教育を学び，環境とは自然環境のみでないことは理解しているはずです。もちろん自然環境は子どもたちの学びにとって重要な要素であり，保育者自身が自然に触れていることや自然に対する知識を持っていることは必要なことです。保育者は子どもにとって先生であり，時には仲間であり，困ったときに頼れる存在であり，憧れやモデリングの対象であり，自分に寄り添ってくれる存在であり，というように他にもさまざまな役割があります。このように保育者自身が重要な人的環境でもあるのです。故に保育者は子どもたちと生活するうえで，その所作にも気を配る必要がありますし，言葉を選びながら関わっていくことが求められます。もちろん保育者だけでなく，クラスの友だちや異年齢の子どもたちなど子どもに関わる全ての人が，人的環境に含まれます。

　園内にある物的環境として思いつくものは，砂場や固定遊具，おもちゃではないでしょうか。これらは想像しやすいものでありますが，物的環境には建物自体も含まれ，床の素材や階段の高さ扉やコンセントなどの安全性，椅子や机，お道具箱などありとあらゆるものが含まれています。それぞれに子どもたちにとって安全であったり，学びにつながったりする工夫があります。またそれらを制作活動や食事のときにどのように配置するかを考えて構成する必要があります。発達過程によってもそれらを適切に配置していくことが求められます。

　次に空間的環境とはどのようなものでしょうか。少し曖昧な表現をすると雰囲気とでもいったものでしょうか。例えば，クラスの明るさでいうと，太陽光なのか照明器具なのか，またその明るさや色はどのようなものなのか。制作活動や食事のときと午睡のときでは明らかにその雰囲気は変えるはずです。室温や湿度，香り，人的環境としての保育者の声や表情も含めてその雰囲気を構成するものになるのです。その他にも園の置かれている地域性や保育・教育方針，昭和でも，平成でもない，令和

という時代背景もそれらに含まれるのではないでしょうか。

　以上のように，子どもを取り巻く環境とは子どもに関わる全てのものが含まれます。その中で保育専門職としての知識を活かしながら，環境を準備したり配置したりして構成していくのです。子どもの実態や発達過程，5領域や幼児期の終わりまでに育ってほしい姿，保育方針や地域性などを考慮しながら，子どもが主体的に活動できるように保育者が環境を構成していくことが重要なのです。

2）環境を構成する

　実際に保育所でのいくつかの場面を想定して，保育者の環境構成を具体的に考えてみましょう。

　「室内遊び」の場合（例）

　制作活動では保育者の一方的な活動の展開になりがちです。活動の導入を丁寧に準備して，子どもたちが「やってみたい」，「先生，私もしたいから教えて」と子ども自身がやりたくなるような活動の始まりが重要です。また，子どもの活動の展開を予想して，さらに深い学びにつながるような活動の途中で環境を再構成することも求められます。例えば，新聞紙を丸めてそれを折り紙などで包みお弁当を作る

ままごとコーナー

お弁当作りコーナー

という活動を考えてみましょう。ねらいや導入については指導計画の章で確認してください。

　保育者としてはどのような材料を準備するのか，机の配置や保育者の立ち位置などの環境構成を考えましょう。新聞紙を丸めるために新聞紙が必要です。その新聞紙をあらかじめ保育者が適当な大きさに切っておくのか，子どもたちが大きさや量の感覚を学ぶために大きなものを子どもが切るのかを考えての準備が必要です。折り紙の色も子どもがどのようなおかずを作るかを予想する必要がありますし，パンやカレーなどの一般的なお弁当とは違うものを作りたいというかもしれません。子どもの主体的な発言に対応できる準備も必要になります。のりやハサミは子どものお道具箱に入っているでしょうが，のりを使った手を拭く濡れタオルが必要かもしれません。次に机をどのように配置するのか，材料をどこに置いておくのかなども考えます。保育者のもとに取りに来るのであれば，子どもの動線なども考えなければ保育室の中で身動きが取りづらくなりますし，椅子も机の下のしまうように言葉をかけなければ椅子につまずくこともあるでしょう。

　また，環境として活動の途中で料理が出てくる絵本や図鑑などを追加することで，子どもたちの作りたいものが増えるなど制作活動のヒントになるのではないでしょうか。活動のねらいや発達過程にもよりますが，不都合なく活動できる環境だけではなく，あえて材料が不足するように環境を構成することで活動が展開する予想も立てることができます。例えば色がなければクレパスや絵の具が必要になりますし，器がなければ器をど

お絵かきコーナー

うにかして作ることになるでしょう。そのときに必要な素材が使えるように準備をして環境を構成しておくことが重要なのです。実習中には，保育者が構成している環境の意味や選んだ言葉の意味やねらいを考察することが求められます。一つでも多くの気づきができるように取り組んでください。その他にも子どもたちが興味を持ちそうな積み木コーナーや粘土，お絵かき，ままごと，おりがみ，廃材遊びなどさまざまな遊びが考えられます。遊びのコーナーを発達過程に沿って準備することと，それぞれのコーナーで上記のような配慮と工夫を考えて環境を構成するのです。子どもの動線なども考えながらそれぞれのコーナーを保育室のどこに配置するのか，また保育者の立ち位置はどこであれば子どもたちと遊びながら全体を見渡すことができるのかなどを考えながら室内環境を構成していく必要があります。

2. 園庭

　園庭での遊びを通して，落ち葉や枝，花や砂などの自然素材をさまざまなものに見立てて遊ぶことができ，想像力や創造性が養われる。また木登りや固定遊具など全身を使うものも多く，子どもは楽しみながら自然に持久力，瞬発力，瞬敏性，柔軟性などのさまざまな体力・運動神経を身につけることにつながります。

1) 固定遊具について

　すべり台やブランコ，ジャングルジムやのぼり棒などがイメージできるのではないでしょうか。遊具とは少し違うのかもしれませんが，築山やアスレチック，ビオトープなど自然物と人工的なものが組み合わせてあるものもあります。これらは五感を刺激し子どもたちの自発的な遊びを促す重要な環境といえます。園によっては固定遊具などがなく，森や田んぼ，野原を活用して，そこにある自然物で遊びこむ環境を構成していると

住宅地にある工夫を凝らした園庭

ころもあります。森では木登りができる木やそこに実る季節の自然物，雨や水たまりなどの環境があるのです。本来はそのような自然の中で斜面を登ったり，何かにぶら下がったり，木に登るなどさまざまな体験が子どもの成長にさまざまな刺激を与えてくれるのですが，現代社会においてそこまでの

経験と安全管理と危険性のバランス

自然を生かした環境を十分に用意できないのも事実です。そこで，それらにかわるものとしての固定遊具が設置される場合もあるのです。従って，実習ではどの遊具がどのような力の成長に影響しているのかなど，遊具や園庭を構成している環境の「ねらい」を考察することが重要です。それにより，子どもたちの遊びやその発展に保育者（実習生）が行うべき援助が見えてくるのではないでしょうか。

2) 砂場について

　砂場は実に多くの学びを子どもに与えてくれます。一人遊びの段階では，砂の感触を感じたり山を

作ったり，穴を掘ったり，型を使って遊んだりできます。次第に近くにいる友だちと一緒に遊ぶようになり，4歳児後半からは協力して，役割を持って遊ぶようになっていきます。砂で作ったものでお店屋さんや家族ごっこといった人間関係や言葉，表現などさまざまな領域を含んだ学びにつながっているのです。泥団子作り一つとってみても，初めは年長児のお団子を見よう見まねで作り，水の加減を試行錯誤したり，上手になっ

雨も大切な環境
雨でも外で遊びます

てくると砂の粒子の細かい砂（さら砂，白砂などと子どもたちは呼んでいます）にも気を配りながらピカピカの砂団子を完成させていきます。子どもたちは，砂と土の違いや水と砂の割合，砂の粒子の大きさによる影響などさまざまなことを研究している研究者なのです。それが小学校以降の教育の基盤になり，理科でいう「飽和」や建築でいうコンクリート強度の考え方につながっているのです。

　保育者は子どもの遊びの中にどのような学びがあり，それらを深い学びにつなげるためにどのような環境を構成するかを考えなければなりません。砂場遊びの用具や水，足や手洗い場などの配置など考えて環境を整える必要があります。また，遊びの流れを捉えて環境を「再構成」していく力が求められているのです。実習ではそのような保育者の働きかけにも注意して観察してください。

3. 安全管理と安心について

　室内の安全については，衛生面と物理的な側面，空間的な側面から考えることが必要です。衛生面に関してはアレルゲンとなるホコリやノミ，ダニなどが考えられます。また，掃除が行き届かずごみや小さなものが落ちていると誤飲につながる危険もあります。さらに，整理整頓がなされてなければ子どもの頭上から物が落ちてきたり，子どもが引っかかって転んでしまったり，物が無くなってしまうことがあるかもしれません。水周りやトイレでは感染症の危険もあるでしょう。

　掃除や整理整頓は子どもの命と健康を預かる保育者として基本的なことです。実習で掃除を経験することが多いでしょうが，子どもの視線に立って「保育者としての掃除，整理整頓」ができているか確認しましょう。掃除や食事のときに保育者が行う換気や温度や湿度の管理，活動や食事，午睡などのときに温度だけでなく，光や音，BGMまた，園によってはアロマなどで香りも調整していることもあります。最近では空気清浄機も多くの園に設置されているのではないでしょうか。

　物的な環境として，椅子や机の高さや机などの角，階段の高さや床や壁，扉の素材，扉で子どもが指を挟まないような工夫，コンセントの位置などさまざまな視点で実習中に保育環境を見てみましょう。

　園庭では，子どもが遊ぶ遊具の近くで何かあったときに対処できるように保育者が見守っています。そのときの立ち位置や視線，保育者同士で役割などを決めて安全を守っています。固定遊具についても，各園で時期を決めて破損やぐらつきなどがないかなどの点検を行っています。子どもの安全を守ることは保育の基本です。この章では「環境」を実習においての視点からみてきましたが，「保育者」という人的環境が子どもにも保育にも大きな影響を与えます。子どもたちが安全の中で主体的に活動できるためには，物的環境や自然環境をうまく構成し利用していく「保育者」の役割が重要なのです。

保育所保育指針においては，「保育室は，温かな親しみとくつろぎの場となるとともに，生き生きと活動できる場となるよう配慮すること。」とされています。しかし，実際の保育所は，周囲環境や建物の構造などの制限があり，ありのままの状態でこれらが保障されるようになっているところばかりではありません。ですから，実際の保育現場において，どのような努力，工夫がなされているかを学ぶことが大切です。

1．安全，安心で健康的な環境づくり

1）安全への配慮－危険性の把握と具体的対策

危険性に関しては特に子どもの世界の理解が大切です。この方法として，

①子どもと隣り合ってみる…寝たり，這ったり，座ったり，立ったりと子どもの視線と同じ高さで見ることによって，その子の見ている風景をともに見て見ましょう。

②子どものまねをしてみる…子どもがやっていることをまねして，何を面白いと感じているのかを感じてみましょう。

③子どもと平行遊びをしてみること…子どもの隣に座って同じように遊んでみましょう。子どものしていることの「意味」が理解できるかもしれません。

実習においてこれらを実践してみて，子どもと世界を共有してみましょう。特に，子どもは本来，活発に動くこと，いろいろなことにチャレンジすることが好きなのですから，そのようなときにも危険がないように，どのような配慮がなされているかを把握しましょう。

（1）清潔さ，整理整頓

保育室内にゴミが落ちていたり整理整頓がなされていないと，アレルゲンでもあるホコリが増えたり，これにノミ・ダニなどが発生するなどしてハウスダストが増加します。また，特に乳児は何でも舐めたり口にくわえたりしますので，誤飲なども含め思わぬ事故につながります。これらを防ぐために，整理整頓や掃除が何回も行われているはずです。毎日の掃除が何回くらい，どのように行われているか，掃除がしやすい環境づくりのためにどのような工夫がなされているかを把握しましょう。

（2）温度管理・湿度調整

温度と湿度を管理することは健康の基本です。最近では保育室の温度管理にエアコンを使うことが多いですが，設定温度ではなく子どもの生活する高さの温度を実測しないと，子どもにとって冷やしすぎ，暖めすぎになってしまいます。また，湿度も細菌やカビの繁殖と関係していますので実際に日々測定することが大切です。実際にどのように温度・湿度が管理されているかを学びましょう。

（3）陽当たり，風通し（きれいな空気＝酸素）

日光は紫外線による殺菌作用とともに，骨の形成に必要なビタミンDの合成とも関係しています。ですから，保育室内にできるだけ日光が取り入れられている方が健康的です。また，子どもは急激に成長発達しますので，きれいな空気＝酸素を必要としています。そのためには換気に気を配る，特に低い位置の換気がされていることが大切です。また，壁や家具などに使用されている揮発性有機化合物を原因とする「シックハウス症候群」が問題になっています。これを予防する上でも換気は重要です。換気についてどのように気を配られているかを学ぶようにしましょう。

（4）音環境について

　音環境は健康な生活の基盤です。視覚刺激は目をつぶればある程度避けることができますが，音刺激は耳を塞いでも遮断することができないので，建物や室内環境全体でコントロールする必要があります。世界各国には保育・教育環境における音環境のガイドラインがあり，WHOは室内騒音レベルは35dB（デシベル），残響時間は0.6秒としています。しかし，日本の保育室の建築基準には音環境に関する基準がないので，保育室がとてもうるさい状態にあることが多いため，さまざまな対策がなされるようになってきました。新築の建物については岩綿吸音ボードや孔あき版の施工などで対策しているところも増えています。建て替えることができない場合には，保育室の天井に吸音素材を張ったり，カーテンやタペストリーなどを飾ったりしている保育所もあります。音環境の実状，保育所の意識と工夫について学ぶようにしましょう。

2．暮らしやすい環境づくり

1）刺激のコントロール

　子どもは環境のさまざまな刺激を自分でコントロールする能力が未成熟です。ですから，おとな以上に刺激をうるさく感じてしまうことになります。

　視覚刺激については，注意欠陥傾向の中でも刺激に対する転動性が高い子どもにとって，室内のさまざまな装飾は気を散らす刺激となってしまっています。ですから，壁面やロッカー周りなどはできるだけシンプルにした方が，子どもは集中しやすくなります。特に未満児の場合，落ち着いた遊び環境を保障するためにパーティションなどでその子の遊ぶエリアを保障している園もあります。

　音に関しては，雑音が多いと言葉が聞き取りにくいため，育ちにも影響が出る可能性があります。特に，生活機器の機械音，電子音，プラスティック製のおもちゃのぶつかり合う音などは，不快になる騒音となっているようです。また，五感を刺激するためにとBGMを常に流している園がありますが，現代の生活においてはただでさえさまざまな音に囲まれていることから考えると疑問です。

　また，においは情緒の安定を考える上でも重要な要素ですが，その感じ方が一人ひとりちがいますので，消毒液や芳香剤のにおいはできるだけない方がよいともされています。

　暮らしやすい環境のために刺激はどのようにコントロールされているかについても留意してみましょう。

2）生活の場の安定への配慮

　最近の家庭でも活動，食事，睡眠の場が分けられるようになってきており，保育所も新しい建物にする際には，「寝食分離」に配慮したものが増えてきています。そしてこれらの場を往き来する生活動線にも配慮がなされていますので具体的に学びましょう。

　また，登園時間帯，保育時間帯，保護者の迎えを待つ時間帯では子どもたちに必要な配慮が違いますので，時間帯に応じた環境設定のちがいを把握しましょう。

3）生活の安定への配慮

　家庭の生活においても，「あるべきところにある」，つまり必要なものが常に一定の場所にある方が

生活しやすいし，そこから落ち着きも生まれてきます。このことに気を配る上で，それら必要なものが子どもの手の届くところにどのように配置したらよいか，具体的に学びましょう。

3．生き生きと活動できる環境づくり

1）美的な感性を育てる

　子どもたちの美的な感性を育てる上では，壁面・棚やピアノの上などを飾ることは大切です。そこに飾るものが子どもたちの感性を育てるのですから，生花，鉢植えなどによる季節感への配慮や，保育者の芸術的センスで選ばれた物が置いてあります。美的な感性を育てる上で，各年齢でどのようなちがいがあるかに留意して学びましょう。

2）自発的に関わる

　自発的に関わるためには，子どもたちが興味を持つように環境を工夫することが大切です。子どもたちが何か思いついたときにそれに取り組めるように，おもちゃや折り紙などの素材が，子どもたちの見やすく，手の届く場所におかれています。また，同じ年齢であっても，子どもたちの発達状況のちがいによって興味を持つものもちがいますので，多様なコーナーが設定されています。生活動線を意識しながら，どのように環境を構成したら良いかについて学びましょう。

3）意欲的に関わる

　子どもたちが意欲的に関わるためには，子どもたちの働きかけに応じて変化する，いわゆる「応答性」が大切です。子どもたちが自発的に取り組み始めたことを，さらに発展させることができるようなおもちゃや素材はどのようなものか，どのように準備されているかについて把握しましょう。

4．メディアを活かした環境作り

1）2歳未満の子どもに対しては「メディア」の使用は避けましょう

　これまで，アメリカ小児科医会（1999）の勧告，日本小児科医会（2003）の提言などで，2歳までの子どものテレビ視聴は控えることが提唱されてきました。そして2019年4月，WHOも「5歳未満の子どもの身体活動，座位行動，睡眠に関する新しいガイドライン」で，2歳未満のスクリーンタイムはお勧めできませんと発表しています。スクリーンタイムとは，テレビやビデオを見る，コンピュータゲームをするなどのデジタルデバイスとの関わりのことで，スマホ・タブレットの使用も含まれます。さらに，デジタルデバイスで流されている番組・動画などのコンテンツを保育所で使用していると，子どもがこれに興味を持つことによって家庭でのスクリーンタイムが増加することになりかねません。2歳未満の子どもに対してはデジタルデバイスとそのコンテンツを含めた「メディア」の使用は避けましょう。

2）教材として吟味して使用する

　WHOの「5歳未満の子どもの身体活動，座位行動，睡眠に関する新しいガイドライン」では，2歳以上のスクリーンタイムは「1日1時間以下。少ない方が良い。」とされています。ですから，教

材としての使用は，効果と方法を十分に検討する必要があります。最も良くないのが，子どもを待たせる，じっとさせるための「刺激物」としての使用です。

　教材としての使用は，動物の動きなど実際に見ることができない事物を使って保育をする場合，実体験できないことに子どもたちが興味を持った場合，ではないかと思います。お話などは，映像よりも保育者が直接語りかけた方が効果的です。

　乳幼児期の「メディア」使用の問題については，まだまだ十分に周知されているとは言えません。ですからこれからの保育を担う実習生のみなさんが，新しい知識をもとに保育を見直してみましょう。

【参考文献】
・WHO「5歳未満の子どもの身体活動，座位行動，睡眠に関する新しいガイドライン」（英文サイト）
　https://apps.who.int/iris/bitstream/handle/10665/311664/9789241550536-eng.pdf?sequence=1&isAllowed=y
【主な関連授業】
・保育原理，保育の心理学，乳児保育
【ワーク】
・安全な環境，安心できる環境，暮らしやすい環境，生き生きと活動できる環境とはどのようなものでしょう。

　実習は，実際の保育の現場を観察したり，保育の体験をしたりすることを通して学ぶことに大きな意義があります。学校の授業の中で学んだ保育の技術を実践にどう生かしていくかということが，保育者になる上では大切です。部分実習では，まさにこの保育技術を実践的に学ぶ重要な機会です。本 Lesson では，部分実習を通して学ぶ保育技術の実際を理解しましょう。

1．部分実習の内容

　部分実習とは，保育のある一部分を実習生が中心となって担当し実践する実習です。具体的な部分実習の内容は，保育のどの部分を担当するかによって異なります。具体的にどのような保育の部分を担当し，どのような内容の部分実習をするのか，その一例を確認しましょう（**表 19-1**）。

　保育所の一日の生活の中には，登園後，昼食時，おやつ，降園前等，クラスで集まる時間があります。部分実習では，こうした毎日決まって繰り返される生活の一場面を担当する場合，またクラスで集まる時間の一部・その前後の 10 分から 20 分程度の短い時間や，午前及び午後の 30 分から 60 分程度の比較的長い時間を担当し子どもの楽しめる活動を実習生が考え実践する場合があります。また，日常の保育だけでなく，例えば誕生会やお泊り保育等で，お話，歌やゲームなど子どもたちが楽しめる活動の実践を求められるなど，行事の一部を担当することもあります。保育実践が多種多様であるように，部分実習でもさまざまな内容が行われています。

2．部分実習における保育技術の実践

　部分実習の実践にあたっては，学校の授業での学びを大切に，その技術を磨いておくことが必要です。実習前には，音楽・造形・身体・言葉・環境等の活動に関する技術について，授業で学んだことを確認し，練習しておくとよいでしょう。

　部分実習は，はじめは短い時間で，比較的簡単な内容から行われます。例えば，10 分程度の手遊びや 10 分〜15 分程度の絵本・紙芝居等を実践することが多いようです。絵本や紙芝居の実践の前

表 19-1　部分実習の一例

場　　面		内　　容
生活場面	朝の集会	朝の挨拶，朝の歌，出席確認，当番確認，他
	昼　食	昼食の準備・配膳・挨拶・援助・片付け，歯磨き指導，他
	おやつ	準備，配膳，挨拶，おやつの援助，片付け，他
	帰りの集会	一日の振り返り，帰りの挨拶，帰りの歌，他
活動場面	短時間の活動（10〜20 分程度）例）朝及び帰りの集会の一部，昼食前・おやつ前後・午睡前　等	絵本の読み聞かせ，紙芝居，素話手作り児童文化財（パネルシアター，エプロンシアター，ペープサート等），歌，手遊び，クイズ，他
	長時間の活動（30〜60 分程度）例）朝の集会後の時間　等	製作活動，音楽・リズム活動，体を動かす活動，ゲーム，他
その他		誕生会等，行事の一部分

に，導入として手遊びを一緒に実践することもあります。絵本や紙芝居は子どもの大好きな活動の1つであり，豊かな言葉や感性を育む上で保育現場でも大切にしています。短い部分実習を何回か繰り返す中で，手作りのパネルシアターやエプロンシアター・ペープサート，歌やリズム遊び，ゲームや体を動かす活動，製作活動など，内容にも広がりが出て，時間的にも長い部分実習を体験します。

　場面は，**表19-1**の通り生活場面と活動場面がありますが，両方をつなげた形で行うことも多いです。部分実習の内容を実習生が考えるような場合には，その前後の時間がどのような時間であるかを考慮してその内容を考えます。例えば，午睡前の時間を担当する場合，入眠前の子どもたちがゆったりとした時間を過ごし，安心して眠れるような内容がよいでしょう。絵本の読み聞かせをするにしても，興奮するような内容でなく，楽しく穏やかで静かな気持ちになるような内容を選びます。

　いずれの内容を実践するにしても，子どもの発達を踏まえ，発達にあった内容と援助を考えます。保育技術は子どもの発達及び保育の基本の知識と結びつけて実践することが重要です。部分実習では，体験することを通して，子どもの発達と保育の基本を土台にした保育技術の実践を学びます。

　部分実習は，失敗を恐れず，何度でも繰り返し実践させていただくことが大切です。むしろ失敗から学ぶことの方が多いものです。実践を繰り返す中で，保育技術が磨かれていきます。

3. 部分実習の振り返り

　部分実習を行った後は，振り返りを行います。まずは自分自身で，自身の実践を評価します。反省ばかりでなく，頑張ったことや良かった点も含め振り返ることが大切です。良かった点はさらに伸ばし，今後に向けてさらに良くするためには何が課題となっているのかを明らかにします。実習指導者との反省会では，自己評価を語るとともに，実習指導者からの評価と助言をもらいます。自己を客観視するとともに，専門的な助言により今後取り組むべきことを確認することが大切です。

参考文献
・徳永満理著『よくわかる0〜5歳児の絵本の読み聞かせ』チャイルド本社，2013
・岡本拡子著『感性をひらく表現遊び—実習に役立つ活動例と指導案 音楽・造形・言葉・身体 保育表現技術領域別』北大路書房，2013
・久富陽子著『実習に行くまえに知っておきたい保育実技—児童文化財の魅力とその活用・展開』萌文書林，2003

主な関連授業
・保育の計画と評価，保育内容演習，保育内容の理解と方法

ワーク
・部分実習を想定して，仲間とともに練習してみましょう。（模擬部分実習）
　部分実習の想定は，①対象年齢と，表19-1を参考に②担当する時間帯，③内容を決めて行います。
　Lesson 8　のワークで作成した指導案をもとに，練習してもよいでしょう。

　保育所実習において，家庭や地域社会との連携の実際について学ぶ機会は，大きく分けて4つあります。1つに，朝夕の送迎の時間等に，保育士等が保護者と対話する場面や連絡帳（右ページ）のやり取りです。2つ目に，園内に掲示してある子育て支援関連の資料や情報で知ることができます。3つ目に，日常の保育内容に保護者や地域の方が参加や協力をしている場面に出会う機会です。4つ目に，保育所等のさまざまな行事に保護者や地域の多様な人が関わる場面に接するときです。

　子どもは，保育所だけでなく，家庭や地域社会の一員として生活しています。従って保育士等は，家庭との連携を図り，子どもの家庭での過ごし方や保護者の意向について把握するよう努め，その生活全体の実態を把握しようとしています。また，家庭や地域の機関及び団体の協力を得て，地域の自然，高齢者や異年齢の子ども等を含む人材，行事，施設等の地域の資源を積極的に活用し，豊かな生活体験をはじめ保育内容の充実を目指しています。以下の**表20-1**では，家庭や地域社会との連携の内容および役割と機能について整理しています。

表 20-1　家庭や地域社会との連携の内容および役割と機能

種類	主な内容	役割・機能
家庭との連携	・連絡帳，送迎時の対話 ・日々のコミュニケーション ・保護者懇談会，個人面談，家庭訪問，保育参観，保育参加（体験），行事 ・意見箱の設置 ・第三者評価委員会の設置，など	・子ども理解 ・子どもの健康管理 ・子どもの生活と学びの連続性の保障 ・安全教育・食育指導 ・異年齢の交流
地域社会との連携	・小学校などの教育機関との連携 ・高齢者施設や他施設等との連携 ・警察や消防署との連携 ・地域の商店街との連携 ・自治会などの地域団体との連携 ・母子保健機関との連携 ・療育機関・療育施設との連携 ・児童相談所や婦人相談所等との連携 ・主任児童委員や地域子育て支援の関係機関との連携 ・地域の子育て家庭との連携 ・地域の祭り，行事への参加 ・第三者評価委員会の設置，など	・自然認識，社会認識を深めるため ・その他，豊かな生活体験の保障 ・豊かな遊びの展開のため ・地域の子育て家庭支援 ・障がい児の支援 ・相談援助・助言 ・苦情解決 ・情報公開 ・要保護児童支援 ・防災 ・保護者の自主活動の支援

連絡帳の具体例

氏名	A		1 歳 1 ヵ月				

2019 年 2 月 15 日 金曜日 天気 晴れ 行事

健康状態 良好
熱 なし

時間	食事	課業、あそび	排泄	家庭から		

子どものようす

お迎えがいつもより遅くなり、19:00を過ぎました。迎えが遅くなるため、お腹が減って不気嫌になるかな、と思い、夕方のミルクをお願いしました。飲ませて下さり、ありがとうございます。よく考えてみると、もうミルクは卒業でしたね。勝手に無理にお願いしてすみません。でも、おかげさまでお腹が満たっていたせいか、先生が、たくさん遊んでくださったためか、ニコニコで、家に帰れました。家について、すぐ夕食でしたが、ミルクを園でのんだからか、あまりたべませんでした。

午後
7— 母乳
8— おにぎり、野菜の煮物、みそ汁、豆腐みそ
9— 20
10—
11—

午前
5—
6—
7— 30
8— おにぎり、みそ汁、小松菜のテーブ、さかな、やきいも
9— おやつ　うんち

保育園から　健康状態　→ 良好、なし

10—
11—
12— 給食
1—
2— 40
3— おやつ　うんち
4—
5— うんち
6— ミルク140mℓ

(連絡事項)
紙オムツ1枚 お借りしました。

子どものようす

おやつもしっかり食べられているため、大丈夫かと思います。
園庭へ。砂場道具を出すとあれもこれも出して楽しいAくんです。乳母車を押し車のようにして前へ前へ…歩きたい気持ちかね!? もうで手放しをしそうですよ〜 楽しみです!!

記入者（　　　）

保育園　TEL　　FAX

Lesson 20

主な関連授業
・保育原理，子ども家庭福祉，子ども家庭支援論，子育て支援，社会福祉

ワーク
・保育所で行われる家庭との連携にかかる具体的な取り組みにはどのようなものがあるでしょう。

　Lesson 4 で述べたように，「児童福祉法」や「児童憲章」に示されてる子どもの権利を保障していくことが保育者の職務と基本であるといえます。ここでは，子どもの人権に配慮した子どもの最善の利益について考えていくとともに，児童虐待への対応について考えていきます。

1. 「子どもの最善の利益」とは

　子どもの最善の利益とは，「児童福祉法」第 2 条および「子ども権利条約」第 3 条に示されているように，子どもの権利を保障する際に，最優先して考慮することであるといえます。

児童福祉法（昭和 22 年　法律第 164 号）

第 2 条　全て国民は，児童が良好な環境において生まれ，かつ，社会のあらゆる分野において，児童の年齢及び発達の程度に応じて，その意見が尊重され，その最善の利益が優先して考慮され，心身ともに健やかに育成されるよう努めなければならない。

子どもの権利条約

第 3 条

1.　児童に関するすべての措置をとるに当たっては，公的若しくは私的な社会福祉施設，裁判所，行政当局又は立法機関のいずれによって行われるものであっても，児童の最善の利益が主として考慮されるものとする。

2.　締約国は，児童の父母，法定保護者又は児童について法的に責任を有する他の者の権利及び義務を考慮に入れて，児童の福祉に必要な保護及び養護を確保することを約束し，このため，すべての適当な立法上及び行政上の措置をとる。

3.　締約国は，児童の養護又は保護のための施設，役務の提供及び設備が，特に安全及び健康の分野に関し並びにこれらの職員の数及び適格性並びに適正な監督に関し権限のある当局の設定した基準に適合することを確保する。

---

2. 保育所における「子どもの最善の利益」とは

　「保育所保育指針」（平成 29 年告示）では，「第 5 章　職員の資質向上」のなかで，保育所職員に求められる専門性として，子どもの最善の利益を考慮することが挙げられています。また，「全国保育士会倫理綱領」の中では，保育士の倫理規定の第一として，子どもの最善の利益の尊重がうたわれています。

保育所保育指針（平成 29 年告示）

第 5 章　職員の資質向上

1　職員の資質向上に関する基本的事項

（1）保育所職員に求められる専門性

　子どもの最善の利益を考慮し，人権に配慮した保育を行うためには，職員一人一人の倫理観，人間性並びに保育所職員としての職務及び責任の理解と自覚が基盤となる。

3．虐待防止と子どもの最善の利益

　保育所などの児童福祉のように毎日子どもが通う施設においては，虐待防止のために子どもの状態などの不自然さに気づき，早期発見することが重要となります（児童虐待の防止に関する法律第 5 条参照）。また，現在は保育士のみならず全ての国民は虐待を受けたと思われる子どもを発見した場合は，福祉事務所または児童相談所に通告する義務があること示されています（児童虐待の防止に関する法律第 6 条参照）。実習生も同様に，子どもに対して何か不自然さを感じた場合には，一人で抱え込まずすぐに保育士等に報告する必要がありますし，それらは Lesson 4 で述べた，守秘義務違反にもあたりません（児童虐待の防止に関する法律第 6 条第 3 項参照）。

児童虐待の防止等に関する法律（平成 12 年法律第 82 号）

（児童虐待の早期発見等）

第 5 条　学校，児童福祉施設，病院その他児童の福祉に業務上関係のある団体及び学校の教職員，児童福祉施設の職員，医師，歯科医師，保健師，助産師，看護師，弁護士その他児童の福祉に職務上関係のある者は，児童虐待を発見しやすい立場にあることを自覚し，児童虐待の早期発見に努めなければならない。

（児童虐待に係る通告）

第 6 条　児童虐待を受けたと思われる児童を発見した者は，速やかに，これを市町村，都道府県の設置する福祉事務所若しくは児童相談所又は児童委員を介して市町村，都道府県の設置する福祉事務所若しくは児童相談所に通告しなければならない。

　　　（中略）

3　刑法（明治 40 年法律第 45 号）の秘密漏示罪の規定その他の守秘義務に関する法律の規定は，第 1 項の規定による通告をする義務の遵守を妨げるものと解釈してはならない。

主な関連授業

・保育原理，子ども家庭福祉，社会福祉，社会的養護

ワーク

・それぞれ地域におけるの児童虐待の通告の流れについて調べてみましょう。

実習生の安全管理と衛生管理

1. 実習生の衛生管理・安全管理

　乳幼児は，信頼する保育者との身体接触により情緒の安定を図ります。密着度が高いからこそ，乳幼児と関わる保育者は健康体である必要があるのです。また，身体接触が密であるため，保育者の身辺そのものが安全であることが望まれます。まずは，実習生として心がけなくてはいけないことを考えていきましょう。

1）健康維持と衛生管理

　保育所で実習するためには，必ず直前に腸内細菌検査を受け，保菌状況が安全であることを証明しなくてはいけません。また，自分自身の既往歴や予防接種歴を確認し抗体検査を受けたり，季節に応じて予防接種を受けたりすることが求められます。何よりも日々の健康管理と衛生的な生活が最も大事です。規則正しい食事と睡眠，うがいや手洗いの励行，気温に合わせた服装，適度な運動など，一般的なことですがそれを自分の生活の中で当たり前にしておくことが理想です。

　では，発熱や嘔吐をしたり，倦怠感があったりしたらどうしますか。学校生活では，「きついけれど欠席したくないから我慢して行こう」などと考えるのではないでしょうか。けれども，実習中に身体に何らかの不具合があったときには，必ず病院で受診しましょう。もし，子どもにうつるような病気であれば取り返しがつきません。実習中は自己診断をせず，病院で受診し，受診した結果を必ず実習先に報告をしましょう。

2）身だしなみと安全管理

　実習生が行う安全管理として，まず，自分自身の身だしなみが大事です。服装は，動きやすく清潔感があるように心がけましょう。襟ぐりが広く開いているものやパーカー類は好ましくありません。アクセサリー類（ピアスやイヤリング，ネックレス，指輪，取れやすいヘアピン等）は，厳禁です。子どもと接触するときに，子どもを傷つけることがないようにしなければならないからです。爪は短く切りマニキュアなどはしません。髪の毛は，くくったり三つ編みにしたりします。メモ帳やメモするための筆記具は，どのようなものを使用するかということ，どこにしまうかということも大切です。先のとがった筆記具をエプロンのポケットに入れておくと，エプロンの布を突き通して子どもに刺さることもあります。さらに名札のつけ方にも注意をしましょう。安全ピンでつけると，何かのはずみで取れて針が刺さることがあります。上靴については，子どもたちが素足で生活をしていれば実習生も素足で活動しましょう。大人の靴で子どもの素足を踏んでしまうと，大けがになってしまいます。

　このように，子どもを傷つけないように注意することは，実習生本人のけがを防止することでもあります。安全に配慮した身だしなみは，子どもと安全に生活し関わるために必要なことなのです。

2. 安全管理
1）不慮の事故

　乳幼児の死亡原因の中で，「不慮の事故」は上位を占めます。「不慮」とは，「思いがけず」「想定外」との意味になりますが，思いがけない想定外の出来事とは，決して避けられないことではないの

です。保育所の中では，保育者が常に安全を管理する意識と知識を持っていれば最小限に抑えることができるのです。例えば，床に何らかの小さなものが落ちていなければ誤飲は防げます。乳幼児はわずか数センチの水深で溺れることを知っていれば，プール遊びの配慮に工夫ができます。これまでの「不慮の事故」を詳しく調べてみることは，安全意識のためにも必要なことでしょう。

2）安全点検

乳幼児が生活をする保育室や園庭は，さまざまな物が配置されています。それらが安全であるかを点検することは保育者の大切な仕事の一つです。椅子や机にぐらつきはないか，外れている鋲はないか，動きはスムーズかなど，日々点検を行います。毎日の丁寧な点検が安全な生活を支えるのです。

3）災害等への備え

自然災害や人的災害などへの対応は，事前の対策と日ごろの訓練が必要です。保育所では，災害対策マニュアル，不審者対応マニュアル，緊急搬送体制マニュアル，引き渡しマニュアルなど，さまざまなマニュアルが作成されています。可能であれば，どのマニュアルに従って行動するのかを確認しておくことも大切なことです。

3．衛生管理

1）施設内の衛生管理

保育所内で衛生管理をする場所・対象としては，調理室，調乳室，保育室，トイレ，寝具，おもちゃ類，歯ブラシ，手洗い場，砂場などがあります。それぞれに多様な消毒の方法があります。どのような方法かは保育所で違いがありますが，定期的に行うことが大切です。具体的な方法を衛生管理マニュアルとして作成しているところもあります。参考にしてみましょう。

2）職員の衛生管理

職員の衛生管理は，保育士等が感染源や媒体者にならないために重要なことです。授乳や食事の前の正しい手洗いだけではなく，排泄や嘔吐の処理時やオムツ交換のときに使用する使い捨て手袋・エプロン・マスクの正しい使用と処理も大事です。抵抗力が弱い乳幼児が集団で生活する場を運営する大人としての自覚と責任を持って行動しましょう。

参考文献
・厚生労働省『保育所保育指針』フレーベル館，2017
・遠藤郁夫，三宅捷太編『子どもの健康と安全』学建書院，2019

主な関連授業
・子どもの保健，子どもの健康と安全，乳児保育Ⅰ，乳児保育Ⅱ

ワーク
・保育現場で起きた不慮の事故について調べて，その対策について考えてみましょう。

　保育という実践は，保育者が目の前の状況と対話しながら，自らの知識，技術，判断を持って行っています。しかし，保育所の保育という観点で考えてみると，保育は一人で行っているわけでなく，保育所のすべての職員—園長や主任保育士，保育士，看護師，栄養士や調理員，事務職員等—が組織として営んでいるものです。保育所には保育の方針がありますから，目指す方向はある程度共有されますが，職員一人ひとりの知識，技術，判断のあり方はさまざまですから，一つひとつの実践のあり方は人により多様です。それを，みんなが同じようにできなければならないと考えるのではなく，むしろ，それぞれの違いを生かし合ってお互いに学び合うことが，それぞれの職員が自身の視野や実践の幅を広げることにつながり，保育者としての専門性を高めるだけでなく，保育所全体としての保育の質の向上につながると考えます。

　その際，個々の保育者の特長を生かし合うだけでなく，栄養士や看護師等がその専門性を発揮することで，多様な専門性を結集することができて，一人ひとりの子どもや保護者を，また一つひとつのクラスを保育所のみんなで支える，つまりチームワークによって保育所が組織として質の高い保育を実践することが可能になります。こうしたあり方を保育所保育指針では協働性と呼んでいます。

　実習に臨むときには，子どもを理解しようとしたり，自分の保育をよりよいものにしようと努めたりすることで精いっぱいかもしれませんが，保育者がどのように声をかけ合い，笑い合ったり，助け合ったりしているか，リーダー格の保育者は保育士以外の職員にどのように関わっているかなどにも注意を払ってみると，保育がチームワークによって成り立っていることがわかるはずです。こうした学びが，保育所に就職したときなどに，ただ周りに合わせて失敗しないような仕事のあり方ではなく，自分が持っている力を発揮することでチームの中でどのような役割が果たせるかを考え，チャレンジしていく姿勢につながり，そのことが自身の専門的な学びと成長をもたらします。

1.　保育所という組織を束ねるもの

　保育者も一人ひとり，個人としての考えや価値観を持っています。しかし保育は，保育所，認定こども園，幼稚園など，組織として行っています。保育者それぞれが自分の価値観や考え方ややり方で保育をしてしまうと，保育者によって保育や対応が異なることになります。そのようなことがあると，子どもや保護者は自分たちがどこへ向かっていけばいいのか戸惑い，安心して自分らしくあることや自分を発揮することができなくなります。保育者に気遣いながら自分を保育者に合わせていくことになるからです。情緒の安定や，安心して自分を発揮して育つことが難しくなり，つまりは養護と教育の両面において問題が発生します。保護者は安心して相談することなどができなくなります。

　保育者一人ひとりの多様な力が多様な方法でしっかり発揮されるべきですが，子どもや保護者が安心と信頼を持って保育所に通えるようにするためには，目指す方向が組織として一貫していなければなりません。

　こうした課題に対して経営学などでは，ミッション mission，ビジョン vision，バリューvalue が大切だと言われます。ミッションは，社会における使命であり，保育所が，自分たちが社会においてどのような役割を果たすべきと考えているかということです。ビジョンは，ミッションを果たすための組織のあるべき姿（像）であり，保育所が地域社会においてどのような存在となるようイメージされているかということです。バリューは，組織メンバーの価値観の共有であり，保育所が何を大切にし

ているかが明確に共有されていることです。

　実習では，子どもを理解するだけでなく，保育所のミッション・ビジョン・バリューがどのような
ものかも感じ取るように心がけておきましょう。

2.　職員間の共通理解を促す

　各保育所には，保育目標，目標とする子どもの姿や基本方針などがあり，これらにその地域の状況
や保護者の意向などを考慮しながら，全体的な計画を立て，それをもとに保育の計画や行事の計画，
保健や安全の計画，食育の計画などが作成されます。こうしたプロセスを通じて，ミッション・ビ
ジョン・バリューがまずは形としては共有されます。

　しかし，それらが一人ひとりの保育者の一つひとつの実践に浸透していくには，保育者間の開かれ
たコミュニケーションが必要です。その際，子どもを真ん中に置いた対話が大切になってきます。意
見を戦わせるというより，子どもの姿をどのように受け止め，理解するかについて，バリューを踏ま
えてそれぞれの見方や思いを率直に，しかし肯定的に出し合っていくことで，多様な見方・考え方を
認め合い，それぞれがそれぞれの見方・考え方をバージョン・アップしていき，より適切な子ども理
解が可能になります。こうしたプロセスが，ミッション・ビジョン・バリューを組織的に，実質的に
共有していくことにつながります。実習施設でも，どのようなプロセスでそれらが共有されている
か，見取ってみましょう。

　具体的には，職員会議，事例検討会（ケース・カンファレンス），所内研修（園内研修）などがあ
ります。また，通常勤務の保育者が延長保育担当の保育者に子どもの状況を伝達するといった連携の
場面もその一つです。また，子どもについての保育者間の日常的な，いわば非公式な場での対話につ
いても注目してみてください。組織的な協働を進めるこうしたさまざまな場面で，実は，保育所の
ミッション・ビジョン・バリューの共有度が垣間見えます。

　さらに，そのような専門家どうしのコミュニケーションの媒介として，記録が用いられることにも
注目してみましょう。子どもの姿に関するエピソードを記述した記録，写真を用いたドキュメンテー
ション，あるいは引き継ぎのためのメモなども含めて，保育所ではさまざまな記録が用いられていま
す。組織として保育を行っていくために，どのような記録が活用されているかにも留意してみてくだ
さい。

主な関連授業
・保育者論，保育の計画と評価など

ワーク
・実習などで見た，子どもの状況を報告し合ったり，子どもの姿について話し合ったりする場面について，出し合ってみま
　しょう。
・それらが何のために行われていたかについて話し合ってみましょう。
・どのような取り組みが組織的に保育の質を高めていくか提案し合ってみましょう。

保育所実習で大事にしてほしいこと

社会福祉法人ほうりん福祉会 理事長

牧野 彰賢

　養成校の課程によっては，保育実習が初めての学外実習となる人，何度目かの実習となる人それぞれでしょうが，新たな出会いに期待や不安などいろいろな感情や想いが入り交じっていると思います。あなたは，保育実習に向けて，今どんな思いでいるのでしょうか。

　想像してみてください。

　あなたが行く保育所にはどんな子どもがいるのでしょうか。

　その保育所はどんな地域にあり，どんな園舎や園庭で，何人の子どもや大人がどんな風に昼間の生活をしているのでしょう。そしてその生活の中でどんな遊びが展開して，どんな学びへとつながっているでしょうか。

　あなたは，何のために，誰のために実習するのか，どのように子どもと関わりたいのか，そもそもこの実習で幸せな保育者となるために何を学びたいのかなどを改めて考えてほしいと思います。

　私たちにとっても実習は，未来の保育士になる人のために自分たちの生活の場を提供して育ってほしいという想いや願いを込めて実習指導にあたり，さらには実習生さんたちが学校で学んでくる最先端の情報に接する事により我々も沢山の気づきをいただく機会なのです。

　だからこそ一つでも多くの何かを持ち帰ってほしいから，いつ・どこで・誰と・何を・どう学びたいのかを明確にして実習に臨んでほしいのです。

　特に，実習生としてどのように子どもと関わるのか？　という問いはぜひ考えてほしいです。

　どのように関わるのか？　と問われると多くの人は子どもに寄り添ってと言います。

　寄り添うってどういったことでしょうか。

　相手の言い分や意見を聞き入れることなのでしょうか。

　その辺りを学校でクラスの仲間や先生たちと考えて，グループディスカッションをしてほしいと思います。

　そして学校で学んだことと実際の違い等を体験して次の学びに活かしてほしいのです。

　視野を広げることができたときには，さらに保護者支援や地域との連携などについてもどう関わったらいいのかを考えてもらえたらと思います。

うちの園での実習の実際について，少し書いてみようと思います。

うちの園では数年前から実習の見直しをしています。

なぜ見直しを始めたかというと

①実習生とともに実習を通して学びを広げていき，実習生の成長を支えていきたい。

②実習生が保育環境に目を向けられるような実習指導をしたい 。

③実習生も実習指導者も，互いに学び合える実習のあり方を考えたい。

④実習生にとって実習記録が保育を理解する足がかりとなるものにしたい。

と考えたからです。その考え方をもとに

・子ども主体の保育

・環境を通した保育

を体験的に理解して保育者になってほしいと願っています。

　なぜ保育実践において，環境を通した保育や子ども主体の保育が重要になるのかについては，下の2つの理由が分かりやすいかと思います。

・適切な環境構成を行うと，子どもたちに豊かな経験をさせることができる。また十分に遊ぶ時間が増えて，子どもの気持ちが安定する。子どもが主体的に行動する機会が増えると，保育者は，無駄な指示や注意をする必要がなくなる。（高山 2014）

・子ども主体のあそびを通して，豊かな対話や協働が生まれ，気づきや探求，創造や発見による豊かな学びが生まれるためには，「環境構成」の在り方が不可欠である。保育者の子どもへの直接的なかかわりと関連して，いかに「環境」を構成しているのかが，豊かな学びを生み出す。（大豆生田 2018）

　これらの事をベースにして実習Ⅰ（**資料1**）では，通常の保育観察をもとにデイリーだけでなく生活と遊びに視点を持った記録の方法を模索しています。

　これは通常のデイリーではなかなか見えてこない環境という側面から，フォトマップ式実習記録（**資料3**）の記録に変え，生活と遊びという視点で保育を見てほしいとの願いから試行錯誤を繰り返しています。

フォトマップ式実習記録

・保育環境を空間的に捉え，どのような意図があって創られた保育環境なのかを考え，記録する実習記録。

・子どもの姿だけでなく，保育環境を構成することで保育をどのように作っているかという保育

者の思いを知るために，保育者と実習生の語り合いの時間を設けている。

実習Ⅱ（**資料2**）では，
①保育環境を自ら考え構成していく力
②環境と対話しながら，子どもがどのように遊びを深めているかということを捉える力の育成に
焦点を当てたいと考え，実習で見るべき点をデイリーに始まり環境を見て，そこからさらに子ど
もの主体の保育に視点を持ってもらうために遊びのコーナーという狭い範囲でのデイリーを書く
という方法で視点を広げ，それをベースにコーナーの構成を実習担当保育士とともに考えて再構
成（責任実習）をして，集団の中の個々の子どもの様子を見ることを学び，その様子を記録（成
長ストーリー）（**資料4**）にしていくというような新たな試みをしています。

（**資料1**）
保育実習Ⅰ　　第1週（3歳未満児）

月	火	水	木	金	土
デイリー	デイリー	デイリー	フォトマップ（生活）	フォトマップ（遊び）	デイリー

第2週（3歳以上児）

月	火	水	木	金	土
デイリー	デイリー	デイリー	フォトマップ（生活）	フォトマップ（遊び）	デイリー

（**資料2**）
保育実習Ⅱ　　第1週（2週間同じ年齢を担当）　1週目は保育実習Ⅰと同じ流れ

月	火	水	木	金	土
デイリー	デイリー	デイリー	フォトマップ（生活）	フォトマップ（遊び）	デイリー

第2週

月	火	水	木	金	土
コーナーデイリー	コーナー責任実習	子どもAデイリー	子どもA成長ストーリー	子どもA成長ストーリーリライト	成長ストーリー完成実習の振り返り

成長ストーリーは実習指導者と振り返り，リライトする。

（資料3）

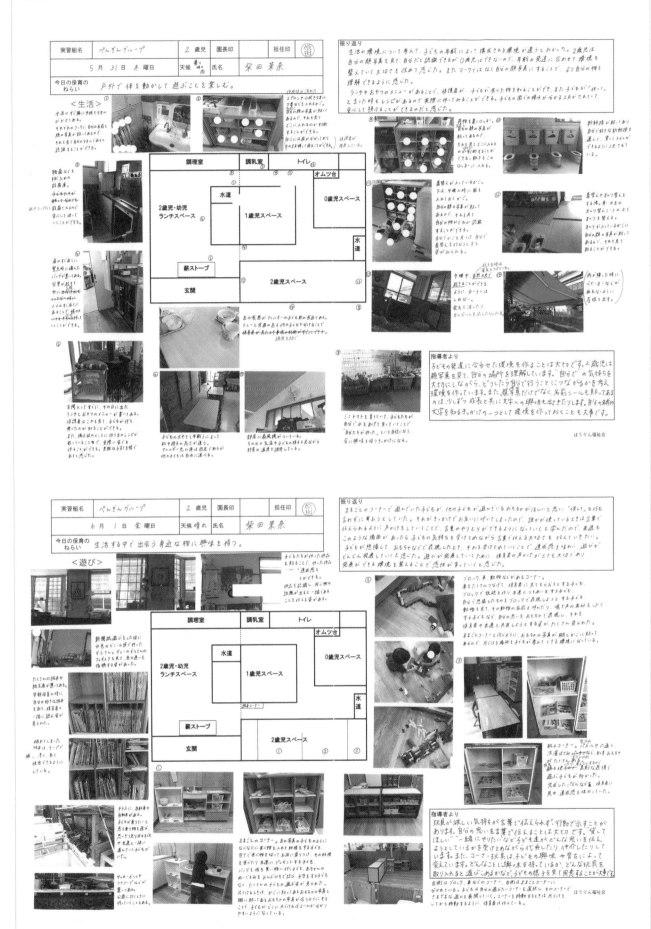

ぴったり！自分でできた！　　　　　　　　　Aくん

カメグループのままごとコーナーで遊んでいたAくん。
あたためるために、フライパンにおにぎりを6つ並べようとしていました。

入らないね〜

ぴったり！

　〜ちょこっとコメント〜
Aくんは最近、顔はめパズルをやったり、ブロックを使って隙間なく並べたりと
ぴったりにするのが好きで、よく行っています。
おにぎりは三角形で、どうやったらぴったり入るのか、考えないと難しいですが、
Aくんは試行錯誤しながら一生懸命入れていました。5つはきれいに入りましたが
最後の1つが思うように入りません。初めは「入らないね〜」と言いながら
諦めていましたが、また挑戦し、見事入れることができました。
日頃の遊びの中からさまざまな形の物に触れ、三角形という形の特徴を捉えることが
できているからこそ、ぴったりと入れることができたのだと感じました。
また、入らないから諦めるのではなく、入ると信じて何度も挑戦する姿を、保育者は
見守っていました。そして最後の1つも入れることができ、フライパンのふたも
ぴったりはめることができて、満足した様子で料理の続きをはじめました。
保育者に手伝ってもらうことなく、Aくん自身が考え、目標を達成できたこの経験が
Aくんの自信につながっていくのだと感じました。
これからも、物の形を捉え、遊びを発展させようとする姿や、諦めずに物事を
達成していく姿を見守っていきたいと思います。

＜学びの一歩＞ ・物の大きさや特徴を捉える。 ・自分で考えて、目標を達成する。 ・諦めず、やり遂げようとする。			＜次への一歩＞ ・さまざまな形の物を組み合わせて、遊びを発展させる。 ・保育者や友だちと、達成感を共有する。		
日付	健康	人間関係	環境	言葉	表現
2018 6/6	①	⑥	②③		③⑥
保護者欄					

　保育所実習という機会を活かすのはあなた自身です。あなた自身が保育者になりたいと，今回の保育所実習を通して主体的に学べる存在であってほしいと思います。
　あなたが，どんな保育をしたいのかを考えながら学んでほしいのです。

Part 3
Section 2

保育所実習Ⅰを振り返る〜〈実習事後編〉
保育の実際について学ぶ

Lesson 24　保育所実習Ⅰの内容について振り返る

　初めての保育所実習が終わり，今，みなさんそれぞれの10日間を振り返っていることと思います。お礼状を書き，実習日誌を仕上げて提出し，やっと学外実習（保育所実習Ⅰ）の終了です。最後まで，園と保育者方，子どもたちへの感謝を込めたまとめができましたか。

1．気持ちの振り返り

　さまざまな体験内容を，自分の中で整理することと同時に，友だち同士やグループ学習で振り返りをすると，楽しかった，嬉しかった，辛かった，悲しかったなど，「心の動き」がより鮮明に湧き上がってくることでしょう。落ち込んだ思いは，私だけではなかったと勇気づけられ，前進するきっかけにもなります。そして何より心で感じる，心が動くことは，保育を創造する原点であり，子どもにとってかけがえのない存在になる保育士として，大切な力です。

2．事実の振り返り

　次に，客観的な振り返りとして，自身の保育実践や子どもとの関わり等について，冷静に事実をしっかりと見つめる振り返りをしてみます。その際，日々の実習記録（日誌）が，大切な役割を担うことに気づくはずです。Lesson 7において，実習日誌の意義は「実習生自身が保育の場で保育を学んでいくためのものであり，書き留めるという行為を通して，自分の実践を振り返ったり，保育士からの指摘を受けたりしながら，自分の良いところと改善するところを具体的に学び，かつ可視化することができます。」とあるように，自分の良いところと改善するところを明確にしてみます。事実の振り返りは，専門職としての力を高めていくことに具体的に結びついていきます。

3．振り返りのワーク

　では，何を軸にどう振り返ればよいでしょうか。ここでは，「保育所実習Ⅰ」に求められている「ねらい」「内容」「態度」について，厚生労働省による「教科目の教授内容」等を基に，行ってみましょう。振り返りによって専門性を高めていくといわれる保育者にとって，観点を整理しながら自己評価をすることは，最も大切な作業の一つとなります。

1）子ども理解という視点から

	十分できた	できた	あまりできなかった
＜ねらい＞			
◎観察や子どもとの関わりを通して子どもへの理解を深める。			
◎既習の教科目の内容を踏まえ，子どもの保育及び保護者への支援について総合的に理解する。			
＜内容＞			
○子どもの観察と記録による理解			
○子どもの発達過程の理解			
○子どもへの援助や関わり			

2) 保育職理解という視点から

	十分できた	できた	あまり できなかった
＜ねらい＞			
◎保育の計画・観察・記録及び自己評価などについて具体的 　に理解する。			
◎保育士の業務内容や職業倫理について具体的に理解する。			
＜内容＞			
○保育所における保育士の援助や関わり			
○保育所保育指針に基づく保育の展開			
○保育の計画に基づく保育内容			
○全体的な計画と指導計画及び評価の理解			
○記録に基づく省察・自己評価			
○保育士の業務内容			
○職員間の役割分担や連携・協働			
○保育士の役割と職業倫理			

3) 環境理解という視点から

	十分できた	できた	あまり できなかった
＜ねらい＞			
◎保育所の役割や機能を具体的に理解する。			
＜内容＞			
○子どもの発達過程に応じた保育内容			
○子どもの生活や遊びと保育環境			
○子どもの健康と安全			

ワーク

・各項目に沿って自己評価した後、評価結果等について学生同士で語り合ってみましょう。

・保育所からの評価との相違を確認して，自己の良さや課題を理解しましょう。

・保育所実習Ⅱへの目標も設定してみましょう。

Lesson 25 保育所実習Ⅰの評価結果について知る

1. 評価の客観性

　保育所実習Ⅰの手応えを確かめるために，振り返った内容や点数が実習評価です。評価には自分自身で自らの保育実践を振り返る「自己評価」と，第三者による「他者評価」，つまり「実習園評価」があります。双方の立場から自分の実習内容を比較することで，より実習内容を客観的に受けとめることができます。

　自己評価を行うと自分の良くない点目立ち，自信が持てない後悔や反省ばかりの辛口評価になりがちです。実習生として向上心を持ち自分に厳しく，謙虚に保育を見つめる素晴らしい評価姿勢といえます。しかし同時に，一生懸命に取り組み10日間で成長した点を自分で認める自己評価も必要です。自己評価の本来の目的は，経験の知を得て成長した足跡を自身で認めた上で，実習課題を見つけて次の保育に生かすことだからです。主観的視点と客観的な視点を持った「実習評価」が一番望ましい分析内容です。

　第三者となる実習園は保育実践の客観的な評価を行います。反省会では話し合いの形で実習内容を評価します。評価結果は保育技術を伸ばす具体的で実践的な助言で，とても貴重です。しっかりと記録にも留めて役立てていきたいものです。

　実習後には実習園が総合的に評価した「保育所実習評価票」が返却され，養成校の実習指導者からその内容を伝えられます。この客観的な評価内容で見つけた新たな自己課題が保育所実習Ⅱの羅針盤になるでしょう。

2. 評価の項目

　実習評価の項目は，実習生としての実習態度，保育者として求められる保育の知識と技能など，それぞれの評価の内容ごとに分かれており，数値化された評価に加えて，所見欄に具体的な場面や課題，良かった点など，よりよい保育者をめざすために必要な内容が文章で記されます。

3. 評価の読み取り方

　まず所見欄を良く読んで，各項目の評価内容を理解することが大切です。何を評価されたのか，課題はどこか，どのような努力が必要かなど，具体的な内容をできるだけ見つけましょう。

　次に，「実習生として優れている」「努力を要する」などの個々の評価よりも，バランス良くすべての項目が評価をされているかを確かめましょう。良い評価の項目と，課題となる項目のバラツキが今回の実習内容の特徴を表しています。実習の評価はとても難しく，絶対的なものさしはありません。保育内容が異なる実習園であれば，評価基準も当然異なります。ある保育所では「優れている」点で，別の保育所では「努力を要する」評価になるかもしれません。大事なことは実習評価の点数に一喜一憂しないで，自分の個性を発揮できる取り組みや今後学ぶべき課題を具体的に読み取ることです。

4. 自己評価との比較

　自己評価を行ったあとに，実習園からの評価票と比べてみましょう。この取り組みが，自分を客観的に評価する保育専門職としての重要な資質になります。自己評価とのずれを正確につかむことが重要です。

表 25-1　保育所実習Ⅰの実習評価項目による自己評価と実習園評価比較表

自己評価				所見	項目	評価の内容	評価上の観点	実習園評価				所見
実習生として非常に優れている	実習生として優れている	実習生として適切である	実習生として努力を要する	できていたこと今後の参考になること				実習生として非常に優れている	実習生として優れている	実習生として適切である	実習生として努力を要する	できていたこと今後の参考になること
					態度	意欲・積極性	指導担当者からの指示を待つばかりでなく，自分から行動している。					
							積極的に子どもと関わろうとしている。					
						責任感	十分な時間的余裕を持って勤務開始できるようにしている。					
							報告・連絡・相談を必要に応じて適切に行っている。など					
						探究心	日々の取り組みの中で，適切な援助の方法を理解しようとしている					
							日々の取り組みの中で，自己課題を持って実習に臨んでいる。など					
						協調性	自分勝手な判断に陥らないように努めている。					
							判断に迷うときには，指導担当者に助言を求めている。など					
					知識・技能	保育所等の役割と機能	保育所等における子どもの生活と保育士の援助や関わりについて理解できている。					
							保育所保育指針に基づく保育の展開について理解できている。					
						子どもの理解	子どもとの関わりを通した観察と記録作成による具体的な子ども理解ができている。					
							子どもの発達過程について具体的な理解ができている。					
							子どもへの積極的な関わりや具体的な援助ができている。					
						保育内容・保育環境	保育の計画に基づいた保育内容の実際について理解できている。					
							子どもの発達過程に応じた保育内容の実際について理解できている。					
							子どもの生活や遊びと実際の保育環境の関連性について理解できている。					
							実際の子どもの健康管理や安全対策について理解できている。					
						保育の計画，観察，記録	全体的な計画と指導計画及び評価の関連について理解できている。					
							記録に基づく省察と自己評価ができている。					
						専門職としての保育士の役割と職業倫理	専門職としての保育士の業務内容について具体的に理解できている。					
							職員間の役割分担や連携・協働について具体的に理解できている。					
							専門職としての保育士の役割と職業倫理について具体的に理解できている。					

総合評価　実習生として		【自己による総合所見】	【実習園の総合所見】	総合評価　実習生として	
A:	非常に優れている			A:	非常に優れている
B:	優れている			B:	優れている
C:	適切である			C:	適切である
D:	努力を要する			D:	努力を要する

参考文献　・全国保育士養成協議会編『保育実習指導のミニマムスタンダード Ver.2』中央法規出版，2018

主な関連授業　・保育内容総論

ワーク　・表 25-1 に保育所実習Ⅰの 10 日間を自己評価して記入してみましょう。

1. 「保育所実習Ⅰ」からの課題　実習課題

　「保育所実習Ⅰ」の実習を終えた後，Lesson 24，25の作業を経ることで，次の「保育所実習Ⅱ」で取り組むべき実習課題が明らかになったことでしょう。「保育所実習Ⅱ」の事前準備期間は，この課題を克服する作戦を立てるためにとても重要です。実習はわずか10日間ですが，保育の専門性を深く理解し，その面白さや感動体験を味わうことができる深くて貴重な学びの場となります。実習をより充実したものにしていくためには，実習以外の普段の学生生活が重要です。実習中に突然態度が改善したり，理解が深まったりするわけではありません。学生生活の中で自分なりに課題を克服する方法を模索し，コツコツと力を蓄えていくことが大切なのです。

　「態度面」の課題は，日頃から自分の行動を見直して，意識して取り組むことで，次の実習では成果を実感できるでしょう。例えば「意欲・積極性のある行動ができるようになる」ことが課題であれば，普段の授業でも先生の指示を待つのではなく，自分から授業の準備や片付けを申し出てみてはどうでしょうか。最初は上手くいかなくても，何度か繰り返すうちに声をかけるタイミングや申し出る内容の選択が適切にできるようになります。慣れてくると自分から行動することが楽しくなり，先生から授業以外で興味深い知識を得たり，コミュニケーションが深まった結果，思いがけない人柄にふれたりすることもあります。

　「知識・技能」の，子ども理解が実習課題となる場合はどうでしょうか。学生生活では日常的に子どもに関わる機会は少ないかもしれません。けれども通学途中にすれちがう，保護者と子どもが歩く様子やスーパーで買い物中の様子から自分なりに考察してみると，思いがけない子ども理解につながる発見をすることがあります。また，DVDなどで保育関係の映像を行動観察として記録を取り考察や話し合いを行い，さらに保育所保育指針と照らし合わせて理解を深めることもできます。普段の学生生活でも十分次の実習課題の準備ができるのです。日常生活に意識を向けて，「保育所実習Ⅱ」の準備を進めましょう。

2. 「保育所実習Ⅱ」に向けた課題　実習課題

　「保育所実習Ⅱ」の達成目標は，「保育所実習Ⅰ」よりも保育の専門性について広く深く理解することを目指す内容になります。「保育所実習Ⅰ」の課題克服に加えて，新たに「保育所実習Ⅱ」の到達目標に挑戦します。厚生労働省「教科目の教授内容」が示す「保育所実習Ⅱ」の目標と内容は**表26-1**の項目となります。実習で何を経験し何を学ぶことが求められているのかを，しっかり理解しましょう。できるだけ具体的な保育場面に絞り，いつどのように誰の行動や発言から理解をすることが可能となるか，イメージをしておくとよいでしょう。

表 26-1　保育実習Ⅱの〈目標〉と〈内容〉

〈目標〉
1.　保育所の役割や機能について，具体的な実践を通して理解を深める。
2.　子どもの観察や関わりの視点を明確にすることを通して，保育の理解を深める。
3.　既習の教科目や保育実習Ⅰの経験を踏まえ，子どもの保育及び子育て支援について総合的に理解する。
4.　保育の計画・実践・観察・記録及び自己評価等について，実際に取り組み，理解を深める。
5.　保育士の業務内容や職業倫理について，具体的な実践に結びつけて理解する。
6.　実習における自己の課題を明確化する。

〈内容〉
1.　保育所の役割や機能の具体的展開
　　(1)　養護と教育が一体となって行われる保育
　　(2)　保育所の社会的役割と責任
2.　観察に基づく保育の理解
　　(1)　子どもの心身の状態や活動の観察
　　(2)　保育士等の援助や関わり
　　(3)　保育所の生活の流れや展開の把握
3.　子どもの保育及び保護者・家庭への支援と地域社会等との連携
　　(1)　環境を通して行う保育，生活や遊びを通して総合的に行う保育
　　(2)　入所している子どもの保護者に対する子育て支援及び地域の保護者等に対する子育て支援
　　(3)　関係機関や地域社会との連携・協働
4.　指導計画の作成・実践・観察・記録・評価
　　(1)　全体的な計画に基づく指導計画の作成・実践・省察・評価と保育の過程の理解
　　(2)　作成した指導計画に基づく保育の実践と評価
5.　保育士の業務と職業倫理
　　(1)　多様な保育の展開と保育士の業務
　　(2)　多様な保育の展開と保育士の職業倫理
6.　自己の課題の明確化

「保育所実習Ⅰ」の内容と大きく異なるポイントを3つ挙げます。

　第1は，「保育所実習Ⅱ」では援助の対象が子どもから家庭や地域に広がっています。保育士は子どもを保育するだけでなく，子どもの保護者や地域の子育て家庭への支援も業務内容だからです。地域のさまざまな資源である施設，場所，自然，人の利用や協働が必要であることを学びます。

　第2に，子どもに関わる多様なニーズの存在とそれらの援助について学ぶことです。子ども自身の心身の障害や発達の遅れ，衣食住の問題や虐待，貧困，家庭環境などさまざまな状況の要素が複雑に絡み合った問題をひもとき援助をする実際を知る必要があります。

　第3に，保育所実習のまとめの実習で，保育士としての知識・技術・態度に照らし合わせ，実習後，養成校で保育士になるための自己課題を明確にすることが求められます。これは，キャリアアップ研修や自己研鑽を重ね，保育の質の向上のために学び続ける保育士の姿に通じる重要な経験となるでしょう。

3. 「保育所実習Ⅱ」に向けた課題　実習課題の設定

「保育所実習Ⅱ」の実習課題を文章で書いてみましょう。

「保育所等の役割と機能の具体的展開について学ぶ」という実習課題を立てた場合，保育所実習Ⅱの実践を通して理解ができているかが評価の対象になります。あなたはどのような実習場面でこの課題を学べると思いますか？

すぐに思いつかない課題では実習中に実践することは難しいでしょう。それくらい保育所実習Ⅱで，日常の保育場面で見えにくい，より専門的な学習が求められています。そこで例えば，見せていただいた保育所のパンフレットの記載内容から理解したり，反省会で保育士に直接質問をして学んだりする方法があります。実習中に理解できる実習課題を設定する必要があります。実習開始直前に慌てないよう，保育実習Ⅱで求められる知識・技術のどのような内容を，いつどこでどのような方法で学ぶとよいか，時間をかけてじっくり考えておく準備が，より良い，自分に役立つ実習課題となるでしょう。

参考文献
・全国保育士養成協議会編『保育実習指導のミニマムスタンダード Ver.2』中央法規出版，2018
・秋田喜代美，馬場耕一郎監修『保育士等キャリアアップ研修テキスト7　マネジメント』中央法規出版，2019

主な関連授業
・保育内容総論

ワーク
・以下の3つの視点を基に「保育所実習Ⅱ」に向けて，あなた自身の課題を具体的に書き出してみましょう。
○「保育所実習Ⅰ」で見出した課題はどのようなものでしたか。
○厚生労働省が示している「保育所実習Ⅱ」の目標からあなたはどのように課題を感じていますか。
○上記2点を踏まえて，あなた自身が独自に課題として設定するものはどのような内容でしょうか。

多様な視点と気持ちの整理

中村学園大学短期大学部幼児保育学科　講師

櫻井 裕介

振り返りについて

　保育所実習に行き，さまざまな思いがあったことと思います。楽しかった，可愛かった，きつかった，先生が優しかった，先生が厳しかった…さまざまな思いがあったことでしょう。ポジティブな感情と振り返りがあった場合は，その思いを次の実習につなげて課題や保育者（実習生）としての援助をさらに深めてください。中にはネガティブな感情を持ったり，保育中の保育者の言葉や言動に違和感を持ったり，保育の方法について否定的に感じたことがある実習生もいるかと思います。

　しかし，実習中に見たこと，感じたことはたった10日間のことです。長い保育所の営みがあり，みなさんが実習に行く前も保育所での生活があり，今現在も保育の営みが続いているのです。みなさんも普段は大学，短期大学，専門学校でしっかりと授業に取り組んでいることでしょう。その学校生活の中で，例えば3限目の昼食後の授業で眠たくなりふと気が抜けた瞬間を見学に来た方に見られて，「怠けている，やる気がない」などと普段の模擬保育や授業での取り組みも知らずに評価されたらどうでしょう。一瞬の姿で学校生活すべてを否定されると嫌な気持がするはずです。同じように実習中に見たこと，感じたことは長い保育の営みの中の「たった10日間」のことなのです。そう考えると実習施設を批評することは褒められることではないでしょう。みなさんが感じたことも否定はできませんし，たった10日間であってもそこで見たもの感じたことは事実でもあります。長い保育の営みの10日間であったことも考慮して，終わった実習のことも今後の実習のことも捉える視点を忘れないでください。

評価票について

　実習施設からの評価票が届き，それをもとに事後指導があったことでしょう。ここでも一喜一憂したのではないでしょうか。客観的な評価であり，今回の評価も真摯に受け止める必要があります。しかし，今回の評価も一側面でしかありません。例えば高校まで運動部で元気いっぱいの実習生が運動に力を入れている園で実習すれば高い評価であったかもしれません。しかし同じ学生が音楽に力を入れている園で実習したら評価が高くなかったかもしれません。保育所も各施設

で創意工夫し保育を行い，それぞれの保育方針に沿って保育を行っています。実習生として基本的なことだけではなく，各施設の保育方針に合っているのかということも重要なポイントです。このことは実習よりも就職して実際に働くことになったときに，より重要な意味を持ちます。実習，就職に際してホームページなどでしっかりと情報を集めて保育所を選ぶことが大切です。

実習課題について

　実習課題についての振り返りや保育所実習Ⅱについての課題設定は済んでいることでしょう。保育所実習Ⅱの課題設定は具体的なものになっていますか。「保育者の言葉かけを学ぶ」や「安全に関する配慮に注目する」など抽象的なことではなく，「子ども同士のトラブルのときの保育者の言葉かけを学ぶ」や「食事中に食が進まない子どもへの言葉かけを学ぶ」，「園庭の自然遊び（もしくは固定遊具）での保育者の立ち位置と視点から安全に関する配慮を学ぶ」など具体的な課題設定を行い，保育所実習Ⅰからより保育所実習Ⅱへとつなげて，実習生からより保育者へ近づくための課題になっているのかを確認してください。

Part 3
Section 3

保育所実習Ⅱに向けて～〈実習事前編〉
保育の実際について学ぶ

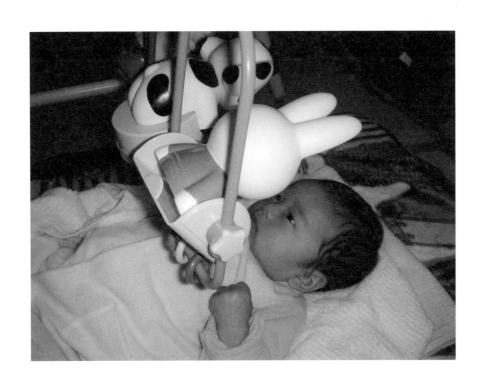

1. 全日実習の内容

　全日実習とは，子どもが登園してから降園するまでの一日の保育を実習生が担任保育者に代わって担当し学ぶ実習のことです。保育所は各施設によって開所時間も異なり，子ども一人ひとりの登降園の時間も家庭の状況によって異なるので，全日実習として担当する一日の時間をどこに設定するかは実習施設によって多少違います。多くは朝8時半～9時頃に始まり，午後のおやつを終えて落ち着く頃の16時～16時半頃までの一日ですが，施設の状況により朝から午睡前までの半日実習を行うこともよくあります。実施回数についても施設や実習状況により，1回から複数回の半日実習や全日実習が行われます。

　このように全日実習は長い時間の保育を担当することになるので，絵本の読み聞かせや手遊びなどの短い時間を担当する部分実習とは異なり，一日の中心となる子どもの活動の展開を体験し学びます。また，保育は中心となる活動だけが大切なのではなく，保育所における生活のすべてが子どもにとって大切な時間であり，子どもが安心して充実した一日を過ごせるよう一日の計画を立案し，実践します。

2. 全日実習における一日の保育の計画と展開

　全日実習の計画の作成では，子どもたちがどのように一日を過ごすのか，一日の園生活への見通しを持って組み立てることが必要です。実習が開始された初日から，日々の実習において一日の子どもの生活の流れをよく観察し，実習日誌に記録しておきましょう。子どもたちが一日をどのように過ごしているかを事前に把握し，日々の子どもたちの生活の流れを基本にして全日実習の指導案を作成します。

　また，一日の生活の流れだけでなく，さまざまな場面において，子どもが日頃どのように過ごしているのか，保育者がどのように保育をしているのかまで詳細に観察しておくことが大切です。実習日誌には，一日の流れに沿って子どもの姿や保育者の動きを細やかに記入しておくとよいでしょう。

　朝の集会の場面を考えてみることにしましょう。朝の集会で何をどのように進めていくかは，保育所やクラスによってさまざまです。それは子どもの発達やそのときの子どもの状況，保育のねらいなどによって，保育者が日々の保育実践の中で子どもとともに作り上げているからです。例えば，朝の挨拶をどのようにするのかも，保育者の挨拶の後に続いて子どもたちが一緒に声を合わせて挨拶するのか，当番の子どもが前に出てきて挨拶をするのかなど，細かなことが保育所やクラスによって異なります。一日のさまざまな場面における細かな保育の進め方やその際の留意点などを事前によく観察し記録しておくとよいでしょう。**表27-1**は，それぞれの場面でよく観察しておきたいことです。各場面は，部分実習で経験する内容でもあります。しかし，全てを部分実習で経験できない場合もあり，全日実習で初めて経験することもあるかもしれません。よく確認し，全日実習で対応できるようにしておきましょう。

表27-1 全日実習実施にあたって，各生活場面で確認しておきたいこと

場　面	内容確認のポイント	全体的に留意すべきポイント
朝の集会	・朝の挨拶の仕方：発声する人（保育者 or 当番），タイミング ・朝の歌：決まった歌や振り付けがあるか，伴奏をするか ・出席確認の仕方：名前の呼び方，子どもの返事の仕方 ・当番紹介：当番の紹介の有無及び仕方 ・その他：月の歌，お祈り，その他決まって行っていることはないか	＊椅子や机の並べ方，保育者の立ち位置など，各場面の環境構成を確認しておく ＊各場面で見られる子どもの姿をよく観察しておく ＊各場面において，大切にされていること，具体的な援助の留意点を学んでおく
食事おやつ	・準備，配膳：子どもがどこまで自分で行うか，保育者が行う内容 ・アレルギー児の対応：対象児の有無，対応は誰がどのように行う ・挨拶の仕方：挨拶は一斉でするか個別にするか 　一斉の場合，発声する人は誰（保育者か当番）か，タイミング ・食事の終え方：揃って挨拶をするか，個別に挨拶して終わりにするか 　片付けはどのように行うか ・歯磨き指導：歯磨きをするかうがいをするか，歯磨きの仕方 ・食後の過ごし方：どこで何をして過ごすか，環境をどう設定する	
帰りの集会	・帰りの身支度：カバンにしまうもの（タオルや汚れた服等）があるか ・子どもへの配付物：連絡帳や手紙などの配付をどのようにしているか ・一日の振り返り：子どもたちのどのような対話がなされていか ・帰りの挨拶の仕方：発声する人（保育者 or 当番），タイミング ・帰りの歌：決まった歌や振り付けがあるか，伴奏をするか ・その他：月の歌，お祈り，その他決まって行っていることはないか	

3．全日実習における中心となる活動の展開と保育技術

　一日の保育の中で，子どもたちが最も集中して遊ぶ時間は午前中です。子ども一人ひとりが自由に好きな遊びに取り組む場合，子どもの興味や関心を捉えて保育者が子どもに経験してほしい活動を提案する場合など，保育の展開にはさまざまな方法があります。どちらも大切な活動ですが，短い実習期間の中で実施する全日実習では，主に実習生により活動を提案する保育の展開が多く行われています。提案する活動は，目の前の子どもの発達や興味，関心，季節などを考慮して考えることが大事ですが，経験の少ない実習生にとってはすぐにアイデアが思いつかないものです。授業で学んだことを思い出したり，日頃から関心を持って保育雑誌や保育図書を手に取ったりして，歌やリズム等の音楽的活動，絵画や製作等の造形的活動，ゲームや運動遊び等の体を動かす活動，ものや自然等と関わる活動などをすぐに引き出せるようにファイルに整理しておくとよいでしょう。また，それらの活動を子どもたちと楽しむための保育技術も求められます。これらはすぐに身につくものではないので，普段から練習しておくことが大切です。こうした事前準備のもと，全日実習では実際の保育の現場で子どもたちと活動をし，その実践力を身につけます。

全日実習において，提案する活動は一斉的な活動として展開することが多いようですが，興味を持った子どもがやってみたくなったタイミングで自由に活動に参加できるよう，保育室に提案する活動のコーナーを設けて展開していくことも可能です。各保育所が何を大切にし，どのような保育を展開しているかをよく学び，実習指導者とよく相談し子どもにとってよりよい保育展開を考えていくとよいでしょう。

4. 全日実習の振り返り

　全日実習の実施後は振り返りを行います。自己評価するとともに，実習指導者から評価や助言をしてもらい，自身の保育実践を客観的に捉えます。このとき，計画した通りに実践ができたかという評価ではなく，子どもたちが楽しく主体的に活動に取り組めたかという視点で評価することが大切です。実際の子どもの姿を無視して計画通りに進めるのではなく，実際の姿を受けとめ，その場で計画を修正していくことが保育では求められます。振り返りでは，自身の立案した計画と実際の子どもの姿のズレに気づくことや，自身の子どもへの援助について，どうすれば子どもにとってより良かったのかを考えることが大切です。ねらいや内容の設定，環境構成や援助の留意点など，計画そのものに無理はなかったかという点についても振り返り，計画の作成についても学びを深めていきます。全日実習は，成功したかどうかではなく，子どもにとって楽しく意味ある活動であったか，子ども主体で振り返り，保育の学びを深めることに意味があると言えるでしょう。

参考文献
・田澤里喜他著『年齢別保育資料　0，1，2，3，4，5歳児のあそび』ひかりのくに，2019

主な関連授業
・保育の計画と評価，保育内容演習，保育内容の理解と方法

ワーク
・子どもと楽しむ遊びを実習生同士で研究しましょう。
　　遊び研究シート（対象年齢，遊びの内容，楽しさのポイント，実践の留意点，準備するもの）を持ち寄り，各自が調べ，考えてきた遊びを紹介し合います。
　　その遊びをより楽しむための工夫や実践する際の留意点などを話し合います。

memo

1. 社会の変化と保育ニーズへの対応

　働く女性の増加や就労形態の多様化，それらにともなう待機児童問題などによって，保育ニーズは多様になり，これらに応える子育て支援施策の一層の充実が図られるようになっています。

　「子ども・子育て支援法（2013 年）」等に基づく「子ども・子育て支援新制度」が 2015 年 4 月に本格施行されました。新制度では「保護者が子育てについての第一義的責任を有する」という基本的な認識に基づき，幼児期の学校教育・保育，地域の子ども・子育て支援を総合的に推進することとされました。これにともない従来の事業は再編され，現在，すべての子どもに質の高い保育・教育の実現を目指す保育の質の向上を含め，保育充実に向けたさまざまな施策が進められています。また，特に都市部で最も要望の高い保育ニーズといえる待機児童対策としては，2015 年 11 月には「待機児解消加速化プラン（2013 年）」に基づく保育の受け皿が 40 万人分から 50 万人分に上積みされました。また，2017 年 6 月に発表された「子育て安心プラン」では 2020 年度末までにさらに 22 万人分を整備し，待機児童解消を図り，2022 年度末までにさらに 10 万人分を確保し，女性の就業率 80％に対応できる受け皿を整備することとされています。

　このように現在は子育て環境が大きく変化している一方で，待機児童問題に特徴的なように制度が十分に追いついていない面も見られます。こうした状況のもとで，保育所に期待され，保育者が担う役割も多岐にわたるようになっています。

2. 保育所における保育サービスに対するニーズ

　保育所に関わる最もニーズの高い保育サービスは，安心して子どもを預けることができる環境をつくる待機児童の解消と保育の質の担保です。特に，1，2 歳児が保育所には入れないことが多くなっており，待機児童解消のために，保育需要が高い地域において，保育所等を設置するため，既存施設の改修等を行う事業（保育所等設置促進等事業）により，各自治体は 3 歳未満児の保育の受け皿として保育所等の整備を進めています。こうして整備が進むなかでも都市部では 19 名以下の小規模の保育所が多くなり，園庭がないなど保育環境について懸念される点もあります。また，保育士不足により子どもを受け入れられない保育所があるなど，人材確保も課題になっています。

　このほか，保育所に関連する主なものとしては，延長保育，一時預かり，病児・病後児保育，障害児や外国籍の家庭など支援を必要とする子どもの保育，乳児保育，休日保育，アレルギー対応などが挙げられます。これらについて，どのような配慮や対応がされているかそのポイントを見てみましょう。

3. 日常の保育ニーズに対する対応

1）延長保育（延長保育事業）

（1）概要

　延長保育は，就労形態の多様化等により基本保育時間を延長して保育を必要とする保護者が，安心して子育てができるように，保育認定を受けた児童について，通常の利用日及び利用時間帯以外の日及び時間において，保育所，認定こども園等で保育時間を延長して保育を実施するもので，多くの保育所で行われています。保育時間は原則 8 時間（児童福祉施設の設備及び運営に関する基準）ですが，ほとんどの保育所が延長保育を含め 11〜13 時間開所しています。

（2）対応のポイント

①保育時間が長いため，子どもの負担や不安に配慮して，落ち着いて安心できる環境でゆとりある生活が送れる雰囲気づくりや配慮が必要です。夕方には徐々に子どもが減るので，寂しくならないような雰囲気づくりや保育者の関わりを心がけます。

②子どもの24時間の生活を視野に入れて，連絡帳を使って生活の様子を共有したり，保護者と相談したりしながら，食事（補食）や睡眠などに配慮して生活リズムを整える配慮がされています。

2）一時保育（一時預かり事業）

（1）概要

一時預かりは，日常的に保育所等を利用していない乳幼児を対象とするものです。病気や出産等，家庭において保育が一時的に困難となった場合や，育児疲れによる保護者の心理的・身体的負担を軽減する支援のために，主として昼間において，保育所，幼稚園，認定こども園その他の場所において，一時的に預かり，必要な保護を行う事業をいいます。保育所では「一般型」という類型で行われています。

また，「『待機児童解消に向けて緊急的に対応する施策について』の対応方針について」（H28.4.7雇児発0407第2号）に基づき，待機児童解消に向けて緊急的に対応する施策を実施する市町村に限り，保育所等を利用していない児童を対象として，保育所等への入所が決まるまでの間，定期的な預かりを実施する「緊急一時預かり」も行われています。

（2）対応のポイント

①日常的に保育所等を利用していない子どもが多く，不安で泣いたりする子も多いため，担当の保育者は子どもの様子に注意しながら関わり，一緒に好きな遊びを見つけるなど細やかな配慮をしています。

②保護者も不安に思うことが多いので，預かっている間の様子などをていねいに伝えます。

3）病児・病後児保育（病児保育事業）

（1）概要

保育所等を利用しており，子どもが病気の際に集団保育や自宅での保育が困難な場合に，病院・保育所等において，病気の児童を一時的に保育することで，安心して子育てができる環境整備を図るものです。これまでは，「病児対応型・病後児対応型」とよばれる地域の病児・病後児を病院・保育所等に付設された専用スペース等において看護師等が一時的に保育する事業が進められてきましたが，2019年度から「体調不良児対応型」という病児保育事業が推進されています。これは，保育中に体調不良となった子どもを一時的に保育所等の中で預かることで保護者が仕事を休まなくとも引き続き保育ができるようにするものです。また，保育所入所児に対する保健的な対応や地域の子育て家庭や妊産婦等に対する相談支援を実施する事業です。

（2）対応のポイント

①「病児対応型・病後児対応型」の病児・病後児保育では，感染が広がらないよう，施設や間仕切りなどが整備されているほか，看護師が配置され医療的な措置ができる体制がとられています。

②この場合，いつも利用している保育所ではないことがほとんどであることや，体調が悪く不安で

もあるため，子どもが安心できるよう家で使っているおもちゃを持ってくるなど，保育者や看護師のていねいな関わりや配慮がなされています。

4) 障害児保育や特別の配慮が必要な子どもの保育

（1）概要

障害や発達の遅れ，多動性など特別な配慮を必要とする子どもの保育ニーズが高まってきています。多くの保育所では，必要に応じて個別的な対応ができるようにこれらの子どもの保育に必要な保育士の加配を行うなどしています。障害のある子どもに対しては個別の指導計画や記録をとるなどの配慮も行われています。

（2）対応のポイント

①障害を持つ子どもの保護者などの場合，育児負担が大きかったり，障害を受容することが難しかったりするケースが多くあります。こうした保護者の気持ちを受け止めながら，急がず，ていねいに対応することが大切です。「子どもにとってどうしたら最善か」を保護者と一緒に考えていく姿勢が大切です。

②障害等に応じた専門的な知識も大切ですが，保育所は子どもの生活の場なので「子どもにとってどうしたら過ごしやすいか」を考えて保育を行っていきます。また，加配保育士がいるとクラスの子どもたちと別行動をすることが多くなりがちですが，クラスの子どもたちと一緒に無理なく過ごせるように配慮します。

③子どもの発達状況や保護者の支援などについては，園全体で共有し，地域の発達支援センターや巡回相談を利用するなど，行政や専門機関と協力して保護者や子どもの支援を行います。保育士個人や園内で抱え込まないようにすることも大切です。

5) 日本語が母語ではない家庭など特別の配慮が必要な子どもの保育

（1）概要

近年，日本語を母語としない家庭の子どもが増えています。どの保育所にもいると言っても過言ではありません。保護者を含め，日本語がほとんどわからない状態で保育所に入所してくるケースも少なくありません。また，国籍や母語もさまざまで英語や中国語だけで対応することも難しくなっています。生活習慣も異なるため，保護者や子どもとの意思疎通も困難なケースが多くあります。

（2）対応のポイント

①英語や中国語などに翻訳されたガイドブックなどをつくったり，通訳を置いて対応したりしている自治体もあります。保育所での日常的な対応に必要なことを簡潔に絵や写真でまとめた印刷物や実物を見せながら説明することも多くあります。

②近年では，AIの発達にともなって，翻訳機などの性能が向上しており，多言語の翻訳が可能になっているので，これらの機器を活用することも有効です。伝えたいことをあらかじめ翻訳しておき，迎えの際に見せたり，その場で翻訳機を使って対話したりすることも多くなっています。また，他の保護者や子どもが通訳してくれることもあります。

6）乳児保育

（1）概要

　現在では，産休明けからの乳児保育がすべての保育所で行われています。1，2歳児の入所希望が多く，待機児童が発生している地域では，1歳からでは入所できず，0歳からの入所も増えています。

（2）対応のポイント

　①低年齢児の対応には細心の注意が必要です。安全で清潔な環境に配慮します。特に午睡時の事故が多いため，午睡時の安全確認にも留意されています。

　②一人ひとりの子どもの成長に合わせて個別の計画や記録をもとに保育を行います。また，子どもの生活を共有し，その成長を喜び合うなど，保護者と一緒に育てていく姿勢が大切です。

7）休日保育

（1）概要

　休日保育は，日曜・祝日などに行われます。地域ごとに休日保育を行う園があり，多くの場合，毎日通っている園とは別の園に行くことになります。保育者も日によって代わることが多くあります。

（2）対応のポイント

　①利用する子どもは，初対面の保育士や子どもと一緒に過ごすことになります。そのため不安になることもあるため，遊び環境を整えると同時に，保育者のていねいな関わりや配慮が必要になります。

8）アレルギー対応

（1）概要

　アレルギーを持つ子どもが増え，なかには命の危険に関わることもあり，各自治体や保育所でもアレルギー対応を組織的に行うようになっています。食事だけでなく，虫刺されなどのアナフィラキシー対応も行われています。医師会の協力などを得る地域も増えています。

（2）対応のポイント

　①医師の診断と指示に従い，保護者と除去食や代替食などについて相談し，その対応について検討してもらうなどの対応をします。他の子どもと同じものを食べたいという子どもの気持ちを尊重しながら，食品の除去や可能な範囲での代替食の準備などの配慮がされています。

　②命の危険に関わることもあるため，食事の提供などでは間違いのないように，食器を変えたり，明示したり，配膳する職員を決めるなどの工夫がされています。

　③アレルギー反応，アナフィラキシーショックなどを示したときに対応できるように必要に応じて保護者に薬を準備してもらったり，園ではマニュアルを作成し，エピペンなどを備え，全職員が取り扱えるようにしたりしています。処方や使用方法を理解して対応できるようにすることが大切です。

参考文献
・厚生労働省「保育所におけるアレルギー対応ガイドライン」2019

主な関連授業
・保育原理，子ども家庭支援論，子どもの健康と安全，子どもの保健，乳児保育Ⅰ，乳児保育Ⅱ，障害児保育

ワーク
・「日常の保育ニーズ」のある取り組みから1つを取り上げて，その内容や対応についてさらに詳しく調べてみましょう。

　保育所における子育て支援は，保育所の特性を生かし，「保育所を利用している保護者に対する支援」と「地域の保護者に対する支援」が求められています。ここでは主に「保育所を利用している保護者に対する支援」という観点から保護者とのコミュニケーションについて考えてみましょう。

　Lesson 28でみてきたように，保護者の働き方が多様化する中で，保育所と家庭（保護者）とが協力して子どもを育てる「共育て（ともそだて）」が大切になってきています。子どものよりよい育ちのためには，子どもの24時間の生活を視野に入れ，保護者と何でも気軽に話し合ったり，相談したりできる信頼関係をつくることが求められます。そのために重要なのは日常的なコミュニケーションです。

1. 保育者と保護者との関係性を理解する

　保育者と保護者は，子どもの健やかな育ちを願い，ともに子どもを育てるパートナーです。保育者は，保護者が子育ての主人公であり，「親として育つ力」を持っている有能な存在ととらえ，その力を発揮して，親としての育つことを支える支援者であることを自覚して関わりたいものです。特に，子育ての実態を踏まえ，保護者の気持ちを受け止めながら信頼関係を築き，保護者の自己選択や自己決定を支えることが大切です。保育所と家庭での子どもの姿を共有して，成長をともに喜び，子育てについて一緒に考えていく姿勢が求められます。

2. 保育所における保護者に対する支援の内容と関わり方

　保育所における保護者に対する支援はどのように行われているでしょうか。保育所保育指針（2017年3月告示）を手がかりに例を挙げるので，実習施設ではどのような取り組みが行われているか尋ねて，確認してみましょう。

3. 保護者とのコミュニケーションで大切にしたいこと

　保護者との信頼関係は日常的につくっていくものです。何かあったときに慌てて行う「保護者対応」ではなく，日頃の保育と保護者との関わりなどを通して積み重ねる組織的な「保護者支援」「子育て支援」こそ大切です。

1）気持ちよい挨拶

　気持ちよい挨拶や温かい言葉が保育者の気持ちを楽にします。「おはようございます」「いってらっしゃい」「お帰りなさい」などすすんで声をかけ，笑顔で挨拶するようにしましょう。子どもが泣いているときも，子どもといっしょに笑顔で送り出してあげると親も安心するものです。

2）保護者に自分を開き，信頼関係づくりを

　保護者とはなんでも気軽に話せる関係をつくりたいものです。そのためにも，自分の保育の目標を保護者に伝え，協力を求めるとともに，「気づいたことがあったらいつでも言ってください」と自分を開いていくことが大切です。指摘されたことはその都度改善していくことが肝要です。そうした真摯な姿をみて保育者を信頼し，協力してくれるようになります。

表 29-1

保育所を利用している保護者への支援 (「保育所保育指針」2017.3 告示) より抜粋	保育所・保育士としての支援内容と関わり (例)
(1) 保護者との相互理解 ア　日常の保育に関連した様々な機会を活用し子どもの日々の様子の伝達や収集，保育所保育の意図の説明などを通じ，保護者との相互理解を図るよう努めること。	・送迎時に保護者に挨拶し，話しやすい雰囲気の中で子どもの姿をお互いに伝え合う ・園で起きたけがや発熱などについては，状況や対応を丁寧に伝える ・園での子どもの様子を，クラスボードなどを使って送迎時に見られるようにする ・園便りや連絡帳を使って，子どもの様子を伝え合う ・保育内容などの説明会や懇談会を利用して伝えたり，子どもの姿について話し合ったりする
イ　保育の活動に対する保護者の積極的な参加は，保護者の子育てを自ら実践する力の向上に寄与することから，これを促すこと。	・参観日や誕生会などの機会を利用して保護者の保育参加の機会を設け，保育体験をする ・行事等で保護者の参加や手伝いを取り入れる
(2) 保護者の状況に配慮した個別の支援 ア　保護者の就労と子育ての両立とを支援するため，保護者の多様化した保育の需要に応じ，病児保育事業など多様な事業実施する場合には，保護者の状況に配慮するとともに，子どもの福祉が尊重されるよう努め，子どもの生活の連続性を考慮すること。	・延長保育，休日保育，病児保育などを，自園及び地域の園で利用する場合には，個別に保護者と相談する ・個々の家庭の状況や親の気持ちを受け止めながら，子どもにとってより良い提案をする
イ　子どもに障害や発達上の課題が見られる場合には，市町村や関係機関と連携及び協力を図りつつ，保護者に対する個別の支援を行うよう努めること。	・保護者の思いを受け止めながら話し合い，検診などの結果を共有するなどして，子どもにとって過ごしやすい環境をつくる。 ・必要に応じて地域の発達支援センターや巡回相談を活用している
ウ　外国籍家庭など，特別な配慮を必要とする家庭の場合には，状況等に応じて個別の支援を行うよう努めること。	・日本語が通じない保護者は，体物や写真など，可視化できるものを使って説明したり，地域の翻訳サービスや自動翻訳機などを活用したりして意思疎通を図る
(3) 不適切な養育等が疑われる家庭の支援 ア　保護者に育児不安等が見られる場合には，保護者の希望に応じて個別の支援を行うよう努めること。	・保護者の様子に配慮しながら，声をかけたり，希望があれば個別に相談に応じたりして，必要な支援を行う
イ　保護者に不適切な養育等が疑われる場合には，市町村や関係機関と連携し，要保護児童対策地域協議会で検討するなど適切な対応を図ること。また，虐待が疑われる場合には，速やかに市町村又は児童相談所に通告し，適切な対応を図ること。	・強い叱責や乱暴な言葉遣いなど虐待につながる懸念があるマルトリートメント (不適切な養育) が見られる保護者には留意して，必要に応じて関わる ・虐待等が疑われる場合の対応について，園で共有して，迅速に対応できるようにする

3) 保育の中での子どもの姿をわかりやすく伝える

　子どもの姿を共有し，一緒に喜んだり，悩んだりしながら，保護者は子どもについての理解を深め，親として成長していきます。保育者と保護者が一致できるのは「この子にとっての最善」をめざすこと。「共育て（ともそだて）」の土台になる子どもの姿を共有するために園での子どもの様子をわかりやすく伝え，見て楽しくなるように工夫することも大切にしましょう。

参考文献
・大豆生田啓友，太田光洋，森上史朗編『よくわかる子育て支援・家庭支援論』ミネルヴァ書房，2014
・太田光洋『保育・教育相談支援−子育ち，子育てを支える−』建帛社，2016

主な関連授業
・保育原理，子ども家庭支援論，子育て支援，子ども家庭支援の心理学

ワーク
・表 29-1 を参考に，実習施設では具体的にどのような取り組みが行われているか調べてみましょう。

memo

Lesson 30 子育て家庭支援の実際とその対応について学ぶ

1. 保育所における保護者に対する支援の基本

　子どもの権利条約（第18条の2）は，締約国に，子どもの「人格の全面的かつ調和のとれた発達」および「子どもの最善の利益」を保障するため，父母および法定保護者が適切に養育責任を果たすことができるよう，その援助を行うことを求めています。

　この理念を踏まえ児童福祉法は，保育士について，「児童の保護者に対する保育に関する指導を行うことを業とする（第18条の4）」と定めています。ここで述べられている「保護者に対する保育に関する指導」とは，保護者が支援を求めている子育ての問題や課題に対して，保護者の気持ちを受け止めつつ行われる，子育てに関する相談，助言，行動見本の提示その他の支援業務の総体を指します。その際，保育士は，保育の専門的知識・技術を持って，以下の基本的事項をおさえ，保護者の子育てを自ら実践する力の向上に資するよう支援していきます。

> 1. 子どもの最善の利益を念頭に置きながら支援する。
> 2. 子どもの成長をともに喜び合う関係を築く。
> 3. 子どもや保護者が日常的に存在する環境や保育士や栄養士など専門職のいる特性を活かす。
> 4. 親子関係に着目して保護者自身の成長を支える。
> 5. 相談支援者としての基本原則（信頼関係・個別化・受容・自己決定・非審判的態度等）を守る。
> 6. 地域の関係機関との連携・協働（地域ネットワークづくり）を図り，保育所全体の体制構築に努めることに留意する。
> 7. プライバシーの保護や守秘義務を守ることに留意する。

2. 保育所に入所している子どもの保護者に対する支援内容と留意点

　保育所が支援する対象は，保育所に入所している子どもの保護者と，地域の子育て家庭とに分けられます。保育所に入所している子どもの保護者への支援内容と留意点は，「保護者と保育士の相互理解」「保護者の状況に配慮した個別の支援」「不適切な養育等が疑われる家庭への支援」などがあり，以下の基本的事項に整理できます。

> 1. 日常の保育に関連した様々な機会を活用し子どもの日々の様子の伝達や収集，保育所保育の意図の説明などを通じて，保護者との相互理解を図る。
> 2. 保育の活動に対する保護者の積極的な参加は，保護者の子育てを自ら実践する力の向上に寄与することから，これを促す。
> 3. 保護者の就労と子育ての両立等を支援するため，保護者の多様化した保育の需要に応じ，病児保育事業など多様な事業を実施する場合には，保護者の状況に配慮するとともに，子どもの福祉が尊重されるよう努め，子どもの生活の連続性を考慮する。
> 4. 子どもに障害や発達上の課題が見られる場合には，市町村や関係機関と連携及び協力を図りつつ，保護者に対する個別の支援を行うよう努める。
> 5. 外国籍家庭など，特別な配慮を必要とする家庭の場合には，状況等に応じて個別の支援を行うよう努める。
> 6. 保護者に育児不安等が見られる場合には，保護者の希望に応じて個別の支援を行うよう努める。
> 7. 保護者に不適切な養育等が疑われる場合には，市町村や関係機関と連携し，要保護児童対策地域協議会で検討するなど適切な対応を図る。また，虐待が疑われる場合には，速やかに市町村又は児童相談所に通告し，適切な対応を図る。

保育所に入所している子どもの保護者に対する支援は，保護者との連携やコミュニケーション（☞ Lesson 20, 29）と密接に関わっています。保育所実習において，実習生が，保護者の相談援助などの直接的な支援には関わることはありませんが，朝，夕の送迎時での保育士の保護者への関わり方の一端に触れることはできます。また，日々の連絡帳やお便り帳，給食の展示や，子育て講演会のチラシ，子どもの作品の展示，あるいはさまざまな子育て支援情報の掲示物によって，保護者の養育力の向上に向けた間接的な支援を学ぶことができます。

3. 地域の子育て家庭に対する支援内容と留意点

地域の子育て家庭に対する支援内容と留意点は，「地域に開かれた子育て支援」「地域の関係機関等との連携」などがあり，以下の基本的事項に整理できます。

地域に開かれた子育て支援

ア　保育所は，児童福祉法第48条の4の規定に基づき，その行う保育に支障がない限りにおいて地域の実情や当該保育所の体制等を踏まえ，地域の保護者等に対して，保育所保育の専門性を生かした子育て支援を積極的に行うよう努める。

イ　地域の子どもに対する一時預かり事業などの活動を行う際には，一人一人の子どもの心身の状態などを考慮するとともに，日常の保育との関連に配慮するなど，柔軟に活動を展開できるようにする。

地域の関係機関等との連携

ア　市町村の支援を得て，地域の関係機関等との積極的な連携及び協働を図るとともに，子育て支援に関する地域の人材と積極的に連携を図るよう努める。

イ　地域の要保護児童への対応など，地域の子どもを巡る諸課題に対し，要保護児童対策地域協議会など関係機関等と連携及び協力して取り組むよう努める。

保育所実習において，実習生が，地域の子育て家庭に対する支援に直接関わることは少ないかもしれません。しかし，各施設で行われている園庭開放や地域の子どもに対する一時預かり事業，あるいは保育所での交流事業などの様子を見る貴重な機会があるかもしれません。

参考文献
・外務省ホームページ「児童の権利に関する条約（全文）」
　https://www.mofa.go.jp/mofaj/gaiko/jido/zenbun.html

主な関連授業
・保育原理，子ども家庭福祉，子ども家庭支援論，子育て支援，社会福祉

ワーク
・子育て支援が必要とされるようになった背景について調べてみましょう。

他専門機関との連携の実際について学ぶ

　障害や養育に関する課題，貧困などにより，子どもやその保護者が個別的な支援を必要とする事例が生じます。しかし，保育所等の持つ資源や保育者の専門性だけでは，必要な支援が十分に提供できない複雑な問題も生じます。そこで，他の専門機関と連携することにより，それぞれの強みを活かした，子どもの発達や保護者の子育ての支援を行っていくことが求められています。

1．専門機関の種類と職種について

　専門機関には公的な機関や民間の機関があり，その機関の役割は養育に関する相談や発達の支援など多様です。また，専門機関ではさまざまな専門職が働いています。主な専門機関とその役割について**表 31-1** に，そこで働く主な専門職の役割について**表 31-2** に示します。

表 31-1　乳幼児に関わる主な専門機関その役割の概要

保健関係の機関	保健所や市町村保健センター等	乳幼児健診等を通して，子どもの発育・発達を見守り，助言等を行う
医療関係の機関	児童精神科や小児科の病院等	診断や投薬，リハビリ，看護等を通して，医療的な支援を行う
福祉関係の機関	児童相談所や市町村の子ども家庭課等	保護者の育児についての相談を通して，家庭の見守りや子育て支援等を行う
療育関係の機関	児童発達支援センターや児童発達支援等	子どもの日常的な通所や，相談を通して，生活能力の向上等についての支援を行う
その他の機関	大学の相談室や児童養護施設等	それぞれの専門性を活かした支援を行う

表 31-2　乳幼児に関わる主な専門職とその支援の概要

医師	診断を行い治療全体の方針を立てるなど医療面での中心となる
看護師・保健師	子どもへの医療的ケアや，健診，発達相談を通しての保護者支援を行う
理学療法士（PT）	身体に障害のある子どもに運動等を通して動作能力を高める支援を行う
作業療法士（OT）	身体や精神に障害のある子どもに様々な作業を通して，動作能力や社会適応力を高める支援を行う
言語聴覚士（ST）	言語機能や聴覚に障害のある子どもに言語訓練等を通して，機能を高める支援を行う
公認心理師・臨床心理士	心理的な支援を要する子どもや保護者に相談や援助を行う
社会福祉士	様々な福祉サービスの紹介や利用の調整等を行う

2．巡回指導などの機会の利用について

　市町村や児童発達支援センターなどの取り組みとして，公認心理師や作業療法士など他専門職の保

育所等への巡回指導が行われています。巡回指導の一般的な内容は，保育所を訪れて保育中の子ども
の様子の観察や保育者からの聞き取りをすることで，支援の必要性や内容を検討し，保育所に対して
保育や保護者支援についての助言を行います。訪問回数は1回のみや，年に数回の限られた回数で
すが，保育中の子どもの様子を直接他の専門職が観察して助言を与えるため，保護者や保育者が専門
機関を訪れての相談よりも有効な助言が得られる場合が多くあります。巡回指導の目的が保育所全体
を対象としたものではなく，特定の子どもを対象として行われる場合，保育所の意向だけで指導を受
けるものではなく，保護者にもその必要性などを丁寧に説明し，保護者の同意を得ることが求められ
ます。

3. 保育者の役割について

　多くの保護者は，子どもや自身の課題について支援をしてくれる専門機関についての情報を持って
いません。このため，子どもや保護者のニーズにあった専門機関の情報を提供する必要があります。
専門機関を紹介する際には，保護者に子どもや子育ての問題を指摘していると誤解されないように丁
寧な説明が必要になります。保護者が納得できる説明をするためにも，保育者自身が地域の資源につ
いて十分に把握しておくことが必要となります。

　地域の専門機関との連携が始まった場合には，対象となる子どもの保育所での様子を伝え，助言を
得て保育に活かしていくことが必要になります。情報の共有にあたっては，保護者から情報を伝えて
もらうことを重視しつつ，保育所と専門機関が直接情報のやり取りをする場合には，緊急性の高い場
合を除き，保護者の了承を得た情報に限って共有していくことが求められます。また，継続的に相談
や療育に通う場合は，保護者の時間的，精神的，場合によっては経済的負担も大きくなりがちです。
継続して支援を受けることへの動機づけを高める上でも，保護者に対するねぎらいや，子どもの支援
を受けることでの良い影響について伝え，専門機関と保護者が良い関係をつくることができるように
サポートすることも保育者の重要な役割の一つです。

4. 保育所全体の連携について

　専門機関の支援を受ける場合，子どもの担当保育者だけが，子どもや保護者のニーズ，受けている
支援内容を把握しておけばいいわけではありません。保育者によって対応が違うと保護者や子どもは
混乱をしてしまいます。また，担当保育者ひとりだけで問題を抱え込んでしまうと視野が狭くなり，
考えられる支援方法が少なくなったり，保護者への対応方法を統一できなかったりして悪循環に陥っ
てしまいます。このようなことから，施設長のもと関連する情報を施設内で共有し，職員全体で支援
について考えていくことが重要です。しかし，情報を共有する際には他の専門機関との連携同様に，
個人情報の管理や集団守秘の徹底に十分注意をする必要があります。

　主な関連授業
・子ども家庭福祉，子ども家庭支援論，社会的養護Ⅰ，子ども家庭支援の心理学，障害児保育
　ワーク
・あなたの住んでいる地域の子育てを支える専門機関の名称や種別，提供している支援などについて調べて表にまとめてみま
しょう。また，完成した表を他の学生のものと見比べてみましょう。

1. 倫理観って何だろう ～ちょっとわかりにくい言葉でしょうか～

　保育士は，国家資格を持つ専門職です。平成20年厚労大臣によって告示化され，平成29年に改定された「保育所保育指針」第1章総則1-(1)-エに，"保育士"の定義が明記されました。

　「保育所における保育士は，児童福祉法第18条の4の規定を踏まえ，保育所の役割及び機能が適切に発揮できるように，倫理観に裏付けられた専門的知識，技能及び判断をもって，子どもの保育をするとともに，子どもの保護者に対する保育に関する指導を行う者であり，その職責を遂行するための専門性の向上に絶えず努めなければならない」とあります。専門的な知識や専門的な技術は理解しやすいのですが，その裏付けにある倫理観とはどういうものなのでしょう。道徳？決まり？堅苦しい？いろいろな受け止めがあると思いますが，改めて「保育士としての倫理観」を考える前に，倫理や倫理観の整理が必要となります。

　そこで，"倫理"について調べると，「1人として守り行うべき道。善悪・正邪の判断において普遍的な規準となるもの。道徳。モラル。」(出典：デジタル大辞泉，小学館)とあります。

　ここでは広く，"人として守り行うべき道"と捉えていますが，人を保育士に置き換えて考えると，もっと特定的な意味を持つことになります。

　では，"保育士にとって守り行うべき道"とは何でしょう？　人それぞれの価値観やスケールでは混乱が生じるので，専門職である保育士にとって，その規範となるのが「全国保育士会倫理綱領」です。

　"綱領"とは

1　物事の最も大切なところ。要点。眼目。
2　政党や労働組合などの団体の政策・方針などの基本を示したもの。(出典：デジタル大辞泉，小学館)

「倫理綱領」と表記すると難しく感じるかもしれませんが，援助行動をとるための「行動規範」は，専門職の証ともいえます。対人援助の上では，ともすれば「相手を傷つけること」「相手に寄り添わないこと」もあるかもしれません。だからこそ，知識，技術を「福祉」のために目的を持って行うのが，「専門職倫理」です。倫理綱領は専門職である証ともいえます。

2. 倫理綱領を見てみると… ～全国保育士会倫理綱領から～

> すべての子どもは，豊かな愛情のなかで心身ともに健やかに育てられ，自ら伸びていく無限の可能性を持っています。
> 私たちは，子どもが現在を幸せに生活し，未来を生きる力を育てる保育の仕事に誇りと責任をもって，自らの人間性と専門性の向上に努め，一人ひとりの子どもを心から尊重し，次のことを行います。

という前文のあと，想いをこめた3行が続きます

> 私たちは，子どもの育ちを支えます。
> 私たちは，保護者の子育てを支えます。
> 私たちは，子どもと子育てにやさしい社会をつくります。

以下8つの項目があります。

（子どもの最善の利益の尊重）
1. 私たちは，一人ひとりの子どもの最善の利益を第一に考え，保育を通してその福祉を積極的に増進するよう努めます。
（子どもの発達保障）
2. 私たちは，養護と教育が一体となった保育を通して，一人ひとりの子どもが心身ともに健康，安全で情緒の安定した生活ができる環境を用意し，生きる喜びと力を育むことを基本として，その健やかな育ちを支えます。
（保護者との協力）
3. 私たちは，子どもと保護者のおかれた状況や意向を受けとめ，保護者とより良い協力関係を築きながら，子どもの育ちや子育てを支えます。
（プライバシーの保護）
4. 私たちは，一人ひとりのプライバシーを保護するため，保育を通して知り得た個人の情報や秘密を守ります。
（チームワークと自己評価）
5. 私たちは，職場におけるチームワークや，関係する他の専門機関との連携を大切にします。
   また，自らの行う保育について，常に子どもの視点に立って自己評価を行い，保育の質の向上を図ります。
（利用者の代弁）
6. 私たちは，日々の保育や子育て支援の活動を通して子どものニーズを受けとめ，子どもの立場に立ってそれを代弁します。
   また，子育てをしているすべての保護者のニーズを受けとめ，それを代弁していくことも重要な役割と考え，行動します。
（地域の子育て支援）
7. 私たちは，地域の人々や関係機関とともに子育てを支援し，そのネットワークにより，地域で子どもを育てる環境づくりに努めます。
（専門職としての責務）
8. 私たちは，研修や自己研鑽を通して，常に自らの人間性と専門性の向上に努め，専門職としての責務を果たします。
                                                （全国保育士会倫理綱領　2003 年 2 月 26 日策定）

　それぞれの項目は 2〜3 行でまとめられていますが，それぞれ行動規範としての意味があります。医療や福祉の現場は特に高い倫理観が求められる環境です。本来子育ては，誰でもできる営みなのかもしれません。しかし人の命は尊く，自らが育つ力を持つ子どもに寄り添いその育ちと向き合わなければならない保育者には，道徳的，倫理的な考え方が必要不可欠ともいえます。

3. 保育者は対人援助の専門職 〜ただの子ども好き！ではないのです〜

　援助の専門職であるためには一定の条件があります。

　例えば，グリーンウッドの 1. 体系的理論，2. 専門的権威，3. コミュニティの承認，4. 倫理綱領，5. 専門的文化を条件とする見解や，京極高宣氏の「職業的倫理」「職業的専門知識」「職業的技術」の 3 構造とする見解などです。（『はじめて学ぶ社会福祉』第 1 巻「社会福祉概論」ミネルヴァ書房，2006）

　いずれにしても，保育者には "組織" があり，"倫理綱領" があり，"専門知識" を有して "社会的

承認を受けている"のですから，誇りと責任を持って子どもの傍らにいてほしいと思います。

そして，保育所保育指針での保育士の定義にあるように「倫理」「知識」「技術」をささえ発展させるために，「資格」や「現任研修」が必要とされ，その結果「社会」による承認，信頼されるともいえます。

4. 現場での活用として ～実はとてもシンプル～

保育所保育指針も倫理綱領も行動規範として素晴らしく，精査，整理した言葉になっていますが，具体的に気をつけなければいけないのは，保育が"チームワーク"を要する現場ということです。

ですから基本となる理屈さえ理解していれば，難しく考える必要はありません。子どもにとっての最大の環境である保育者が，その"たたずまい"を気にすること，気をつけること，自分にされて嫌なことを子どもや仲間にしないことという，シンプルな心遣いが基本です。どんなに高い理想を持っていても，言葉が乱暴だったり，清潔感のない服装だったり，子どもや仲間に対して敬意が無いのでは，信頼関係は作れません。どんなに研修会で学んでも，遅刻が多いなど体調管理ができないと，その知識を活かせません。

自身の保育をのびのび展開するためにも，行動を振り返り，折に触れチェックするのも良いかもしれません。その上で行動指標が明らかになり，「倫理」が特別なものではなく，保育者としての「人のあたりまえのあり様」と感じられるようになります。

柔軟な視点と揺るがない支点を持って―

あけぼの愛育保育園 園長

北野 久美

自身の振り返り

　一言で "振り返る" と言ってもただ "一人反省会" をして，自分にダメ出しをするわけではありません。一定のスケールが必要となります。

　全国組織（全国保育士会）には，「養護と教育が一体となった保育の言語化」（総まとめ冊子，保護者向けパンフレット園内研修用ワークブック）「保育士・保育教諭として，子どもの貧困問題を考える」「人権擁護のためのセルフチェックリスト～子どもの尊重する保育のために～」「子どもの育ちの連続性を確保するために」といったように，自分の居住まいをただすという意味でもさまざまな角度から振り返ることが出来るツールを作成しています。活用してはいかがでしょう。

　また，各組織にもそれぞれに「ハンドブック」等が作成され，その組織の成り立ちや歴史とともに，保育園等の役割や保育士としての心得や心構えをわかりやすく解説したものがあります。一例ですが，「北九州市保育士会の保育ハンドブック」は，児童憲章や子どもの権利条約といった子どもに関わる法律等も掲載するとともに "社会人としてのマナー" としての健康管理やさまざまな届け出の方法，言葉使いや身だしなみ，コミュニケーション能力等にも言及しています。

　さらに各園でも，その園独自のマニュアルが明文化されているのではないでしょうか。

マニュアルやルールは誰のもの ～視点と支点～

　保育士や幼稚園教諭といった免許や資格を有し，専門職として仕事をするわけですが，勤務する園によってそれぞれにルールがあります。

　各園のルールの根底には，保育方針や目指す子ども像，保育理念といったものがあり，またそこでチームの一員として仕事をするために整えられたものです。

　わが園でも「CREDO」を作成し各自が１冊ずつ持っています。中には園の保育理念等のほかにマニュアルだけでは表せない "ローカルルール" を示しています。小さなことでは出勤簿の押印やタイムカードのタイミング，職員連絡ノートの見方，コピー機の使い方をはじめ，保護者への電話のかけ方事例，リフレーミングの表現例，指導計画や連絡帳の文例等，伝えたいことが伝

わるような手立てとともに自己評価，自分情報等が記入できるように作成しています。

　これはそのマニュアル通りに実施するという事ではなく，あくまでも「一例」という示し方をすることで物事の大事な部分を最低限共有できるようにしています。最低限の共有は仕事をするうえで思いも共有でき，混乱が生じた場合も，それを最小限にとどめることができます。

　つまりマニュアルやルールは自分自身のためであり，その共有されたものは結局子どもたちに寄り添う視点と支点になります。

　実習先によってのいろいろな違いで戸惑いもあると思いますが，保育理念や保育方針によっての違いであると受け止め，その園等でどのように共有されているかの学びであると理解していただきたいと思います。

1. 保育所実習Ⅰ編

（1）実習前に押さえておきましょう。

☐ 実習先の保育理念や保育目標は理解していますか。（☞ Lesson 12）

☐ 実習先の独自の取り組みは把握していますか。（☞ Lesson 12）

☐ デイリープログラムとは何かを理解していますか。（☞ Lesson 13）

☐ 実習先の3歳未満児と3歳以上児のデイリープログラムは把握できていますか。（☞ Lesson 13）

☐ 乳児と1歳以上3歳未満児の発達について理解していますか。（☞ Lesson 14, 15）

☐ 乳児と1歳以上3歳未満児の生活について理解していますか。（☞ Lesson 14, 15）

☐ 3歳以上児の年齢ごとの発達の違いを把握していますか。（☞ Lesson 16）

☐ 3歳以上児の生活について把握していますか。（☞ Lesson 16）

☐ 実習先の保育環境は把握していますか。（☞ Lesson 17, 18）

☐ 飼育動物等がいる場合はその生態や特徴について調べていますか。（☞ Lesson 17, 18）

☐ 保育環境の安全について屋内・屋外ともに考えていますか。（☞ Lesson 17, 18）

☐ 部分実習について実習先とは打ち合わせをしていますか。（☞ Lesson 19）

☐ 家庭や地域社会との連携にどのようなものがあるか把握できていますか。（☞ Lesson 20）

☐ 「子どもの最善の利益」について考えてみましたか。（☞ Lesson 21）

☐ 虐待についての知識は積みましたか。（☞ Lesson 21）

☐ 実習生としての身だしなみは身についていますか。（☞ Lesson 22）

☐ 健康維持のために心がけていることはありますか。（☞ Lesson 22）

（2）実習後に確かめておきましょう。

☐ 指導計画と保育の実際を振り返り，計画するということの意味を考えましょう。（☞ Lesson 8, 19）

☐ 実習先の安心・安全な保育環境についてまとめてましょう。（☞ Lesson 17, 18）

☐ 部分実習の反省を踏まえ，何が足りなかったのかを確認しておきましょう。（☞ Lesson 19）

☐ 実習先で行われていた家庭や地域との連携とはどのようなことだったでしょう。（☞ Lesson 20）

☐ 「子どもの最善の利益」が意識されていると思った保育を振り返ってみましょう。（☞ Lesson 21）

☐ 実習先で行われていた消毒にはどのようなものがありましたか。（☞ Lesson 22）

☐ 保育士間の連携を感じ取れたのはどのような場面でしたか。（☞ Lesson 23）

　保育所保育指針，全国保育士会倫理綱領，児童福祉法は，実習前と実習後と必ず読み返しましょう。文章で記されていることに，実際の子どもの姿や保育の場面を重ねることで意味がより適確に理解されていきます。実体験をもとに理解を深めることが大切です。

2. 保育所実習Ⅱ編

（1）実習前に押さえておきましょう。

☐ 保育所実習Ⅰの振り返りをしっかり行いましょう。（☞ Lesson 24）

☐ 保育所実習Ⅰの評価結果を把握していますか。（☞ Lesson 25）

☐ 保育所実習Ⅰの評価結果と自己評価との比較・検討はできていますか。（☞ Lesson 25）

☐ 保育所実習Ⅱの課題は設定し意識できていますか。（☞ Lesson 26）

☐ 全日実習をいつどのクラスで行うか把握していますか。（☞ Lesson 27）

☐ 現代の保育ニーズにどのようなものがあるかを把握していますか。（☞ Lesson 28）

☐ 保育所が取り組む子育て支援とは何かを理解していますか。（☞ Lesson 30）

☐ 実習先が取り組んでいる子育て支援を理解していますか。（☞ Lesson 30）

☐ 保育所における保護者支援について理解していますか。（☞ Lesson 30）

☐ 保育所が関わる他の専門機関にはどのようなものがあるかを把握していますか。（☞ Lesson 31）

☐ 保育士に求められる倫理観について理解していますか。（☞ Lesson 32）

（2）実習後に確かめておきましょう。

☐ 実習前に設定した保育実習Ⅱの自己課題はクリアできましたか。（☞ Lesson 26）

☐ 全日実習を通してわかった自分の保育技術の課題は何がありますか。（☞ Lesson 27）

☐ 実習先で把握できた保育ニーズとその対応にはどのようなものがありましたか。（☞ Lesson 28）

☐ 保護者とのコミュニケーションを取るためにどのような工夫をしていましたか。（☞ Lesson 29）

☐ 実習先が行っている子育て支援事業を通して子育て家庭に対する理解は深まりましたか。
（☞ Lesson 30）

☐ 子育て支援において大切なこととはどのようなことかわかりましたか。（☞ Lesson 30）

☐ 他職種・他機関との連携の実際はわかりましたか。（☞ Lesson 31）

☐ 全国保育士会倫理綱領の項目と実際の保育とをつなげてみましょう。（☞ Lesson 32）

　実習を終えて行う振り返りは，視点を変えさまざまな角度から繰り返し行うことで，体験したことが自分の本当の力となっていきます。またかと投げ出さずに，頑張って繰り返していきましょう。実習体験を自分自身の保育力としてしっかりと身につけて戻ってきてくれることを，子どもたちは待っています。未来ある子どもたちとともに生きるために，さあ，もうひと踏ん張り頑張りましょう。

Part 4

保育所実習Ⅱを振り返る〜〈実習事後編〉
次の学びにつなげるために

保育実習Ⅱの内容について振り返る

　「保育所実習Ⅱ」が終わりました。「保育所実習Ⅰ」を経験しているので，前回よりも少しスムーズに実習に入っていくことができたのではないでしょうか。子どももより見えて，理解できるようになったことと思います。それとともに，家庭や地域にも視野が広がり，保育士という仕事の難しさと意義も，より理解できたのではないでしょうか。　さて，最後の実習を振り返ってみましょう。直感的に，それぞれの目標が達成されたか，それぞれの内容を学んだかについて，項目ごとにチェックしてください。チェックの具体的な内容は**表33-1**のようになります。「教科目の教授内容」（☞巻末資料[2]参照）に沿って作成しています。実習経験を積み重ね，また評価にも慣れてくると，みなさん自身の評価基準も変化していきます。多くの場合，自己評価の基準は厳しくなりますが，これは専門家としての目が養われてきていることの現れです。ここでは，あくまでも今のみなさん自身の基準から，率直に自己評価してみましょう。

主な関連授業
・保育原理，教育原理，保育者論，子どもの理解と援助，保育内容，保育内容の理解と方法，保育の計画と評価，保育実習指導Ⅱなど

ワーク
・チェックリストにチェックを入れてみましょう。
・小グループで，チェックできた項目とできなかった項目を見比べて，チェックできた項目について，具体的にどんな場面でそれを学んだかを話し合いましょう。
・チェックできなかった項目について，これからどのように学んでいくか書き出しましょう。

表 33-1　チェックリスト―「保育所実習Ⅱ」の目標と内容

〈目標〉
□ 1．保育所の役割や機能について，具体的な実践を通して理解を深める。
□ 2．子どもの観察や関わりの視点を明確にすることを通して，保育の理解を深める。
□ 3．既習の教科目や保育実習Ⅰの経験を踏まえ，子どもの保育及び子育て支援について総合的に理解する。
□ 4．保育の計画・実践・観察・記録及び自己評価等について，実際に取り組み，理解を深める。
□ 5．保育士の業務内容や職業倫理について，具体的な実践に結びつけて理解する。
□ 6．実習における自己の課題を明確化する。

〈内容〉
1．保育所の役割や機能の具体的展開
□ (1)　養護と教育が一体となって行われる保育
□ (2)　保育所の社会的役割と責任

2．観察に基づく保育の理解
□ (1)　子どもの心身の状態や活動の観察
□ (2)　保育士等の援助や関わり
□ (3)　保育所の生活の流れや展開の把握

3．子どもの保育及び保護者・家庭への支援と地域社会等との連携
□ (1)　環境を通して行う保育，生活や遊びを通して総合的に行う保育
□ (2)　入所している子どもの保護者に対する子育て支援及び地域の保護者等に対する子育て支援
□ (3)　関係機関や地域社会との連携・協働

4．指導計画の作成・実践・観察・記録・評価
□ (1)　全体的な計画に基づく指導計画の作成・実践・省察・評価と保育の過程の理解
□ (2)　作成した指導計画に基づく保育の実践と評価

5．　保育士の業務と職業倫理
□ (1)　多様な保育の展開と保育士の業務
□ (2)　多様な保育の展開と保育士の職業倫理

6．自己の課題の明確化
□ 自己の課題の明確化

保育実習Ⅱの評価結果について知る

　保育所実習Ⅱの評価票は，みなさんにとって，保育所実習における保育現場からの最後の評価となります。自分自身の成長を確かめる貴重な機会ですから，その内容を十分に理解して，今後の成長への糧としましょう。

1. 評価の項目

　評価票の評価項目の構成は，「ミニマムスタンダード」をもとに示すと，**表34-1**のようになります。評価票は，地域の養成校で統一している場合もありますが，基本的には養成校ごとに定められています。**表34-1**は参考ですが，実習生に求められる学びや育ちが概ね網羅されていますので，みなさんの養成校の評価票の評価項目と比較してみると，自身の学びをより充実した視点で振り返ることができるでしょう。

2. 評価の読み取り方

　評価票を見るポイントとしては，「保育所実習Ⅰ」からの変化を確認してみるとよいでしょう。ただし，評価項目は「保育所実習Ⅰ」と「保育所実習Ⅱ」では少し異なりますから注意が必要です。また，「保育所実習Ⅰ」と「保育所実習Ⅱ」の実習先が異なる場合，評価基準が必ずしも一致していないことがありますので，評価結果を単純に比較しても，あまり意味がありません。むしろ，第1に，各項目の評価について，その所見欄に書かれた内容をよく読んで，自分の具体的な姿を思い起こしながら理解すること。第2に，チェックされた評価そのものよりも，その「でこぼこ」に注意を払うことです。こうした読み取りにより，自分の成長した点とこれから課題としていく点を発見することができます。

3. 自己評価との比較

　ここでも重要なことは，自己評価とのずれをきちんと見定めることです。前項で読み取ったことについて，自己評価と比べてみましょう。「保育所実習Ⅰ」のときと比べて，自己評価と保育所の評価との「でこぼこ」の違いが少なくなっていれば，みなさんの自己評価のものさしがかなり鍛えられたということです。つまり，専門性が高まったということになります。ただし，以上の作業は，養成校の実習指導者とともに対話を通じて行いましょう。保育所の評価ももちろん客観的なものではありませんから，保育所の評価が「保育所実習Ⅰ」のときと変わらなかった，あるいはむしろ評価が下がってしまったとしても，専門性が向上していないというわけではありません。評価がいかなるものであれ，真摯に取り組んでいれば，自分では実感できなくても専門性は確実に向上しています。所見欄などを十分に読み取りながら，達成度や今後への課題を見出すようにしましょう。

表 34-1　保育所実習Ⅱの評価票の評価項目

項目	評価の内容	評価上の観点	評価（該当するものの□にチェック）			
			A	B	C	D
態度	意欲・積極性	・指導担当者からの指示を待つばかりでなく，自分から行動している。 ・積極的に子どもと関わろうとしている。　など	☐	☐	☐	☐
	責任感	・十分な時間的余裕を持って勤務開始できるようにしている。 ・報告・連絡・相談を必要に応じて適切に行っている。　など	☐	☐	☐	☐
	探究心	・日々の取り組みの中で，適切な援助の方法を理解しようとしている。 ・日々の取り組みの中で，自己課題を持って実習に臨んでいる。　など	☐	☐	☐	☐
	協調性	・自分勝手な判断に陥らないように努めている。 ・判断に迷うときには，指導担当者に助言を求めている。　など	☐	☐	☐	☐
知識・技術	保育所等の役割と機能の具体的展開	・養護と教育が一体となって行われる実際の保育について理解できている。	☐	☐	☐	☐
		・保育所等の社会的役割と責任について具体的実践を通した理解ができている。	☐	☐	☐	☐
	観察に基づく保育の理解	・実際の子どもとの関わりを通して子どもの心身の状態や活動に対するの観察ができている。	☐	☐	☐	☐
		・保育士の援助や関わりに対する観察ができている。	☐	☐	☐	☐
		・実際の保育所等の生活の流れや展開について把握できている。	☐	☐	☐	☐
	子どもの保育および保護者・家庭への支援と地域社会との連携	・環境を通して行う保育，生活や遊びを通して総合的に行う保育について理解できている。	☐	☐	☐	☐
		・保護者支援および地域の子育て家庭への支援の実態について理解できている。	☐	☐	☐	☐
		・関係機関との連携の実際について理解できている。	☐	☐	☐	☐
		・地域社会との連携の実際について理解できている。	☐	☐	☐	☐
	指導計画の作成，実践，観察，記録，評価	・全体的な計画に基づく指導計画の作成・実践・省察・評価と実際の保育の過程の展開について理解できている。	☐	☐	☐	☐
		・作成した指導計画に基づく保育実践の評価ができている。	☐	☐	☐	☐
	保育士の業務と職業倫理	・多様な保育の展開と保育士の業務内容の関連性について理解できている。	☐	☐	☐	☐
		・保育士の職業倫理について具体的な実践に結びつけて理解できている。	☐	☐	☐	☐
	自己課題の明確化	・保育士を目指す者としての自己の課題を明確にすることができている。	☐	☐	☐	☐

A：実習生として非常に優れている　B：実習生として優れている　C：実習生として適切である
D：実習生として努力を要する

主な関連授業

・保育原理，教育原理，保育者論，子どもの理解と援助，保育内容，保育内容の理解と方法，保育の計画と評価，保育実習指導Ⅱ，保育実践演習など

ワーク

・評価票を見て自分の強みと課題をリストアップしましょう。

・リストの内容を，小グループで紹介し合いましょう。

・それぞれのリストについて順に意見交換しましょう。その際，本人が気づいていない強みを見つけ合いましょう。

保育実習Ⅰ・Ⅱを総括する

1.「保育所実習Ⅰ」と「保育所実習Ⅱ」の評価

　ここまで，自己評価，実習施設からの評価，その比較などを積み重ねてきました。最後の保育所実習が終わったこの機会に，保育所実習のⅠとⅡを合わせて，総括してみましょう。ここまでの流れを改めて確認してみましょう（図35-1）。

> 実習Ⅰの自己課題設定→ 実習Ⅰ →実習Ⅰの自己評価→実習Ⅰの実習施設からの評価→実習Ⅰの評価の照らし合わせ→実習Ⅱの自己課題の明確化→ 実習Ⅱ →実習Ⅱの自己評価→実習Ⅱの実習施設からの評価→実習Ⅱの評価の照らし合わせ→今後の自己課題の明確化

図 35-1　保育所実習の評価の流れ

　実習Ⅰ・Ⅱそれぞれの自己課題，自己評価，実習施設からの評価，養成校の実習指導者との協働での 振り返り作業の記録などを，すべて並べて検討してみましょう。

2.　今後の自己課題の明確化

　これまでのワークを通じて，目指すべき保育者像に照らして，保育専門職への途上にある今の自分を見つめてみましょう。何がどこまでできていて，克服していくべき課題はどこにあるのか，伸ばしていくべき自分の特長は何なのか，これらを右の欄（表35-1）にリストアップしてみましょう。ただリストアップしていくより，実習Ⅰ・Ⅱで分けてみる，また態度と知識・技能で分けてみると，分析的に振り返ることができるので，客観性も高まります。なお，Lesson 36 のために，課題と特長，態度と知識・技能のそれぞれについて，実習Ⅰ・Ⅱを通じた通し番号をふっておいてください。例えば，課題欄の実習Ⅰの態度の欄の番号の最後が⑦だったとすると，課題欄の実習Ⅱの態度の欄は，⑧から始まります。

3.「自分の育ち」の確認と保育所実習の総括

　保育所実習全体を総括するためには，ひとまとまりの文章にしてみると効果的です。レポートなどとかたく考えずに，成長した保育者となった未来の自分にあてた手紙として書いてみるのも1つの方法です。気持ちの揺れ動きも思い起こしながら，正直に書いてみましょう。もちろん実習の総括でもありますから，実習の記録などを見直しながら，小さなエピソードなどもたくさん添えて，事実も丹念に書き起こしてみましょう。実習Ⅰの事前の段階から実習Ⅰでの経験，その振り返りから実習Ⅱまでの期間の取り組み，実習Ⅱでの経験とその振り返りと，時間を追って書いていくと，総括として整理できます。そして，これは将来の自分に役立つ作業というだけでなく，みなさんが将来，後輩の保育士を育てていくときにも大いに役立ちます。指導する側に立つと，指導されていた気持ちを忘れてしまいがちです。自分が保育士として経験を積み重ね，成長したと思えるときにこそ，初心に返って成長へのエネルギーを補給するためにも，ずっと前の自分を振り返ることに大きな意味がありますし，成長した自分への自信を確かめることもできます。

表35-1　頑張ったことと課題として残ったことのリスト（記入例）

		頑張ったこと	課題として残ったこと
実習Iで見つけたもの	態度	①子どもたちだけでなく，先生や保護者の方にも挨拶がよくできたと思う。担当の先生にほめられて，より積極的になれた。 ②子どもの造形活動についてはとても興味があるので，さまざまな準備をしてのぞむことができ，先生方が初めて見たという活動を提供することができた。 ③先生方や他の実習生とのチーム保育では，しっかりいろいろと話し合って，同じ考えを共有して進めることができた。 …	①自分から動いていいかわからないときに，つい動かないままですませていたので，気をつけたい。 ②もう少し責任感を持って保育にあたるよう指導を受けたが，具体的にどうしていいかわからない。 ③質問をするよう指導を受けたが，何を質問していいかわからなかった。 … …
	知識・技能	①デイリープログラムを事前に頭に入れていたために，一日の流れを理解してスムーズに次の活動に移ることができた。 ②子どもの造形活動のときは，子どもの様子をよく見ながら，特に苦手意識を持っていた子どもが気持ちよく製作を進めることができるように，いい言葉かけができたと思う。 ③SIDSについて実習前にしっかり勉強していたので，実際にやってみたことで理解が深まったと思う。 …	①保育所が制度的にどういう施設かと聞かれたときに，ちゃんと答えることができなかった。 ②子どもの発達にふさわしくない遊びを計画してしまって，楽しい活動にできなかった。子どもの発達の具体的な姿について，まだまだ勉強しないといけない。 ③笑顔で子どもに語りかけるのが少し硬くなってしまった。 ④保育中に失敗してしまうと，焦ってしまってその次の活動まで，できるはずのこともちゃんとできなかった。 …
実習IIで見つけたもの	態度	①造形以外の分野でも探究心を持つよう心がけて，先生方にたくさん質問して多くのことを知ることができた。 ②保護者の方に礼儀正しく，でも少しうちとけて話をすることができるようになり，いい先生になってくださいと励まされた。 …	①先生方から指導をいただく前に，自分で考えて提案するなど，もう少し積極的にいろいろなことを試してみることが必要だ。 ②少し慣れてきて，先生にも促されて職員会で意見を言ったが，反対したいときの言葉遣いが難しく，また理由もちゃんと説明できなかった。 …
	知識・技能	①記録が実習Iに比べて，簡潔に，でもたくさんとることができるようになって，指導計画に生かすことが少し理解できた。 ②地域の方との活動の際に，高齢者の方とたくさん話すことができて楽しく進めることができた。 …	①日々の具体的な実践の中で子どもの最善の利益を保障するということがよくわからなかった。 ②指導計画の際に，物品の数や置き場所など具体的な準備をきちんと考えていなくて，実際の活動のときに子どもが混乱してしまって，はさみの取り合いでけんかが始まったりした。安全の面も含めて，頭の中でシミュレーションすればよかった。 ③園にある子育て支援センターと，園の通常保育との関係がよくわからなかった。 …

主な関連授業

・保育原理，教育原理，保育者論，保育内容の理解と方法，保育の計画と評価，保育実習指導II，保育実践演習など

ワーク

・表35-1のリストを作成しましょう。
・実習での自分の気持ちの動きや印象に残ったエピソードとそこで感じたことなどを文章にしましょう。

実習後の新たな学習課題を設定する

1. 振り返りを活かす

　ここまで振り返ったことを，これからどのように活かしていけばよいでしょうか。

　第1に，養成校での学習（授業，課外活動，行事など）の際に，自分の特長と課題を意識して取り組むようにしてみましょう。せっかく振り返っても，その後の授業時間などを漫然と過ごしていては意味がありません。実習で保育の実践に関わって保育の現実や子どもの姿にふれていますから，教科書や教員の言葉も，よりいきいきと意味を感じられるものになっているはずです。実技の練習もどう役立っていくのか，以前より明確になります。

　第2に，日常生活での態度や課題解決に活かしてください。日常生活の中で家族や友だちと接しているときに言葉づかいに注意してみる，電車に乗っているときに，景色や音を感じてみる，街を歩いているときに周囲の人へ配慮してみるなどといった積み重ねが効果をもたらします。新聞や雑誌を読んでいても，テレビを見るときも，インターネットで検索をしてみるときも，保育に関することがらに敏感にアンテナを張って，保育士としての知識や技術に結びつくことを探してみましょう。みなさんを成長させる材料は，日常の中にもたくさんあります。

2. 新たな学習課題を設定する

　Lesson 35 で，実習を総括して自分の特長と課題を整理しました。ここでいう「新たな学習課題」とは，整理した特長と課題について，卒業までの期間，どのように取り組んでいくかということです。前項で整理した課題と特長を「評価」だとすると，新たな課題とは評価にもとづく「行動指針」（表36-1）です。

　前項のリストをもとに，これから卒業までの期間に心がけていこう，行っていこうと思うことを，具体的に挙げていってください。具体的にという点が肝心です。知識不足が課題であれば，「保育に関係する本を 10 冊読む」とか「新聞を毎日チェックして保育に関する記事をスクラップしていく」などもよいでしょう。積極的に意見や質問を出せなければ，「話し合いの際には必ず意見を言うようにする」。あるいは逆に自分の意見ばかり主張してしまいがちな方なら，「話し合いの際にはまず人の意見を十分聴くようにする」となるでしょう。子どもの姿をより学ぶためであれば，「街で見かけた親子のコミュニケーションの様子を観察してみる」（ただし，失礼やプライバシーの侵害がないように配慮が必要です）。そして行動指針は，少し頑張れば実行できるという程度に設定するとよいでしょう。いつもそれに縛られて生活する必要はありませんが，日々の生活の中に自然な形で取り入れていくというのが理想です。

表36-1　さらに伸ばしていきたいことと改善していきたいこと

	さらに伸ばしていきたいこと	改善していきたいこと
態度	①挨拶をしっかりすること。誰に対しても対応できる言葉遣いも学びたい。 ②子どもの造形活動のネタを増やして，子どもの発達や季節に応じた楽しい活動が提供できるように取り組みたい。 … …	①どうしていいかわからないときは，まず動いてみる。 ②一つ一つのことに，自分で考えて取り組むことで，責任感を持てるようにしたい。 ③何も考えずにただ先生の言うことを聞くのでなく，いつも「なぜか」を考えるようにして，質問を作るように心がけたい。 … ⑥先生から指示がある前に，予想できることは自分で予想して意見を言ったり提案できるよう，主体的に考えたり行動したりしたい。 …
知識・技能	①計画の確認をするだけでなく，自分なりに注意点なども書き加えるように心がけたい。 ②積極的に関わってこない子どもにこそ注意を向けて，一人ひとりを大切にした関わりができるように，もっと言葉かけの仕方を勉強したい。 … ⑥地域の方との関わりなどをもっと理解するために，地域の清掃ボランティアなどに参加してみたい。 …	①教科書や資料を見直して，保育所や保育士資格の制度的な背景について，ちゃんと説明できるようにしておきたい。 ②子どもの発達について，教科書を覚えるような感じではなくて，実際に子どもが遊ぶ姿などを思い浮かべることができるように理解を深めたい。 ③自分が怒られたらとか考えずに，子どもが楽しむことや子どもによい援助をすることに集中して，気持ちはリラックスして子どもと一緒に楽しむようにしたい。 … ⑧行事などの企画をするときも，いつも全体的で具体的なシミュレーションをしてみること。 …

主な関連授業

・保育原理，教育原理，保育者論，保育内容の理解と方法，保育の計画と評価，保育実習指導Ⅱ，保育実践演習など

ワーク

・表36-1のリストを作成しましょう。
・小グループで，各自の行動指針を紹介し合い，よいと思ったものは自分のリストに書き加えましょう。

未来社会を育む子どもたち

中村学園大学短期大学部幼児保育学科　准教授

永渕 美香子

振り返る力と生かす力

　みなさんは，保育所実習Ⅰと保育所実習Ⅱにおいてさまざまな保育所へ実習に行き，保育所で出会った子どもたちや先生との関わりの中で一人ひとりの学びがあったと思います。

　実習を通して子どもたちの成長を肌で感じ，かけがえのない瞬間に立ち会えることに保育者としての仕事の喜びを感じた人も多かったことでしょう。

　保育所実習Ⅰで，できなかったことが保育所実習Ⅱで実行できた，あるいは改善できたと実感した際に，自分の中で達成感ややりがいを感じたのではないでしょうか。しかし2回とも自分が思うようにできなかった人は「保育者に向いていないのではないか」と悩んでいるかもしれません。初めからすべてできる人はいません。できなかったことを失敗と捉えないでください。それは経験となってみなさんの力になっていきます。「できなかった」で終わらせるのではなく，自分を振り返り弱かった部分に向き合っていきましょう。実習先の先生からご指導いただいたことを「叱られた」ととるのではなく「教えていただいた」と感謝の気持ちで前向きに受けとめることが大切です。

　実習で自分の課題が見つかったということは，これからみなさんには「成長するチャンス」が見えてきたことになります。このチャンスを「プラス」に捉えるのか「マイナス」に捉えるのかでこれからの保育者としての成長に差が出てきます。

　実習で子どもたちとうまく向き合うことができなかったり，長い時間をかけて準備した設定保育がうまくいかなかったりと悩んだ人もいると思います。保育がうまくいった，いかなかったで終わるのではなく，みなさんがそこから何を感じ，何に気づき，次にどのように子どもと向き合っていくのか考えていくことこそが大切なのです。成功した際にもどのような関わりがよかったのか，なぜよかったのか考えていきましょう。同じ内容の保育でも子どもが異なる場合は，また違った反応があります。

　保育者になった際には，毎日反省会があるわけではありません。今日の保育はどうであったか，子どもへの声かけや関わり，大切な瞬間においてふさわしい援助ができていたのか自分で振り返る力が求められます。子どもの言葉に耳を傾け，子どもの気持ちを理解しようとする姿が大切なのです。子どもは保育者をよく見ています。みなさんが自分を振り返り，苦手なことがあっ

ても一生懸命取り組む姿に子ども自身も影響を受けながら成長していくのです。子どもの顔を思い浮かべ，内省し明日はどのように向き合っていくのか，次の保育につなげていきましょう。

子どもとともに保育を深めていく

　みなさんが幼いとき，草笛を作って吹いたり，花の冠を作って遊んだりした記憶があると思います。幼い頃の原体験は，一生子どもの心に残ります。日々の保育の中で子どもの中に何を育てていきたいのか，そのためにどのような取り組みをしていくのか，一人ひとりの保育者に委ねられています。1年目の保育が土台となって，2年目，3年目とつながっていきます。その事例の一つとして栽培活動を取り上げてみたいと思います。

　保育所では，野菜を育てたり花を育てたりさまざまな栽培活動を行っています。筆者が保育者1年目の際に，5歳児の子どもたちと話し合って落花生を育てる活動に取り組みました。子どもたちは，育てる前から落花生の実や殻に興味を持っていました。しかし図鑑で写真を見たことはあっても，どのように育てるのか，落花生の実がどこになるのか知らずにいました。

　5月に種を蒔くと，それまで朝の登園の際になかなか保育室に入って来なかった子どもが，毎日水遣りをすることを楽しみに園に来るように変化しました。芽が出ると，毎日どのくらい大きくなったか喜んで報告してくる子どももいました。いくつも葉がついてきた頃に，子どもたちが「先生，うさぎが落花生の葉を食べて葉っぱがなくなっている」と教えてくれました。園で放し飼いにしていたうさぎが葉を食べていたのでした。餌としてキャベツやニンジンをやっていましたが，それよりもうさぎは落花生の葉を好んで食べていました。その発見に子どもも私も驚きました。

　保育では予想外のことが起こりますが，そこをチャンスと捉えて，子どもたちがそこからどのように考えていくのか，保育者も見守ることが必要です。子どもたちは，落花生の葉をうさぎに食べられないようにするにはどうすればよいか話し合い，網を張ることを考えました。しかし，うさぎはやわらかい網の間から口を入れてさらに葉を食べていました。そのうさぎの様子を見て子どもたちは「そんなに落花生の葉っぱは，おいしいんだね。固い網を張ったらうさぎも食べることができないかもしれないね」と一生懸命考え，固い網を張ることにし，何とか残りの葉を守りました。子どもたちは「葉っぱがたくさんなくってしまったね」と悲しんでいましたが，それでも黄色い花が咲いたときは，大変喜んでいました。1年目は，落花生の葉をうさぎに食べられたことで，実も少ししかできませんでした。

　子どもたちは葉がなくなることで，実も少ししかつかないことを知りました。初めて栽培した年は，子どもたちは少ない実を分け合って食べました。自分たちで秋の収穫まで育てる楽しさと大変さを感じていました。それでも実がなった際は，目を輝かせ，次の年長に種を引き継ぎました。保育者1年目は実を育てるだけで精一杯で，どのように行ったらもっと子どもたちにとってよりよい活動になるのか模索していました。

保育者2年目の年，種を蒔いて育てるだけでなく，子どもたちが自分で土作りからすると面白いのではないかと考えました。1年目のときは園庭にある土だけで育てていましたが，2年目は，海や山に土を採りに行き，海の砂まじりの水はけのよい土や，山からとってきた赤土，園庭の土など，子どもたちは自分で落花生がたくさん育ちそうな土を考え，グループに分かれて土作りから行いました。すると子どもたちは，自分たちで混ぜて作った土の落花生に対して「どの土がたくさんできるかな」と前年度以上に愛着を持って楽しみに育てていました。

　秋になると砂を多く入れた水はけのよい土で育てた落花生が一番多く実をつけました。子どもたちは「落花生は，この土が一番好きだったんだね。すごいね」と秋まで育て発見したことを喜んでいました。保育者1年目の際は，育てる前にいろいろ話していましたが，2年目は，何色の花が咲くのか，どこに実がなるのか，子どもたちに直接話すのではなく「先生に教えてほしい」と伝えることで，子どもたちは前の年よりも，花が咲いた際に「黄色の花が咲いたよ」「土の中に実がなった」と，これまで以上に自分で発見したことに喜びを感じ，夢中で毎日世話をしていました。土の中を掘って実を見つけた際には，見えないところに実がなったことをうれしそうに教えてくれました。子どもの発見に保育者も共感し，ともに喜ぶ気持ちが大切です。保育者は，すぐに教えるのではなく，子どもの力を信じて，子どもの表情や発した言葉から導いていきましょう。体験を通して子どものやさしさや思いやりが育っているのか，友だちとの関わりも見えてきます。

　同じ「落花生」を育てるというテーマでも保育者がどのようなねらいを持って子どもたちに伝えていくのかで，保育は変わってきます。「活動を通して子どもにどのような力が育っていくのか」意識して保育をしていく必要があります。1年目の保育が土台にあり，2年目，3年目と深まっていくのです。1年目はうまくいかないことの連続です。うまくいかないからといってすぐに辞めたり諦めたりするのではなく，継続して保育を深めていってください。

　一番大切なことは，活動から見えてくる子どもたちの姿や発する言葉を心から受けとめ，そこから子どもを導くことです。保育を深めていくためには，つねに子どもとともに考え，日々の保育を子どもと一緒に作り上げていくことが大切なのです。育てる過程で，わくわくしている子どもの気持ちや言葉を受けとめ，一人ひとりの子どもの成長をみていってください。保育者には，目の前の子どもが発する言葉に共感し，子どもにとってどのような関わりが今必要なのかを考え

ていくことが求められるのです。

　この活動を行った子どもたちが，小学生や中学生になり，今でも家族と落花生を育てていることや，そのときの体験をずっと覚えているという話を聞くと，幼児期の経験は子どもの心にいつまでも残っていると感じます。

自分を磨く，保育者の協働

　2017年に改訂（改定）された幼稚園教育要領，保育所保育指針，幼保連携型認定こども園教育・保育要領中では，育みたい資質・能力として「知識及び技能の基礎」「思考力，判断力，表現力等の基礎」「学びに向かう力，人間性等」3つの柱が入ってきました。

　また，資質・能力を育てようとする際の，具体的な姿として「幼児期の終わりまでに育ってほしい姿（10の姿）」（健康な心と体，自立心，協同性，道徳性・規範意識の芽生え，社会生活との関わり，思考力の芽生え，自然との関わり・生命尊重，数量や図形，標識や文字などへの関心・感覚，言葉による伝え合い，豊かな感性と表現）が明示されました。

　これらの子どもたちに育てていかなければならない3つの柱や10の姿が，自分の中に育っていますか。保育者になるみなさんが自分自身を振り返ってみることは大切です。日頃，親や友だち　にしてもらって当たり前と思い，お礼を伝えることができなかったり，感謝の気持ちを持つことができなかったり，困っている人がいても見て見ぬふりをする人が，子どもに育てたい資質や能力を育むことができるのでしょうか。保育者として信頼されるためには，土台に，当たり前のことができることが大切です。保育者になる前に自分自身の日頃の姿を思い出し，自分の課題を見つめ直してみましょう。

　保育所では，子どもは保育者と長い時間を過ごします。保育者の行動や考えが子どもに伝わります。保育者が子どもに育てたいものが自分の中にも育っているか考え，自分の人間性を磨いていってください。

　また，保育所では保育者の協働が大切です。保育者になった際には，子どもや保護者との関わりだけでなく，保育者同士の関わりなど幅広い人間関係を築いていかなければなりません。協力なくして保育はできません。日々の保育の中で，子どもとの関わりに悩むこともあります。そのときは，先輩保育者に相談をすることが大切です。自分の中だけで保育を考えていると，狭い視野で子どもを育てることになります。先輩や同僚の考えを聞き受けとめることにより，広い視野で保育を行い，子どもを別の視点から見ることもできます。いろいろな先生が関わることで子どもも伸びていくのです。保育者は，得意なことは一人ひとり違います。先輩保育者のよい所を学び，園での自分の役割は何であるのか考え，お互いの保育のよい所を認め合いながら，子どもの可能性を伸ばしていってください。

Part 5

STEP BY STEP

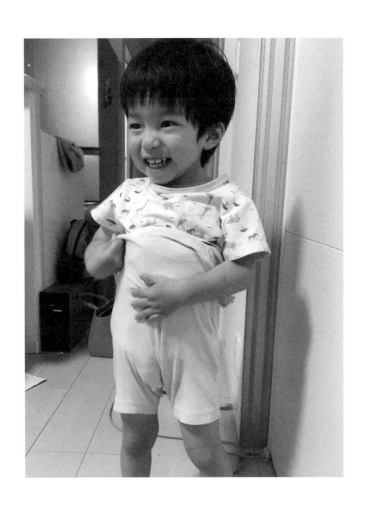

評価票のこと

Lesson 24 と Lesson 34 で示している評価項目は評価票の重要な部分です。ここでは評価票の実際について取り上げます。そもそもなぜ評価票は必要なのでしょうか。評価票をどのように活用すればよいのでしょうか。スペースの都合で実習Ⅰの評価票（**表37-1**）のみを示しますが，評価項目以外の覧は実習Ⅱも同じです。

1．評価票の意義

評価票の意義は大きく３つにまとめることができます。

第１に，自己の強みや課題を明確にすることです。園からの評価と自己の評価の同じところと異なるところを知ることで，評価していただいているところ（強み）や自分自身の足りないところを確認して次につなげていくことができます。

第２に，保育者養成校や保育現場の先生方の課題を明確にすることです。学生への指導が適切なものであったか，指導者側にとっても振り返る材料になります。それは，次の実習指導や現場での指導の際に参考となります。

第３に，記録として残しておくことで，成績や資格取得の際の資料となります。

2．評価票様式の実際

評価票の意義については，どの養成校においても共通理解されていますが，実際の様式はさまざまです。保育の現場からは，養成校ごとに異なる評価票の様式にとまどう声があるのも事実です。今後もミニマムスタンダードを軸にした評価票や，独自に開発した評価票がどのような成果をもたらし，どのような課題があるのか検討していくことも保育者養成校と保育現場の課題の１つとなっています。

3．現場と養成校と学生をつなぐ評価票

評価票は，実習生と保育現場，保育士養成校の教員をつなぐものです。評価票を媒介にして，学生と養成校教員とで語りあって共通確認をしたり，養成校教員と現場の先生とで評価票を媒介にして，保育士養成について共通確認をしたりすることができます。また，学生は実習事前指導で評価票の内容について知ることで，実習生に身につけていてほしいことについて具体的に知り準備することができます。さらに，実習事後指導では，自身の実習について現場からの客観的な評価を知ることで，卒業までに何を身につけなければならないかを確認をすることができます。実習生に何をどこまで求めるのかが，評価票の中にちりばめられています。

参考文献
・川俣沙織, 那須信樹, 平田美紀, 山田朋子, 森田真紀子著「保育所実習における『統一評価票』の活用」中村学園大学・中村学園大学短期大学部研究紀要第 44 号, 2012
・相浦雅子, 那須信樹, 原孝成編『STEP UP! ワークシートで学ぶ保育所実習1・2・3』同文書院, 2014

主な関連授業
・保育の計画と評価, 保育の心理学, 乳児保育, 子ども家庭福祉, 保育者論

ワーク
・実習生として評価を受けることの意義は何か考えてみましょう。

表37-1　保育所実習Ⅰ評価票（例）

保育所実習Ⅰ評価票

令和元年度　同文学院大学　保育科

実習生	第　　　学年	学籍番号		氏　名					

| 施設名称 | | | | 所（園）長 | | | | | 印 |
| | | | | 指導担当保育士 | | | | | 印 |

実習期間	平成　　年　　月　　日（　　）～平成　　年　　月　　日（　　）【合計　　日間】

勤務状況	出勤　　回、欠席　　回、遅刻　　回、早退　　回	備考

項目	評価の内容	評価上の観点	評　価（該当する□にチェックしてください）				
			S	A	B	C	F
態度	意欲・積極性	・主体的に行動し、生き生きと取り組む姿が認められた。 ・相手に応じた適切な挨拶や言葉遣いへの配慮と実際の表現ができた。 ・主体的な学習態度としての事前準備や努力を惜しまず、質問も積極的に行うことができた。	□	□	□	□	□
	責任感	・指定された出勤時間や提出物等の期限を守ることができた。 ・報告・連絡・相談の重要性を認識し、職員と協調して確実に役割を果たそうとしていた。	□	□	□	□	□
	探求心	・謙虚な実習態度とともに、日々の取組みの中で様々なことに興味や関心を持つことができた。 ・日々の取組みの中で、実習指導担当保育士などから指導された内容を受け止め、修正し、次の実践に反映させようと努力していた。	□	□	□	□	□
知識・技術	基本的な保育所の役割と機能	・保育所における子どもの生活と一日の流れ（デイリープログラムの内容）についての理解ができた。 ・保育所保育指針と実際の保育展開の関連について理解できた。	□	□	□	□	□
	基本的な子ども理解	・観察と記録作成による子ども理解ができた。 ・子どもの発達過程の実際についての理解ができた。 ・子どもへの積極的な関わりや具体的な援助ができた。	□	□	□	□	□
	基本的な保育内容・保育環境	・保育の計画に基づいた保育内容や環境構成の実際についての理解ができた。 ・子どもの発達過程に応じた保育内容の実際についての理解ができた。 ・子どもの生活や遊びと実際の保育環境の関連性についての理解ができた。	□	□	□	□	□
	保育の計画、観察、記録することの実際とその意義	・保育課程と指導計画の関連性についての理解ができた。 ・実習指導担当保育士などの指導を受けながら、短時間の部分実習の立案ができた。 ・観察するための視点の必要性についての理解ができた。 ・記録に基づくふり返りと自己評価の重要性についての理解ができた。	□	□	□	□	□
	保育士の役割と職業倫理	・専門職としての保育士の業務内容についての理解ができた。 ・職員間の役割分担や連携による保育実践の実際についての理解ができた。 ・専門職としての基本的な職業倫理の存在と内容についての理解ができた。	□	□	□	□	□

総合所見		総合評価（該当するものに〇）	実習生として S：　とても優れている A：　優れている B：　適切である C：　努力を要する F：　多くの努力を要する （不可である）

尚、上記の評価基準S～Fについては下記の通りです
　S：実習生としてとても優れている　　　A：実習生として優れている　　　B：実習生として適切である
　C：実習生として努力を要する　　　　　F：実習生として多くの努力を要する(不可である)

訪問指導のこと

　多くの学びに加え，なにかと不安も多い実習期間中に，普段学んでいる養成校の先生と会って直接話ができるのはみなさんにとっても，また実習施設の指導担当職員や養成校の教員にとっても意味ある時間となります。「保育実習実施基準」（☞巻末資料②参照）によれば，「指定保育士養成施設の実習指導者は，実習期間中に少なくとも1回以上実習施設を訪問して学生を指導すること。なお，これにより難い場合は，それと同等の体制を確保すること」と実習施設への「訪問指導」実施にかかる根拠が示されています。

　このように，養成校と実習施設とが緊密な連携と協働を図りながらみなさんの実習をサポートしていくわけですが，ここでは，学生・養成校・実習施設それぞれの立場からみた主な訪問指導の意義について概観していきます。

1. 訪問指導の意義

1) 学生における意義

　学生にとっての訪問指導の意義としては，主に次の7点を挙げることができます。

①不安や緊張がほぐされて，安心感とやる気につながる機会となる。

②喜びや手応えを感じている内容を明確化し，実習生自身の保育に対する姿勢や価値観の明確化につなげる機会となる。

③戸惑いや不安の原因や内容を明確化し，実習生自身の保育に対する姿勢や価値観の明確化につなげる機会となる。

④実習の目標やそこへの達成状況を点検して，必要な修正と適切な方法の再確認の機会となる。

⑤実習施設側との対話による実習内容調整の機会となる。

⑥実習上の具体的な指導を受ける機会となる。

⑦実習遂行上の事務的学内ルールを確認する機会となる。

2) 養成校側における意義

　養成校における実習指導者および養成校にとっての訪問指導の意義としては，主に次の4点を挙げることができます。

①学生との面談や観察によって実習状況を把握する機会となる。

②実習期間中の面談や実習日誌などの資料をもとに，実習施設の指導担当職員と連携して，より有意義な実習となるよう必要に応じた指導の機会となる。

③実習施設の実習指導者ならびに指導担当職員との懇談等をとおして，実習施設についての情報収集（実習指導体制，保育内容・方法など）ならびに養成校の教育・実習目標や方法の説明など諸事項の協議を行い，実習や養成について実習施設と連携を図る機会となる。

④養成校における実習開始までの事前指導内容を，実習施設の実習指導者ならびに実習担当職員に正確に伝えて，実習指導において協働する機会となる。

3) 実習施設側における意義

　実習指導者ならびに実習指導担当職員にとっての訪問指導の意義としては，主に次の5点を挙げることができます。

　①学生にとってより有意義な実習となるよう養成校との連携・協働による指導の機会となる。

　②実習開始以前の養成校における指導内容を正確に知る機会となり，養成校との連携・協働を充実させる機会となる。

　③学生についての理解を深めるための情報を得る機会となる。

　④養成校の教育・実習目標についての確認や実習施設についての情報提供，個人情報に関する配慮な等，その他諸事項の協議を行って，実習や養成について養成校と連携を図る機会となる。

　⑤保育士のキャリアパスにおける実習指導の位置づけを確認し，その指導力の育成を図る機会となる。

2. 訪問指導の内容

　訪問指導の内容については，主に6つの視点をもとに指導や助言がなされます。学生の立場から言えば，こうした視点を踏まえた現状の報告や疑問，悩んでいることの相談をすることでより具体的なヒントやアドバイスを得ることにもつながります。

　①実習生のようすの把握と指導・助言

　②実習の状況の確認と調整

　③子どもとの関係の確認と指導

　④実習施設の実習指導者（あるいは指導担当職員）を含めた全職員との関係の確認と調整

　⑤実習施設の実習指導者（あるいは指導担当職員）への連絡・依頼内容

　⑥養成校側の教育方針や方法と実習施設の実習指導プログラムや方法との調整

3. 訪問指導時に使用する資料

　訪問指導に際しては，以下のような具体的な資料等を踏まえた対話が有効だとされています。養成校教員の訪問指導日が前もって分かっている場合には，可能な限りこうした資料を手元に置きながら訪問指導に臨みましょう。

　①学生の作成した実習施設オリエンテーション報告書（実習施設におけるオリエンテーション時に指示された内容等について記載したもの）

　②実習日誌

　③学生の実習課題（養成校における実習の共通課題と個々の学生の個別の課題）

　④学生の作成した指導計画案（援助計画案）その他の資料

　⑤実習施設が作成した実習期間中の実習指導プログラムその他の資料

　⑥訪問指導時用メモ様式（実習訪問時の「話題」＜学生への指導時の視点，実習施設の実習指導者（あるいは指導担当職員）との懇談時の視点等＞が記載されたもの）

　言うまでもなく，保育実習は学生による主体的な学びの機会であり，保育士の専門性を身につけて

いく過程に他なりません。とりわけ「訪問指導」は，実習期間中に実習施設において養成校の教員が直接指導する機会ともなります。訪問指導によって，学生と教員，実習施設の指導担当職員が実習の実施状況を中間的に把握，共有し，後半の実習がより有効な学びとなるように行われるものでなければなりません。この機会を最大限に生かすためにも，訪問指導の意義を踏まえながら，日々の実習に取り組むことが学生にも求められている姿勢だといえます。

参考文献

・全国保育士養成協議会編『保育実習指導のミニマムスタンダード Ver.2』中央法規出版，2018

ワーク（実習中）

・実習期間中，訪問教員に伝えたい「喜びや手応えを感じている内容」を明確化してみましょう。また，「戸惑いや不安の原因や内容」を明確化し，訪問教員にコメントやアドバイスを求めてみましょう。

memo

「もしも…」のときに備える

　実習中，どんなに注意をしていても予期せぬトラブルは起きてしまうものです。そんなときに慌てず対応できるように，「もしも…」のときにどうすれば良いのか事前に考え備えておくことが大切です。ここでは，「もしも…」に対応するための確認事項や心構えについて考えていきたいと思います。

1．もしも，通勤途中に事故にあったら…

　事故の場合，当事者だけで解決するのではなく，被害者であっても，加害者であっても，まずは警察へ連絡をしましょう。その後，可能な限り早く実習施設と養成校（実習指導者）へ事故にあったことを連絡し，場合によっては，実習ができないこともあるので，その旨をしっかり相談しましょう。また，学生教育研究災害障害保険など各養成校で加入している保険もあるので，通勤中の保険について事前に確認しておくことが大切です。

2．もしも，保育所内でけがをしたら…

　まずは施設の実習指導者へ相談しましょう。けがの程度に応じた処置をし，必要な場合は病院を受診しましょう。実習中のけがについては，保険によって治療費の一部が補償されるので，必ず養成校の実習指導者へ報告するようにしてください。

3．もしも，保育所の備品を壊したら…

　施設の実習指導者へ速やかに報告をしましょう。「このぐらいは大丈夫だろう」などと，決して自分で判断せずに，どんなに小さな備品でも必ず報告をしましょう。また，実習施設のご厚意により，弁償の必要がなかったとしても必ず養成校の実習指導者へ報告をするようにしてください。

4．もしも，子どもにけがをさせてしまったら…

　必ず施設の実習指導者，もしくはその場の近くにいらっしゃる保育者をはじめ職員の方へ速やかに報告をしましょう。けがの程度に応じて，担任の保育者等から園児の保護者へ説明することもあるので，可能な限り，けがをさせてしまった状況について詳細に報告することが大切です。子どもの治療費については，賠償責任保険によって補償されます。保険によって，保障内容が異なるので，養成校の実習指導者へ事前に確認しておきましょう。

　以上のことから，これらの「もしも…」に対応するためにも保険への加入が極めて重要となります。養成校によって加入している保険が異なるので，事前にどの保険に加入しているのか，どこまで補償してくれるのか，確認しておくことが大切です。保険は，まさしく「もしも…」のためのものとなります。

　実習保険の例として，全国保育士養成協議会の「全国保育士養成協議会実習総合補償制度」があります。自分がけがをした場合の傷害保険と，子どもにけがをさせたり，実習施設の備品を破損させたりした場合の賠償責任保険があります。実習中のほとんどの事故が補償となりますが，一部対象外となる場合もあるので，保険による補償内容の確認をしておきましょう。

5. もしも，具合が悪くなったら…

　普段とは違う環境の中で実習をしていると，十分に体調管理に気をつけていても具合が悪くなってしまうこともあるでしょう。例えば，朝起きていつもより熱が高かった場合「自分は大丈夫」と思っていても，子どもにうつしてしまう可能性もあります。感染症の疑いもあるので，必ず施設の実習指導者へ相談をしましょう。病院での受診後，診断結果を実習施設や養成校へ必ず報告をしましょう。また，冬期に実習に行く場合は，インフルエンザなどの各種予防接種を受けておくことが必要となる場合があります。

6. もしも，実習施設の保護者から何か頼まれたら…

　保育者の役割として，子どもとの関わりだけでなく，保護者との関わりがあります。保育者にとって，送迎時の保護者との関わりは，短い時間ではありますが，信頼関係を築く上で，とても貴重なものとなっています。送迎時において，実習生にも保護者から「○○先生に渡しておいてください」など何か頼まれたり，「○○の提出は明日までですか」など聞かれたりすることがあるかもしれません。その際には，自分がわかることでも簡単に引き受けずに，施設の実習指導者に対応してもらいましょう。実習では，保護者との関わりについて学ぶ機会も限られていますので，そうした場合のやり取りについても積極的に学ばせていただきましょう。

7. もしも，住所を聞かれたら…

　実習中に子どもへ親しみを持って関わり，子どもたちと良い関係を築くことはとても大切です。そのような中で「先生，お手紙書きたいから住所教えて」と子どもからお願いされることがあるかもしれません。感謝した保護者から同様のことを聞かれることもあります。このような気持ちはとても嬉しいですが，実習生という立場で，特定の子どもや保護者と実習施設以外で関わることはあまり望ましくありません。まずは施設の実習指導者へ相談をしましょう。子どもや保護者からの感謝の気持ちはありがたいので，手紙等のやり取りをする場合は，必ず実習施設や養成校に間に入ってもらうようにしましょう。またSNSによる連絡先の交換も同様です。連絡先を教えてほしいと言われた場合も，決して軽率な判断をせずに必ず実習施設または養成校へ相談をしましょう。

　実習中には，上記以外にもさまざまな「もしも…」があるかもしれません。共通して言えることとして，いかなる場合でも，自分勝手に判断しないことが大切です。必ず施設の実習指導者や，養成校へ「報告・連絡・相談」を徹底するようにしましょう。もちろん実習中に「もしも…」のことが起きないことが一番です。「備えあれば憂いなし」という言葉があります。普段から「もしも…」のことが起きないような行動を意識したり，実習時以外でも「報告・連絡・相談」を心がけておくことが大切です。

ワーク
・実習中に起こり得るトラブルについて，友だちと出し合い，その予防策と対応について考えてみましょう。

1. 文書作成上の基本的な注意点・間違えやすい表現

　まずは一般的な文書の作成において必要とされる，基本的な注意点を確認しましょう。また，一般によく見られる誤った表現についても見ていきましょう。

1) 丁寧な文字で書く

　美しい文字は書けなくとも，丁寧な文字は時間をかければ必ず書けます。実習指導者に「見ていただく」「評価していただく」ことを意識し，労力を惜しまず最善を尽くしましょう。

2) 漢字を使用する

　ひらがなばかりを使用せず，平易な漢字は積極的に使用しましょう。そのためにも辞書を活用しましょう。

3) 誤字・脱字・送り仮名の誤りに注意する

　誤字や脱字のないよう，調べて書きましょう。よく見られる誤字として「以外に感じた」（▶正しくは「意外に感じた」），「朝速く（▶正しくは「朝早く」），などがあります。また，「一人づつ」（▶正しくは「一人ずつ」），「○○とゆうこと」（▶正しくは「○○ということ」）などのひらがなの誤字にも注意が必要です。さらに，「接っする」（▶正しくは「接する」），「決っして」（▶正しくは「決して」），「子どもの話しを聞く」（▶正しくは「子どもの話を聞く」），「話ているときの表情」（▶正しくは「話しているときの表情」）（名詞の「話」には送り仮名の「し」は必要なく，動詞の「話す」の連用形「話し」の場合は送り仮名の「し」が必要）などの送り仮名の誤りにも注意しましょう。

4) 文法的誤りに注意する

　よく見られる文法的誤りに，「たり」の誤用があります。例えば「子どもと鬼ごっこをしたりかくれんぼをする」といったものです。正しくは「子どもと鬼ごっこをしたり，かくれんぼをしたりする」というように，「たり」を繰り返すのが正しい用法とされています。他にも「全然簡単だった」（▶正しくは「全然難しくなかった」）のように，「全然」に肯定表現を連ねる誤用もよく目にします。現代の日本語においては「全然」の後に否定表現を用いることが正しい用法とされています。

　また，「主述のねじれ」と呼ばれる誤用にも注意しましょう。例えば「私の夢は，幼稚園か保育所に就職して，子どもといっぱい楽しい思い出を作りたいです」という文の場合，正しくは「私の夢は，幼稚園か保育所に就職し，子どもとたくさんの楽しい思い出を作ることです」あるいは「私は，幼稚園か保育所に就職して，子どもといっぱい楽しい思い出を作りたいです」としなくてはなりません。文を書き連ねていくうちに主語が何であったかを忘れてしまうことで起こる誤りです。

5) 話し言葉・若者言葉・方言を使用しない

　例えば「○○してる」（▶正しくは「○○している」），「○○なんだなあと思った」（▶正しくは「○○なのだと思った」）などの話し言葉は用いません。また，「かぶる」（▶正しくは「重なる」「重複する」），「違くて」（▶正しくは「違い」「異なり」）などの若者言葉や方言も不適切です。

2．使い方に注意の必要な表現

　次に，日誌・指導案の作成において間違えやすい文言や，使い方に注意の必要な表現について確認しましょう。

1）曖昧な表現でなく具体的かつ詳細な表現を心がける

　6W1H（「When（いつ）」「Where（どこで）」「Who（誰が）」「Whom（誰に）」「What（何を）」「Why（なぜ）」したのか）を意識し，具体的かつ詳細な表現を心がけましょう。また，「しっかり」（例：「話をしっかり聞く」▶「先生の目を見ながら話を聞く」などとする。），「きちんと」（例：「きちんとした姿勢」▶「背筋を伸ばした姿勢」などとする。），「ちゃんと」（例：「ボタンをちゃんと留める」▶「ボタンを正しく留める」などとする。），「よく」（「よく噛んで食べる」▶「何度も噛んで食べる」などとする。），「気をつけて○○する」（例：「気をつけて横断歩道を渡る」▶「左右を確認した上で注意しながら横断歩道を渡る」などとする。）などの表現も曖昧で具体性に欠けるため，日誌や指導案の記述，さらには子どもへの言葉かけにも適しません。

2）直接話法でなく間接話法を用いる

　直接話法とは，鉤括弧を用いて発言内容をそのまま示す表現様式であり，間接話法とは，鉤括弧は用いず，発言内容を整理して示す表現様式です。例えば給食の際の指導について日誌に記す際，「保育士の援助・配慮」として，次の2通りの記述が考えられます。

　　・「よく噛んで食べましょう」と伝える
　　・よく噛んで食べるよう伝える

　前者は直接話法によるものであり，後者が間接話法によるものです。実習施設の方針にもよりますが，基本的には間接話法で表現しましょう。

3）否定的表現は避け，肯定的表現を心がける

　例えば「落ち着きがなく騒いでいる子どもがいる」「保育者が手伝わないと一人では着替えられない子どもには手を貸し，援助する」などといった記述は，子どもに対して過度に批評的であり，望ましくありません。子どもの一人ひとりの人格を尊重した表現となるよう，注意しましょう。また，子どもに対する言葉かけにおいても，例えば「たくさん食べないと大きくなれないよ」などといった否定的な表現よりも「たくさん食べて大きくなろうね」などの肯定的表現の方が適切です。

4）保育者主体ではなく子ども主体の表現を心がける

　保育とは，保育者が子どもに活動を「させる」ものではなく，子ども自らが主体的に活動「する」ものであり，保育者は，その活動がより充実するよう，環境を構成し，必要に応じて的確に援助・配慮を行います。日誌・指導案の記述に際しては，このことを重々意識し，表現に注意しなくてはなりません。例えば「子どもを静かにさせる」「子どもが言うことを聞いてくれない」などといった表現は望ましくありません。「先生の目を見ながら集中して話を聞くよう伝える」「個別に声をかけ，取るべき行動に気づけるよう援助する」など，子ども主体の表現を心がけましょう。

参考文献

・長島和代編『これだけは知っておきたい　わかる・書ける・使える　保育の基本用語』わかば社，2013
・横井一之，吉弘淳一編『子どもと保護者への効果的な「声かけ・応答」』金芳堂，2008

主な関連授業

・保育実習指導Ⅰ，保育実習指導Ⅱ又はⅢ

ワーク

・日頃の自身の言葉遣いを振り返り，改善点を整理しましょう。

Special Lesson 6

保育ってやっぱり楽しい！！

新栄保育園　副園長

木村 健太朗

　昨年，大学で「保育実習に向けて」という講義を行いました。その際，実習指導担当の先生から「学生たちは実習に行くことをとても不安に感じ，怖がっています。ぜひ，保育の楽しさを伝えてあげてください」と言われました。本当にそんなに不安に感じているのかと半信半疑で講義をした後にアンケートを行うと，やはり多くの回答に「不安だ。心配だ」と書かれていることに驚かされました。確かにわからないことはたくさんあるだろうし，失敗したらどうしようと心配な気持ちなのでしょう。みなさんもきっとそうかもしれません。そこで少しでも実習が楽しみになるよう，私が保育で大切にしていることや保育の楽しみ方を紹介できたらと思います。

　子どもと関わるとき，まずは，「子どもをよく観察します」。すると，子どもたちはこっそりおもしろいことに気づいたり，発見したことをつぶやいたりしています。その姿を見つけたときには，いつも「やった！」と思います。また，まだあまり話すこともなく，自分から動くことの少ない赤ちゃんや，一見何もしていないように見える子どもも，よく見ていると何かに思いを馳せています。そんな時はいつも子どもの目線の先に何があるのかをよく観察するようにしています。大人から見ると，ただ風で揺れている葉っぱなのかもしれないし，ただ窓から差し込む日差しなのかもしれません。しかし，子どもたちにとっては初めて出会ったものだったり，不思議だなと興味を持って見ていたりしているものなのです。その言葉にならない思いを目にしたときは「葉っぱが揺れているね」「風が気持ちいいね」「まぶしいね」と側にいて，同じ気持ちを感じるようにしています。そうすると，自然と子どもたちと仲良くなることができます。

　子どもが興味を向けているものに気づくことができると，次に楽しみになるのが「子どもたちはどんな発見をするのだろうか，不思議に思ったことをどんな方法で確かめていくのだろうか」ということです。そのときの子どもはとても楽しそうで，時に真剣でもあります。その姿に「次は何をするのだろう？」とワクワクした気持ちで見入ってしまいます。それは私にとってとてもうれしい瞬間で，子どもたちは大人の常識や今までの経験では想像できないことをしたり，言ったりしてくれます。

　困難にぶつかったときに一緒に乗り越えていくこともあります。そのときは，どんな風に乗り越え，どんなおもしろい答えを出すのだろうと，より一層楽しくなります。そこを子どもたちと一緒に楽しみ，同じ思いでいられることに保育の楽しさがあるのではないかと思います。保育士は子どもたちと一緒に好奇心を持ち続け，探究を続けていくことが大切で，それがなくなると保

育は途端につまらないものになってしまうと思うのです。

　私が保育士として大切にしていることは，先生だからといって指示だけをして，大人の都合で保育をしないということです。子どもを未熟な存在と捉えるのではなく，一人の人として存在を認め，尊重し，きちんと対話をするようにしています。また，何かができるから存在しているわけではなく，「ありのままでいいんだよ」と常に伝えていきたいと思っています。そのように接してもらっている子どもは，自ら遊び，学ぶことができ，主体的に生きていくことができるのです。

　実際に実習に行くときには，ぜひ自分が子どもだった頃の気持ちを思い出して，子どもたちと「今日はこんなことしたいな」「明日はあんなことしたいな」とワクワクする毎日を送ってください。

　そして，こんな気持ちを持った保育士が一人でも多く子どもたちの側にいてくれる未来を願っています。

巻末資料

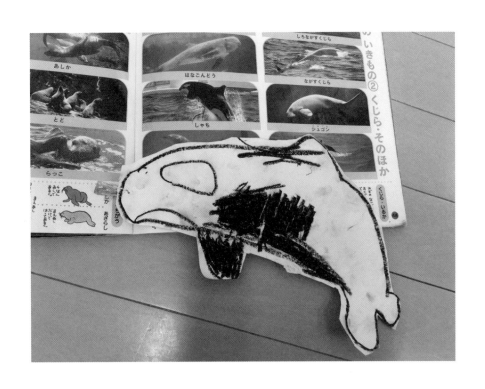

ミニマムスタンダード実習指導計画

「事前指導」の実習指導計画

	大項目	小項目
1	実習の意義・目的・内容を理解する。	保育士養成課程における「保育実習Ⅰ」の位置づけを学び，その意義・目的を理解する。
		「保育実習Ⅰ」の具体的内容を把握し，実習計画全体を理解する。
2	実習の方法を理解する。	実習の段階を学び，その具体的内容と実習の方法を理解する。
		保育士の職務を理解し，その役割について理解する。
		子ども（利用者）理解の方法を学ぶ。
3	実習の心構えについて理解する。	個人のプライバシーの保護と守秘義務の主旨を学び，理解する。
		個人情報の保護に関する法律の主旨を理解する。
		子ども（利用者）の人権尊重について学び，理解する。
		実習生としてふさわしい服装や言葉遣いについて確認する。
		社会人として必要な挨拶や時間厳守の意味を理解する。
4	実習課題を明確にする。	実習において自らの達成すべき課題を明らかにする。
5	実習記録の意義・方法を理解する。	記録を取ることの意義を考える。
		実習記録の具体的内容を確認し，その記録方法を学ぶ。
6	保育計画（保育課程），指導計画を理解する。	保育計画（保育課程）・指導計画，援助計画の意義を学び，保育の計画について理解する。
		指導・援助計画を立案するために必要な知識を習得する。
7	実習施設を理解する。	事前の保育所・施設見学，またはビデオや講演等を通じて，実習施設を理解する。
		様々な種別の児童福祉施設に関心を持つ。
		事前訪問を実施し，実習施設におけるオリエンテーションに参加する。
		事前訪問の結果・成果について確認し，報告する。
8	実習に関する事務手続きについて把握する。	履歴書（個人票）など実習に必要な書類を作成する。
		検便（腸内細菌検査）・健康診断等の手続きをする。
		実習保険に入る意義，緊急時の連絡方法を理解する。
9	実習直前の指導を受ける。	欠席や遅刻・早退の連絡方法を教わる。
		評価票の内容について把握する。
		教員の訪問指導の意義やその内容を学ぶ。
		実習指導者と訪問指導者が異なる場合，学生は訪問指導者との打ち合わせを事前に行う。

「事後指導」の実習指導計画

	大項目	小項目
1	実習内容を確認する。	実習の具体的な内容について報告する。
		課題の達成状況について報告する。
		実習中に印象に残ったできごと・体験を整理する。
		実習中のトラブルや深刻な悩みについて個別に相談し，助言を受ける。
		実習体験を報告しあい，互いの問題点を話し合う。
2	実習施設からの評価を知る。	実習施設からの評価を教員を通じて知る。
		自己評価を行い，評価の"ずれ"を検討する。
3	今後の方向性を明確化する。	保育実習Ⅱ，保育実習Ⅲへの課題を明確にする。
		今後の学習課題を明確にする。

「保育実習Ⅰ（保育所）」の実習指導計画

	大項目	小項目
1	実習施設について理解を深める。	実習する保育所の概要を理解する。
		実習する保育所の設立理念と保育の目標を理解する。
2	保育所の状況や一日の流れを理解し，参加する。	保育所の生活に主体的に参加し，一日の流れを理解する。
		保育に参加し，保育所の状況を理解する。
3	乳幼児の発達を理解する。	観察やかかわりを通して，乳幼児の遊びや生活の実態を理解する。
		積極的に遊びの仲間に加わり，かかわりを通して，乳幼児の発達を理解する。
4	保育計画・指導計画を理解する。	保育計画の意義を理解し，保育の実態を学ぶ。
		保育計画に基づく指導計画のあり方を学ぶ。
		部分実習などにおける指導計画の立案を試みる。
5	保育技術を習得する。	保育の実際を通して，保育技術を学ぶ。
		保育の一部分を実際に担当し，子どもの援助・指導を行う。
6	職員間の役割分担とチームワークについて理解する。	職員の役割分担を理解する。
		保育士のチームワークの具体的な姿について学ぶ。
7	家庭・地域社会との連携について理解する。	保育所と家庭との連絡ノートやおたより等の実際に触れ，その役割について理解する。
		登所，降所の際の保育士と保護者とのかかわりを通して，家庭とのコミュニケーションのとり方を学ぶ。
		地域における子育て支援事業の実態について理解する。
8	子どもの最善の利益を具体化する方法について学ぶ。	日常の保育士と子どもとのかかわりを通して，子どもにとってよりよい生活やかかわりのあり方を学ぶ。
		子どもの最善の利益を追求する保育所全体の取り組みについて学ぶ。
9	保育士の倫理観を具体的に学ぶ。	守秘義務が具体的にどのように遵守されているかを学ぶ。
		個人のプライバシーが，具体的にどのように保護されているかを学ぶ。

10	安全及び疾病予防への配慮について学ぶ。	保育所全体の安全に対する仕組みと個々の配慮を理解する。
		保育所全体の衛生に対する仕組みと個々の配慮を理解する。
		一人一人の子どもに対する安全の配慮を理解する。
		一人一人の子どもに対する衛生の配慮を理解する。

「保育実習II」の実習指導計画

	大項目	小項目
1	保育全般に参加し，保育技術を習得する。	デイリープログラムを把握し，保育全般に積極的に参加する。
		保育士の職務を理解し，保育技術を習得する。
2	子どもの個人差について理解し，多様な保育ニーズへの対応方法を習得する。	子どもの個人差に応じた対応の実際を学ぶ。
		子どもの発達の違いに応じた援助の方法を習得する。
		特別な配慮を要する子どもへの理解を深め，その対応について学ぶ。
		延長保育をはじめとする多様な保育サービスを体験し，その必要性を理解する。
3	指導計画を立案し，実践する。	保育の一部分を担当する指導計画を立案し，それを実践する。
		一日の保育を担当する指導計画を立案し，それを実践する。
4	家族とのコミュニケーションの方法を，具体的に習得する。	連絡ノート，おたより等による家庭との連携を学ぶ。
		日常の保護者との対応に触れ，コミュニケーションの方法を学ぶ。
5	地域社会との連携について具体的に学ぶ。	子育て支援のニーズを理解し，地域における保育所の役割について学ぶ。
		園庭開放，一時保育等の実際に触れ，その地域の保育ニーズを理解する。
		地域の社会資源（児童相談所・小学校・図書館・医療機関等）との連携について学ぶ。
6	子どもの最善の利益への配慮を学ぶ。	保育所の理念，目標等から，その意味を理解する。
		保育士の援助の方法や対応から，その姿勢を学ぶ。
		児童虐待への防止についての対応を学ぶ。
7	保育所保育士としての職業倫理を理解する。	守秘義務の遵守について，実際的に理解する。
		保育士の具体的な職業倫理について理解する。
8	自己の課題を明確にする。	保育士に必要な資質について理解する。
		実習を総括し，実習を通して得た問題や課題を確認する。
		必要な今後の学習課題を確認する。
		課題を実現していく具体的方法を考える。

◆巻末資料 2

厚生労働省雇用均等・児童家庭局長通知「指定保育士養成施設の指定及び運営の基準について」（抄）（令和元年9月4日一部改正子発0904第6号）

（別紙2）

保育実習実施基準

第1 保育実習の目的

　保育実習は，その習得した教科全体の知識，技能を基礎とし，これらを総合的に実践する応用能力を養うため，児童に対する理解を通じて保育の理論と実践の関係について習熟させることを目的とする。

第2 履修の方法

1 保育実習は，次の表の第3欄に掲げる施設につき，同表第2欄に掲げる履修方法により行うものとする。

実習種別（第1欄）	履修方法（第2欄）		実習施設（第3欄）
	単位数	施設におけるおおむねの実習日数	
保育実習Ⅰ（必修科目） 保育実習Ⅱ（選択必修科目） 保育実習Ⅲ（選択必修科目）	4単位	20日	(A)
	2	10日	(B)
	2	10日	(C)

備考1　第3欄に掲げる実習施設の種別は，次によるものであること。

(A)…保育所，幼保連携型認定こども園又は児童福祉法第6条の3第10項の小規模保育事業（ただし，「家庭的保育事業等の設備及び運営に関する基準」（平成26年厚生労働省令第61号）第3章第2節に規定する小規模保育事業A型及び同基準同章第3節に規定する小規模保育B型に限る）若しくは同条第12項の事業所内保育事業であって同法第34条の15第1項の事業及び同法同条第2項の認可を受けたもの（以下「小規模保育A・B型及び事業所内保育事業」という。）及び乳児院，母子生活支援施設，障害児入所施設，児童発達支援センター，障害者支援施設，指定障害福祉サービス事業所（生活介護，自立訓練，就労移行支援又は就労継続支援を行うものに限る），児童養護施設，児童心理治療施設，児童自立支援施設，児童相談所一時保護施設又は独立行政法人国立重度知的障害者総合施設のぞみの園

(B)…保育所又は幼保連携型認定こども園或いは小規模保育A・B型及び事業所内保育事業

(C)…児童厚生施設又は児童発達支援センターその他社会福祉関係諸法令の規定に基づき設置されている施設であって保育実習を行う施設として適当と認められるもの（保育所及び幼保連携型認定こども園並びに小規模保育A・B型及び事業所内保育事業は除く。）

備考2　保育実習（必修科目）4単位の履修方法は，保育所又は幼保連携型認定こども園或いは小規模保育A・B型及び事業所内保育事業における実習2単位及び（A）に掲げる保育所又は幼保連携型認定こども園或いは小規模保育A・B型及び事業所内保育事業以外の施設における実習2単位とする。

備考3　児童福祉法（昭和22年法律第164号。以下「法」という。）第6条の3第9項に規定する家庭的保育事業又は，「家庭的保育事業等の設備及び運営に関する基準」（平成26年厚生労働省令第61号）第3章第4節に規定する小規模保育事業C型において，家庭的保育者又は補助者として，20日以上従事している又は過去に従事していたことのある場合にあっては，当該事業に従事している又は過去に従事していたことをもって，保育実習Ⅰ（必修科目）のうち保育所又は幼保連携型認定こども園或いは小規模保

育Ａ・Ｂ型及び事業所内保育事業における実習２単位，保育実習Ⅱ
（選択必修科目）及び保育実習指導Ⅱ（選択必修科目）を履修した
ものとすることができる。

2 保育実習を行う児童福祉施設等及びその配当単位数は，指定
保育士養成施設の所長が定めるものとする。

3 保育実習を行う時期は，原則として，修業年限が２年の指定
保育士養成施設については第２学年の期間内とし，修業年限が３
年以上の指定保育士養成施設については第３学年以降の期間内と
する。

4 実習施設に１回に派遣する実習生の数は，その実習施設の規
模，人的組織等の指導能力を考慮して定めるものとし，多人数にわ
たらないように特に留意するものとする。

5 指定保育士養成施設の所長は，毎学年度の始めに実習施設そ
の他の関係者と協議を行い，その学年度の保育実習計画を策定する
ものとし，この計画において，全体の方針，実習の段階，内容，施
設別の期間，時間数，学生の数，実習前後の学習に対する指導方
法，実習の記録，評価の方法等を明らかにし，指定保育士養成施設
と実習施設との間で共有すること。

第３ 実習施設の選定等
1 指定保育士養成施設の所長は，実習施設の選定に当たっては，
実習の効果が指導者の能力に負うところが大きいことから，特に施
設長，保育士，その他の職員の人的組織を通じて保育についての指
導能力が充実している施設のうちから選定するように努めるものと
する。

特に，保育所の選定に当たっては，乳児保育，障害児保育及び
時保育等の多様な保育サービスを実施しているところで総合的な実
習を行うことが望ましいことから，この点に留意すること。

また，居住型の実習施設を希望する実習生に対しては，実習施設
の選定に際して，配慮を行うこと。

2 指定保育士養成施設の所長は，児童福祉施設以外の施設を実
習施設として選定する場合に当たっては，保育士が実習生の指導を
行う施設を選定するものとする。なお，その施設の設備に比較的余
裕があること，実習生の交通条件等についても配慮するものとす
る。

3 指定保育士養成施設の所長は，教員のうちから実習指導者を
定め，実習に関する全般的な事項を担当させ，当該実習指導者は，
他の教員と連携して実習指導を一体的に行うこと。また，実習施設
においては，主任保育士又はこれに準ずる者を実習指導者と定める
こと。

4 保育実習の実施に当たっては，保育実習の目的を達成するた
め，指定保育士養成施設の主たる実習指導者のみに対応を委ねるこ
とのないよう，指定保育士養成施設の主たる実習指導者は，他の教
員・実習施設の主たる実習指導者等とも緊密に連携し，また，実習
施設の主たる実習指導者は，当該実習施設内の他の保育士等とも緊
密に連携すること。

5 指定保育士養成施設の実習指導者は，実習期間中に少なくと
も１回以上実習施設を訪問して学生を指導すること。なお，これ
により難い場合は，それと同等の体制を確保すること。

6 指定保育士養成施設の実習指導者は，実習期間中に，学生に
指導した内容をその都度，記録すること。また，実習施設の実習指
導者に対しては，毎日，実習の記録の確認及び指導内容を記述する
よう依頼する等，実習を効果的に進められるよう配慮すること。

【保育実習】

<教科目名>
保育実習Ⅰ（実習・４単位：保育所実習２単位・施設実習２単位）

<目標>
1．保育所，児童福祉施設等の役割や機能を具体的に理解する。
2．観察や子どもとの関わりを通して子どもへの理解を深める。
3．既習の教科目の内容を踏まえ，子どもの保育及び保護者への
支援について総合的に理解する。
4．保育の計画・観察・記録及び自己評価等について具体的に理
解する。
5．保育士の業務内容や職業倫理について具体的に理解する。

<保育所実習の内容>
1．保育所の役割と機能
(1) 保育所における子どもの生活と保育士の援助や関わり
(2) 保育所保育指針に基づく保育の展開
2．子どもの理解
(1) 子どもの観察とその記録による理解
(2) 子どもの発達過程の理解
(3) 子どもへの援助や関わり
3．保育内容・保育環境
(1) 保育の計画に基づく保育内容
(2) 子どもの発達過程に応じた保育内容
(3) 子どもの生活や遊びと保育環境
(4) 子どもの健康と安全
4．保育の計画・観察・記録
(1) 全体的な計画と指導計画及び評価の理解
(2) 記録に基づく省察・自己評価
5．専門職としての保育士の役割と職業倫理
(1) 保育士の業務内容
(2) 職員間の役割分担や連携・協働
(3) 保育士の役割と職業倫理
<児童福祉施設等（保育所以外）における実習の内容>
1．施設の役割と機能
(1) 施設における子どもの生活と保育士の援助や関わり
(2) 施設の役割と機能
2．子どもの理解
(1) 子どもの観察とその記録
(2) 個々の状態に応じた援助や関わり
3．施設における子どもの生活と環境
(1) 計画に基づく活動や援助
(2) 子どもの心身の状態に応じた生活と対応
(3) 子どもの活動と環境
(4) 健康管理，安全対策の理解
4．計画と記録
(1) 支援計画の理解と活用
(2) 記録に基づく省察・自己評価
5．専門職としての保育士の役割と倫理
(1) 保育士の業務内容
(2) 職員間の役割分担や連携
(3) 保育士の役割と職業倫理

【保育実習】

<教科目名>
保育実習指導Ⅰ（演習・２単位）

<目標>
1．保育実習の意義・目的を理解する。
2．実習の内容を理解し，自らの実習の課題を明確にする。
3．実習施設における子どもの人権と最善の利益の考慮，プライ
バシーの保護と守秘義務等について理解する。
4．実習の計画・実践・観察・記録・評価の方法や内容について
具体的に理解する。
5．実習の事後指導を通して，実習の総括と自己評価を行い，今
後の学習に向けた課題や目標を明確にする。

<内容>
1．保育実習の意義
(1) 実習の目的
(2) 実習の概要
2．実習の内容と課題の明確化
(1) 実習の内容
(2) 実習の課題

３．実習に際しての留意事項
(1) 子どもの人権と最善の利益の考慮
(2) プライバシーの保護と守秘義務
(3) 実習生としての心構え
４．実習の計画と記録
(1) 実習における計画と実践
(2) 実習における観察，記録及び評価
５．事後指導における実習の総括と課題の明確化
(1) 実習の総括と自己評価
(2) 課題の明確化

<教科目名>
保育実習Ⅱ（実習・2単位：保育所実習）

<目標>
１．保育所の役割や機能について，具体的な実践を通して理解を深める。
２．子どもの観察や関わりの視点を明確にすることを通して，保育の理解を深める。
３．既習の教科目や保育実習Ⅰの経験を踏まえ，子どもの保育及び子育て支援について総合的に理解する。
４．保育の計画・実践・観察・記録及び自己評価等について，実際に取り組み，理解を深める。
５．保育士の業務内容や職業倫理について，具体的な実践に結びつけて理解する。
６．実習における自己の課題を明確化する。

<内容>
１．保育所の役割や機能の具体的展開
(1) 養護と教育が一体となって行われる保育
(2) 保育所の社会的役割と責任
２．観察に基づく保育の理解
(1) 子どもの心身の状態や活動の観察
(2) 保育士等の援助や関わり
(3) 保育所の生活の流れや展開の把握
３．子どもの保育及び保護者・家庭への支援と地域社会等との連携
(1) 環境を通して行う保育，生活や遊びを通して総合的に行う保育
(2) 入所している子どもの保護者に対する子育て支援及び地域の保護者等に対する子育て支援
(3) 関係機関や地域社会との連携・協働
４．指導計画の作成・実践・観察・記録・評価
(1) 全体的な計画に基づく指導計画の作成・実践・省察・評価と保育の過程の理解
(2) 作成した指導計画に基づく保育の実践と評価
５．保育士の業務と職業倫理
(1) 多様な保育の展開と保育士の業務
(2) 多様な保育の展開と保育士の職業倫理
６．自己の課題の明確化

<教科目名>
保育実習Ⅲ（実習・2単位：保育所以外の施設実習）

<目標>
１．既習の教科目や保育実習の経験を踏まえ，児童福祉施設等（保育所以外）の役割や機能について実践を通して，理解する。
２．家庭と地域の生活実態にふれて，子ども家庭福祉，社会的養護，障害児支援に対する理解をもとに，保護者支援，家庭支援のための知識，技術，判断力を習得する。
３．保育士の業務内容や職業倫理について具体的な実践に結びつけて理解する。
４．実習における自己の課題を理解する。

<内容>
１．児童福祉施設等（保育所以外）の役割と機能
２．施設における支援の実際
(1) 受容し，共感する態度
(2) 個人差や生活環境に伴う子ども（利用者）のニーズの把握と子ども理解
(3) 個別支援計画の作成と実践

(4) 子ども（利用者）の家族への支援と対応
(5) 各施設における多様な専門職との連携・協働
(6) 地域社会との連携・協働
３．保育士の多様な業務と職業倫理
４．保育士としての自己課題の明確化

<教科目名>
保育実習指導Ⅱ又はⅢ（演習・1単位）

<目標>
１．保育実習の意義と目的を理解し，保育について総合的に理解する。
２．実習や既習の教科目の内容やその関連性を踏まえ，保育の実践力を習得する。
３．保育の観察，記録及び自己評価等を踏まえた保育の改善について，実践や事例を通して理解する。
４．保育士の専門性と職業倫理について理解する。
５．実習の事後指導を通して，実習の総括と自己評価を行い，保育に対する課題や認識を明確にする。

<内容>
１．保育実習による総合的な学び
(1) 子どもの最善の利益を考慮した保育の具体的理解
(2) 子どもの保育と保護者支援
２．保育の実践力の育成
(1) 子ども（利用者）の状態に応じた適切な関わり
(2) 保育の知識・技術を活かした保育実践
３．計画と観察，記録，自己評価
(1) 保育の全体計画に基づく具体的な計画と実践
(2) 保育の観察，記録，自己評価に基づく保育の改善
４．保育士の専門性と職業倫理
５．事後指導における実習の総括と評価
(1) 実習の総括と自己評価
(2) 課題の明確化

◆巻末資料|3|

児童福祉法（昭和22年法律第164号）（抄）
（改正：平成30年法律第66号）

第七節　保育士

第十八条の四　この法律で，保育士とは，第十八条の十八第一項の登録を受け，保育士の名称を用いて，専門的知識及び技術をもつて，児童の保育及び児童の保護者に対する保育に関する指導を行うことを業とする者をいう。

第十八条の五　次の各号のいずれかに該当する者は，保育士となることができない。

一　成年被後見人又は被保佐人

二　禁錮以上の刑に処せられ，その執行を終わり，又は執行を受けることがなくなつた日から起算して二年を経過しない者

三　この法律の規定その他児童の福祉に関する法律の規定であつて政令で定めるものにより，罰金の刑に処せられ，その執行を終わり，又は執行を受けることがなくなつた日から起算して二年を経過しない者

四　第十八条の十九第一項第二号又は第二項の規定により登録を取り消され，その取消しの日から起算して二年を経過しない者

五　国家戦略特別区域法（平成二十五年法律第百七号）第十二条の五第八項において準用する第十八条の十九第一項第二号又は第二項の規定により登録を取り消され，その取消しの日から起算して二年を経過しない者

第十八条の六　次の各号のいずれかに該当する者は，保育士となる資格を有する。

一　都道府県知事の指定する保育士を養成する学校その他の施設（以下「指定保育士養成施設」という。）を卒業した者（学校教育法に基づく専門職大学の前期課程を修了した者を含む。）

二　保育士試験に合格した者

第十八条の七　都道府県知事は，保育士の養成の適切な実施を確保するため必要があると認めるときは，その必要な限度で，指定保

育士養成施設の長に対し，教育方法，設備その他の事項に関し報告を求め，若しくは指導をし，又は当該職員に，その帳簿書類その他の物件を検査させることができる。

② 前項の規定による検査を行う場合においては，当該職員は，その身分を示す証明書を携帯し，関係者の請求があるときは，これを提示しなければならない。

③ 第一項の規定による権限は，犯罪捜査のために認められたものと解釈してはならない。

第十八条の八 保育士試験は，厚生労働大臣の定める基準により，保育士として必要な知識及び技能について行う。

② 保育士試験は，毎年一回以上，都道府県知事が行う。

③ 保育士として必要な知識及び技能を有するかどうかの判定に関する事務を行わせるため，都道府県に保育士試験委員（次項において「試験委員」という。）を置く。ただし，次条第一項の規定により指定された者に当該事務を行わせることとした場合は，この限りでない。

④ 試験委員又は試験委員であつた者は，前項に規定する事務に関して知り得た秘密を漏らしてはならない。

第十八条の九 都道府県知事は，厚生労働省令で定めるところにより，一般社団法人又は一般財団法人であつて，保育士試験の実施に関する事務（以下「試験事務」という。）を適正かつ確実に実施することができると認められるものとして当該都道府県知事が指定する者（以下「指定試験機関」という。）に，試験事務の全部又は一部を行わせることができる。

② 都道府県知事は，前項の規定により指定試験機関に試験事務の全部又は一部を行わせることとしたときは，当該試験事務の全部又は一部を行わないものとする。

③ 都道府県は，地方自治法（昭和二十二年法律第六十七号）第二百二十七条の規定に基づき保育士試験に係る手数料を徴収する場合において，第一項の規定により指定試験機関が行う保育士試験を受けようとする者に，条例で定めるところにより，当該手数料の全部又は一部を当該指定試験機関へ納めさせ，その収入とすることができる。

第十八条の十 指定試験機関の役員の選任及び解任は，都道府県知事の認可を受けなければ，その効力を生じない。

② 都道府県知事は，指定試験機関の役員が，この法律（この法律に基づく命令又は処分を含む。）若しくは第十八条の十三第一項に規定する試験事務規程に違反する行為をしたとき，又は試験事務に関し著しく不適当な行為をしたときは，当該指定試験機関に対し，当該役員の解任を命ずることができる。

第十八条の十一 指定試験機関は，試験事務を行う場合において，保育士として必要な知識及び技能を有するかどうかの判定に関する事務については，保育士試験委員（次項及び次条第一項において「試験委員」という。）に行わせなければならない。

② 前条第一項の規定は試験委員の選任及び解任について，同条第二項の規定は試験委員の解任について，それぞれ準用する。

第十八条の十二 指定試験機関の役員若しくは職員（試験委員を含む。次項において同じ。）又はこれらの職にあつた者は，試験事務に関して知り得た秘密を漏らしてはならない。

② 試験事務に従事する指定試験機関の役員又は職員は，刑法（明治四十年法律第四十五号）その他の罰則の適用については，法令により公務に従事する職員とみなす。

第十八条の十三 指定試験機関は，試験事務の開始前に，試験事務の実施に関する規程（以下「試験事務規程」という。）を定め，都道府県知事の認可を受けなければならない。これを変更しようとするときも，同様とする。

② 都道府県知事は，前項の認可をした試験事務規程が試験事務の適正かつ確実な実施上不適当となつたと認めるときは，指定試験機関に対し，これを変更すべきことを命ずることができる。

第十八条の十四 指定試験機関は，毎事業年度，事業計画及び収支予算を作成し，当該事業年度の開始前に（指定を受けた日の属する事業年度にあつては，その指定を受けた後遅滞なく），都道府県知事の認可を受けなければならない。これを変更しようとするときも，同様とする。

第十八条の十五 都道府県知事は，試験事務の適正かつ確実な実施を確保するため必要があると認めるときは，指定試験機関に対し，試験事務に関し監督上必要な命令をすることができる。

第十八条の十六 都道府県知事は，試験事務の適正かつ確実な実施を確保するため必要があると認めるときは，その必要な限度で，指定試験機関に対し，報告を求め，又は当該職員に，関係者に対し質問させ，若しくは指定試験機関の事務所に立ち入り，その帳簿書類その他の物件を検査させることができる。

② 前項の規定による質問又は立入検査を行う場合においては，当該職員は，その身分を示す証明書を携帯し，関係者の請求があるときは，これを提示しなければならない。

③ 第一項の規定による権限は，犯罪捜査のために認められたものと解釈してはならない。

第十八条の十七 指定試験機関が行う試験事務に係る処分又はその不作為について不服がある者は，都道府県知事に対し，審査請求をすることができる。この場合において，都道府県知事は，行政不服審査法（平成二十六年法律第六十八号）第二十五条第二項及び第三項，第四十六条第一項及び第二項，第四十七条並びに第四十九条第三項の規定の適用については，指定試験機関の上級行政庁とみなす。

第十八条の十八 保育士となる資格を有する者が保育士となるには，保育士登録簿に，氏名，生年月日その他厚生労働省令で定める事項の登録を受けなければならない。

② 保育士登録簿は，都道府県に備える。

③ 都道府県知事は，保育士の登録をしたときは，申請者に第一項に規定する事項を記載した保育士登録証を交付する。

第十八条の十九 都道府県知事は，保育士が次の各号のいずれかに該当する場合には，その登録を取り消さなければならない。

一 第十八条の五各号（第四号を除く。）のいずれかに該当するに至つた場合

二 虚偽又は不正の事実に基づいて登録を受けた場合

② 都道府県知事は，保育士が第十八条の二十一又は第十八条の二十二の規定に違反したときは，その登録を取り消し，又は期間を定めて保育士の名称の使用の停止を命ずることができる。

第十八条の二十 都道府県知事は，保育士の登録がその効力を失つたときは，その登録を消除しなければならない。

第十八条の二十一 保育士は，保育士の信用を傷つけるような行為をしてはならない。

第十八条の二十二 保育士は，正当な理由がなく，その業務に関して知り得た人の秘密を漏らしてはならない。保育士でなくなつた後においても，同様とする。

第十八条の二十三 保育士でない者は，保育士又はこれに紛らわしい名称を使用してはならない。

第十八条の二十四 この法律に定めるもののほか，指定保育士養成施設，保育士試験，指定試験機関，保育士の登録その他保育士に関し必要な事項は，政令でこれを定める。

◆◆ 巻末資料 4

保育所保育指針（平成 29 年 3 月 31 日厚生労働省告示第 117 号）（平成 30 年 4 月 1 日から施行）

第 1 章 総則

この指針は，児童福祉施設の設備及び運営に関する基準（昭和23 年厚生省令第 63 号。以下「設備運営基準」という。）第 35 条の規定に基づき，保育所における保育の内容に関する事項及びこれに関連する運営に関する事項を定めるものである。各保育所は，この指針において規定される保育の内容に係る基本原則に関する事項等を踏まえ，各保育所の実情に応じて創意工夫を図り，保育所の機能及び質の向上に努めなければならない。

1 保育所保育に関する基本原則

(1) 保育所の役割

ア 保育所は，児童福祉法（昭和 22 年法律第 164 号）第 39 条の規定に基づき，保育を必要とする子どもの保育を行い，その健全な心身の発達を図ることを目的とする児童福祉施設であり，入所

する子どもの最善の利益を考慮し，その福祉を積極的に増進することに最もふさわしい生活の場でなければならない。

イ　保育所は，その目的を達成するために，保育に関する専門性を有する職員が，家庭との緊密な連携の下に，子どもの状況や発達過程を踏まえ，保育所における環境を通して，養護及び教育を一体的に行うことを特性としている。

ウ　保育所は，入所する子どもを保育するとともに，家庭や地域の様々な社会資源との連携を図りながら，入所する子どもの保護者に対する支援及び地域の子育て家庭に対する支援等を行う役割を担うものである。

エ　保育所における保育士は，児童福祉法第18条の4の規定を踏まえ，保育所の役割及び機能が適切に発揮されるように，倫理観に裏付けられた専門的知識，技術及び判断をもって，子どもを保育するとともに，子どもの保護者に対する保育に関する指導を行うものであり，その職責を遂行するための専門性の向上に絶えず努めなければならない。

(2) 保育の目標

ア　保育所は，子どもが生涯にわたる人間形成にとって極めて重要な時期に，その生活時間の大半を過ごす場である。このため，保育所の保育は，子どもが現在を最も良く生き，望ましい未来をつくり出す力の基礎を培うために，次の目標を目指して行わなければならない。

(ア) 十分に養護の行き届いた環境の下に，くつろいだ雰囲気の中で子どもの様々な欲求を満たし，生命の保持及び情緒の安定を図ること。

(イ) 健康，安全など生活に必要な基本的な習慣や態度を養い，心身の健康の基礎を培うこと。

(ウ) 人との関わりの中で，人に対する愛情と信頼感，そして人権を大切にする心を育てるとともに，自主，自立及び協調の態度を養い，道徳性の芽生えを培うこと。

(エ) 生命，自然及び社会の事象についての興味や関心を育て，それらに対する豊かな心情や思考力の芽生えを培うこと。

(オ) 生活の中で，言葉への興味や関心を育て，話したり，聞いたり，相手の話を理解しようとするなど，言葉の豊かさを養うこと。

(カ) 様々な体験を通して，豊かな感性や表現力を育み，創造性の芽生えを培うこと。

イ　保育所は，入所する子どもの保護者に対し，その意向を受け止め，子どもと保護者の安定した関係に配慮し，保育所の特性や保育士等の専門性を生かして，その援助に当たらなければならない。

(3) 保育の方法

保育の目標を達成するために，保育士等は，次の事項に留意して保育しなければならない。

ア　一人一人の子どもの状況や家庭及び地域社会での生活の実態を把握するとともに，子どもが安心感と信頼感をもって活動できるよう，子どもの主体としての思いや願いを受け止めること。

イ　子どもの生活のリズムを大切にし，健康，安全で情緒の安定した生活ができる環境や，自己を十分に発揮できる環境を整えること。

ウ　子どもの発達について理解し，一人一人の発達過程に応じて保育すること。その際，子どもの個人差に十分配慮すること。

エ　子ども相互の関係づくりや互いに尊重する心を大切にし，集団における活動を効果あるものにするよう援助すること。

オ　子どもが自発的・意欲的に関われるような環境を構成し，子どもの主体的な活動や子ども相互の関わりを大切にすること。特に，乳幼児期にふさわしい体験が得られるように，生活や遊びを通して総合的に保育すること。

カ　一人一人の保護者の状況やその意向を理解，受容し，それぞれの親子関係や家庭生活等に配慮しながら，様々な機会をとらえ，適切に援助すること。

(4) 保育の環境

保育の環境には，保育士等や子どもなどの人的環境，施設や遊具などの物的環境，更には自然や社会の事象などがある。保育所は，

こうした人，物，場などの環境が相互に関連し合い，子どもの生活が豊かなものとなるよう，次の事項に留意しつつ，計画的に環境を構成し，工夫して保育しなければならない。

ア　子ども自らが環境に関わり，自発的に活動し，様々な経験を積んでいくことができるよう配慮すること。

イ　子どもの活動が豊かに展開されるよう，保育所の設備や環境を整え，保育所の保健的環境や安全の確保などに努めること。

ウ　保育室は，温かな親しみとくつろぎの場となるとともに，生き生きと活動できる場となるように配慮すること。

エ　子どもが人と関わる力を育てていくため，子ども自らが周囲の子どもや大人と関わっていくことができる環境を整えること。

(5) 保育所の社会的責任

ア　保育所は，子どもの人権に十分配慮するとともに，子ども一人一人の人格を尊重して保育を行わなければならない。

イ　保育所は，地域社会との交流や連携を図り，保護者や地域社会に，当該保育所が行う保育の内容を適切に説明するよう努めなければならない。

ウ　保育所は，入所する子ども等の個人情報を適切に取り扱うとともに，保護者の苦情などに対し，その解決を図るよう努めなければならない。

2　養護に関する基本的事項

(1) 養護の理念

保育における養護とは，子どもの生命の保持及び情緒の安定を図るために保育士等が行う援助や関わりであり，保育所における保育は，養護及び教育を一体的に行うことをその特性とするものである。保育所における保育全体を通じて，養護に関するねらい及び内容を踏まえた保育が展開されなければならない。

(2) 養護に関わるねらい及び内容

ア　生命の保持

(ア) ねらい

①一人一人の子どもが，快適に生活できるようにする。

②一人一人の子どもが，健康で安全に過ごせるようにする。

③一人一人の子どもの生理的欲求が，十分に満たされるようにする。

④一人一人の子どもの健康増進が，積極的に図られるようにする。

(イ) 内容

①一人一人の子どもの平常の健康状態や発育及び発達状態を的確に把握し，異常を感じる場合は，速やかに適切に対応する。

②家庭との連携を密にし，嘱託医等との連携を図りながら，子どもの疾病や事故防止に関する認識を深め，保健的で安全な保育環境の維持及び向上に努める。

③清潔で安全な環境を整え，適切な援助や応答的な関わりを通して子どもの生理的欲求を満たしていく。また，家庭と協力しながら，子どもの発達過程等に応じた適切な生活のリズムがつくられていくようにする。

④子どもの発達過程等に応じて，適度な運動と休息を取ることができるようにする。また，食事，排泄，衣類の着脱，身の回りを清潔にすることなどについて，子どもが意欲的に生活できるよう適切に援助する。

イ　情緒の安定

(ア) ねらい

①一人一人の子どもが，安定感をもって過ごせるようにする。

②一人一人の子どもが，自分の気持ちを安心して表すことができるようにする。

③一人一人の子どもが，周囲から主体として受け止められ，主体として育ち，自分を肯定する気持ちが育まれていくようにする。

④一人一人の子どもがくつろいで共に過ごし，心身の疲れが癒されるようにする。

(イ) 内容

①一人一人の子どもの置かれている状態や発達過程などを的確に把握し，子どもの欲求を適切に満たしながら，応答的な触れ合いや言葉がけを行う。

②一人一人の子どもの気持ちを受容し，共感しながら，子どもとの継続的な信頼関係を築いていく。

③保育士等との信頼関係を基盤に，一人一人の子どもが主体的に活動し，自発性や探索意欲などを高めるとともに，自分への自信をもつことができるよう成長の過程を見守り，適切に働きかける。

④一人一人の子どもの生活のリズム，発達過程，保育時間などに応じて，活動内容のバランスや調和を図りながら，適切な食事や休息が取れるようにする。

3 保育の計画及び評価

(1) 全体的な計画の作成

ア 保育所は，1の(2)に示した保育の目標を達成するために，各保育所の保育の方針や目標に基づき，子どもの発達過程を踏まえて，保育の内容が組織的・計画的に構成され，保育所の生活の全体を通して，総合的に展開されるよう，全体的な計画を作成しなければならない。

イ 全体的な計画は，子どもや家庭の状況，地域の実態，保育時間などを考慮し，子どもの育ちに関する長期的見通しをもって適切に作成されなければならない。

ウ 全体的な計画は，保育所保育の全体像を包括的に示すものとし，これに基づく指導計画，保健計画，食育計画等を通じて，各保育所が創意工夫して保育できるよう，作成されなければならない。

(2) 指導計画の作成

ア 保育所は，全体的な計画に基づき，具体的な保育が適切に展開されるよう，子どもの生活や発達を見通した長期的な指導計画と，それに関連しながら，より具体的な子どもの日々の生活に即した短期的な指導計画を作成しなければならない。

イ 指導計画の作成に当たっては，第2章及びその他の関連する章に示された事項のほか，子ども一人一人の発達過程や状況を十分に踏まえるとともに，次の事項に留意しなければならない。

(ア) 3歳未満児については，一人一人の子どもの生育歴，心身の発達，活動の実態等に即して，個別的な計画を作成すること。

(イ) 3歳以上児については，個の成長と，子ども相互の関係や協同的な活動が促されるよう配慮すること。

(ウ) 異年齢で構成される組やグループでの保育においては，一人一人の子どもの生活や経験，発達過程などを把握し，適切な援助や環境構成ができるよう配慮すること。

ウ 指導計画においては，保育所の生活における子どもの発達過程を見通し，生活の連続性，季節の変化などを考慮し，子どもの実態に即した具体的なねらい及び内容を設定すること。また，具体的なねらいが達成されるよう，子どもの生活する姿や発想を大切にして適切な環境を構成し，子どもが主体的に活動できるようにすること。

エ 一日の生活のリズムや在園時間が異なる子どもが共に過ごすことを踏まえ，活動と休息，緊張感と解放感等の調和を図るよう配慮すること。

オ 午睡は生活のリズムを構成する重要な要素であり，安心して眠ることのできる安全な睡眠環境を確保するとともに，在園時間が異なることや，睡眠時間は子どもの発達の状況や個人によって差があることから，一律とならないよう配慮すること。

カ 長時間にわたる保育については，子どもの発達過程，生活のリズム及び心身の状態に十分配慮して，保育の内容や方法，職員の協力体制，家庭との連携などを指導計画に位置付けること。

キ 障害のある子どもの保育については，一人一人の子どもの発達過程や障害の状態を把握し，適切な環境の下で，障害のある子どもが他の子どもとの生活を通して共に成長できるよう，指導計画の中に位置付けること。また，子どもの状況に応じた保育を実施する観点から，家庭や関係機関と連携した支援のための計画を個別に作成するなど適切な対応を図ること。

(3) 指導計画の展開

指導計画に基づく保育の実施に当たっては，次の事項に留意しなければならない。

ア 施設長，保育士など，全職員による適切な役割分担と協力体制を整えること。

イ 子どもが行う具体的な活動は，生活の中で様々に変化することに留意して，子どもが望ましい方向に向かって自ら活動を展開で

きるよう必要な援助を行うこと。

ウ 子どもの主体的な活動を促すためには，保育士等が多様な関わりをもつことが重要であることを踏まえ，子どもの情緒の安定や発達に必要な豊かな体験が得られるよう援助すること。

エ 保育士等は，子どもの実態や子どもを取り巻く状況の変化などに即して保育の過程を記録するとともに，これらを踏まえ，指導計画に基づく保育の内容の見直しを行い，改善を図ること。

(4) 保育内容等の評価

ア 保育士等の自己評価

(ア) 保育士等は，保育の計画や保育の記録を通して，自らの保育実践を振り返り，自己評価することを通して，その専門性の向上や保育実践の改善に努めなければならない。

(イ) 保育士等による自己評価に当たっては，子どもの活動内容やその結果だけでなく，子どもの心の育ちや意欲，取り組む過程などにも十分配慮するよう留意すること。

(ウ) 保育士等は，自己評価における自らの保育実践の振り返りや職員相互の話し合い等を通じて，専門性の向上及び保育の質の向上のための課題を明確にするとともに，保育所全体の保育の内容に関する認識を深めること。

イ 保育所の自己評価

(ア) 保育所は，保育の質の向上を図るため，保育の計画の展開や保育士等の自己評価を踏まえ，当該保育所の保育の内容等について，自ら評価を行い，その結果を公表するよう努めなければならない。

(イ) 保育所が自己評価を行うに当たっては，地域の実情や保育所の実態に即して，適切に評価の観点や項目等を設定し，全職員による共通理解をもって取り組むよう留意すること。

(ウ) 設備運営基準第36条の趣旨を踏まえ，保育の内容等の評価に関し，保護者及び地域住民等の意見を聴くことが望ましいこと。

(5) 評価を踏まえた計画の改善

ア 保育所は，評価の結果を踏まえ，当該保育所の保育の内容等の改善を図ること。

イ 保育の計画に基づく保育，保育の内容の評価及びこれに基づく改善という一連の取組により，保育の質の向上が図られるよう，全職員が共通理解をもって取り組むことに留意すること。

4 幼児教育を行う施設として共有すべき事項

(1) 育みたい資質・能力

ア 保育所においては，生涯にわたる生きる力の基礎を培うため，1の(2)に示す保育の目標を踏まえ，次に掲げる資質・能力を一体的に育むよう努めるものとする。

(ア) 豊かな体験を通じて，感じたり，気付いたり，分かったり，できるようになったりする「知識及び技能の基礎」

(イ) 気付いたことや，できるようになったことなどを使い，考えたり，試したり，工夫したり，表現したりする「思考力，判断力，表現力等の基礎」

(ウ) 心情，意欲，態度が育つ中で，よりよい生活を営もうとする「学びに向かう力，人間性等」

イ アに示す資質・能力は，第2章に示すねらい及び内容に基づく保育活動全体によって育むものである。

(2) 幼児期の終わりまでに育ってほしい姿

次に示す「幼児期の終わりまでに育ってほしい姿」は，第2章に示すねらい及び内容に基づく保育活動全体を通して資質・能力が育まれている子どもの小学校就学時の具体的な姿であり，保育士等が指導を行う際に考慮するものである。

ア 健康な心と体

保育所の生活の中で，充実感をもって自分のやりたいことに向かって心と体を十分に働かせ，見通しをもって行動し，自ら健康で安全な生活をつくり出すようになる。

イ 自立心

身近な環境に主体的に関わり様々な活動を楽しむ中で，しなければならないことを自覚し，自分の力で行うために考えたり，工夫したりしながら，諦めずにやり遂げることで達成感を味わい，自信をもって行動するようになる。

ウ　協同性

　友達と関わる中で，互いの思いや考えなどを共有し，共通の目的の実現に向けて，考えたり，工夫したり，協力したりし，充実感をもってやり遂げるようになる。

エ　道徳性・規範意識の芽生え

　友達と様々な体験を重ねる中で，してよいことや悪いことが分かり，自分の行動を振り返ったり，友達の気持ちに共感したりし，相手の立場に立って行動するようになる。また，きまりを守る必要性が分かり，自分の気持ちを調整し，友達と折り合いを付けながら，きまりをつくったり，守ったりするようになる。

オ　社会生活との関わり

　家族を大切にしようとする気持ちをもつとともに，地域の身近な人と触れ合う中で，人との様々な関わり方に気付き，相手の気持ちを考えて関わり，自分が役に立つ喜びを感じ，地域に親しみをもつようになる。また，保育所内外の様々な環境に関わる中で，遊びや生活に必要な情報を取り入れ，情報に基づき判断したり，情報を伝え合ったり，活用したりするなど，情報を役立てながら活動するようになるとともに，公共の施設を大切に利用するなどして，社会とのつながりなどを意識するようになる。

カ　思考力の芽生え

　身近な事象に積極的に関わる中で，物の性質や仕組みなどを感じ取ったり，気付いたりし，考えたり，予想したり，工夫したりするなど，多様な関わりを楽しむようになる。また，友達の様々な考えに触れる中で，自分と異なる考えがあることに気付き，自ら判断したり，考え直したりするなど，新しい考えを生み出す喜びを味わいながら，自分の考えをよりよいものにするようになる。

キ　自然との関わり・生命尊重

　自然に触れて感動する体験を通して，自然の変化などを感じ取り，好奇心や探究心をもって考え言葉などで表現しながら，身近な事象への関心が高まるとともに，自然への愛情や畏敬の念をもつようになる。また，身近な動植物に心を動かされる中で，生命の不思議さや尊さに気付き，身近な動植物への接し方を考え，命あるものとしていたわり，大切にする気持ちをもって関わるようになる。

ク　数量や図形，標識や文字などへの関心・感覚

　遊びや生活の中で，数量や図形，標識や文字などに親しむ体験を重ねたり，標識や文字の役割に気付いたりし，自らの必要感に基づきこれらを活用し，興味や関心，感覚をもつようになる。

ケ　言葉による伝え合い

　保育士等や友達と心を通わせる中で，絵本や物語などに親しみながら，豊かな言葉や表現を身に付け，経験したことや考えたことなどを言葉で伝えたり，相手の話を注意して聞いたりし，言葉による伝え合いを楽しむようになる。

コ　豊かな感性と表現

　心を動かす出来事などに触れ感性を働かせる中で，様々な素材の特徴や表現の仕方などに気付き，感じたことや考えたことを自分で表現したり，友達同士で表現する過程を楽しんだりし，表現する喜びを味わい，意欲をもつようになる。

第2章　保育の内容

　この章に示す「ねらい」は，第1章の1の（2）に示された保育の目標をより具体化したものであり，子どもが保育所において，安定した生活を送り，充実した活動ができるように，保育を通じて育みたい資質・能力を，子どもの生活する姿から捉えたものである。また，「内容」は，「ねらい」を達成するために，子どもの生活やその状況に応じて保育士等が適切に行う事項と，保育士等が援助して子どもが環境に関わって経験する事項を示したものである。

　保育における「養護」とは，子どもの生命の保持及び情緒の安定を図るために保育士等が行う援助や関わりであり，「教育」とは，子どもが健やかに成長し，その活動がより豊かに展開されるための発達の援助である。本章では，保育士等が，「ねらい」及び「内容」を具体的に把握するため，主に教育に関わる側面からの視点を示しているが，実際の保育においては，養護と教育が一体となって展開されることに留意する必要がある。

1　乳児保育に関わるねらい及び内容

（1）基本的事項

ア　乳児期の発達については，視覚，聴覚などの感覚や，座る，はう，歩くなどの運動機能が著しく発達し，特定の大人との応答的な関わりを通じて，情緒的な絆が形成されるといった特徴がある。これらの発達の特徴を踏まえて，乳児保育は，愛情豊かに，応答的に行われることが特に必要である。

イ　本項においては，この時期の発達の特徴を踏まえ，乳児保育の「ねらい」及び「内容」については，身体的発達に関する視点「健やかに伸び伸びと育つ」，社会的発達に関する視点「身近な人と気持ちが通じ合う」及び精神的発達に関する視点「身近なものと関わり感性が育つ」としてまとめ，示している。

ウ　本項の各視点において示す保育の内容は，第1章の2に示された養護における「生命の保持」及び「情緒の安定」に関わる保育の内容と，一体となって展開されるものであることに留意が必要である。

（2）ねらい及び内容

ア　健やかに伸び伸びと育つ

　健康な心と体を育て，自ら健康で安全な生活をつくり出す力の基盤を培う。

（ア）ねらい

①身体感覚が育ち，快適な環境に心地よさを感じる。

②伸び伸びと体を動かし，はう，歩くなどの運動をしようとする。

③食事，睡眠等の生活のリズムの感覚が芽生える。

（イ）内容

①保育士等の愛情豊かな受容の下で，生理的・心理的欲求を満たし，心地よく生活をする。

②一人一人の発育に応じて，はう，立つ，歩くなど，十分に体を動かす。

③個人差に応じて授乳を行い，離乳を進めていく中で，様々な食品に少しずつ慣れ，食べることを楽しむ。

④一人一人の生活のリズムに応じて，安全な環境の下で十分に午睡をする。

⑤おむつ交換や衣服の着脱などを通じて，清潔になることの心地よさを感じる。

（ウ）内容の取扱い

　上記の取扱いに当たっては，次の事項に留意する必要がある。

①心と体の健康は，相互に密接な関連があるものであることを踏まえ，温かい触れ合いの中で，心と体の発達を促すこと。特に，寝返り，お座り，はいはい，つかまり立ち，伝い歩きなど，発育に応じて，遊びの中で体を動かす機会を十分に確保し，自ら体を動かそうとする意欲が育つようにすること。

②健康な心と体を育てるためには望ましい食習慣の形成が重要であることを踏まえ，離乳食が完了期へと徐々に移行する中で，様々な食品に慣れるようにするとともに，和やかな雰囲気の中で食べる喜びや楽しさを味わい，進んで食べようとする気持ちが育つようにすること。なお，食物アレルギーのある子どもへの対応については，嘱託医等の指示や協力の下に適切に対応すること。

イ　身近な人と気持ちが通じ合う

　受容的・応答的な関わりの下で，何かを伝えようとする意欲や身近な大人との信頼関係を育て，人と関わる力の基盤を培う。

（ア）ねらい

①安心できる関係の下で，身近な人と共に過ごす喜びを感じる。

②体の動きや表情，発声等により，保育士等と気持ちを通わせようとする。

③身近な人と親しみ，関わりを深め，愛情や信頼感が芽生える。

（イ）内容

①子どもからの働きかけを踏まえた，応答的な触れ合いや言葉がけによって，欲求が満たされ，安定感をもって過ごす。

②体の動きや表情，発声，喃語等を優しく受け止めてもらい，保育士等とのやり取りを楽しむ。

③生活や遊びの中で，自分の身近な人の存在に気付き，親しみの気持ちを表す。

④保育士等による語りかけや歌いかけ，発声や喃語等への応答を通じて，言葉の理解や発語の意欲が育つ。

⑤温かく，受容的な関わりを通じて，自分を肯定する気持ちが芽生える。

（ウ）内容の取扱い

上記の取扱いに当たっては，次の事項に留意する必要がある。

①保育士等との信頼関係に支えられて生活を確立していくことが人と関わる基盤となることを考慮して，子どもの多様な感情を受け止め，温かく受容的・応答的に関わり，一人一人に応じた適切な援助を行うようにすること。

②身近な人に親しみをもって接し，自分の感情などを表し，それに相手が応答する言葉を聞くことを通して，次第に言葉が獲得されていくことを考慮して，楽しい雰囲気の中での保育士等との関わり合いを大切にし，ゆっくりと優しく話しかけるなど，積極的に言葉のやり取りを楽しむことができるようにすること。

ウ　身近なものと関わり感性が育つ

身近な環境に興味や好奇心をもって関わり，感じたことや考えたことを表現する力の基盤を培う。

（ア）ねらい

①身の回りのものに親しみ，様々なものに興味や関心をもつ。

②見る，触れる，探索するなど，身近な環境に自分から関わろうとする。

③身体の諸感覚による認識が豊かになり，表情や手足，体の動き等で表現する。

（イ）内容

①身近な生活用具，玩具や絵本などが用意された中で，身の回りのものに対する興味や好奇心をもつ。

②生活や遊びの中で様々なものに触れ，音，形，色，手触りなどに気付き，感覚の働きを豊かにする。

③保育士等と一緒に様々な色彩や形のものや絵本などを見る。

④玩具や身の回りのものを，つまむ，つかむ，たたく，引っ張るなど，手や指を使って遊ぶ。

⑤保育士等のあやし遊びに機嫌よく応じたり，歌やリズムに合わせて手足や体を動かして楽しんだりする。

（ウ）内容の取扱い

上記の取扱いに当たっては，次の事項に留意する必要がある。

①玩具などは，音質，形，色，大きさなど子どもの発達状態に応じて適切なものを選び，その時々の子どもの興味や関心を踏まえるなど，遊びを通して感覚の発達が促されるものとなるように工夫すること。なお，安全な環境の下で，子どもが探索意欲を満たして自由に遊べるよう，身の回りのものについては，常に十分な点検を行うこと。

②乳児期においては，表情，発声，体の動きなどで，感情を表現することが多いことから，これらの表現しようとする意欲を積極的に受け止めて，子どもが様々な活動を楽しむことを通して表現が豊かになるようにすること。

（3）保育の実施に関わる配慮事項

ア　乳児は疾病への抵抗力が弱く，心身の機能の未熟さに伴う疾病の発生が多いことから，一人一人の発育及び発達状態や健康状態についての適切な判断に基づく保健的な対応を行うこと。

イ　一人一人の子どもの生育歴の違いに留意しつつ，欲求を適切に満たし，特定の保育士が応答的に関わるように努めること。

ウ　乳児保育に関わる職員間の連携や嘱託医との連携を図り，第3章に示す事項を踏まえ，適切に対応すること。栄養士及び看護師等が配置されている場合は，その専門性を生かした対応を図ること。

エ　保護者との信頼関係を築きながら保育を進めるとともに，保護者からの相談に応じ，保護者への支援に努めていくこと。

オ　担当の保育士が替わる場合には，子どものそれまでの生育歴や発達過程に留意し，職員間で協力して対応すること。

2　1歳以上3歳未満児の保育に関わるねらい及び内容

（1）基本的事項

ア　この時期においては，歩き始めから，歩く，走る，跳ぶなどへと，基本的な運動機能が次第に発達し，排泄の自立のための身体的機能も整うようになる。つまむ，めくるなどの指先の機能も発達し，食事，衣類の着脱なども，保育士等の援助の下で自分で行

うようになる。発声も明瞭になり，語彙も増加し，自分の意思や欲求を言葉で表出できるようになる。このように自分でできることが増えてくる時期であることから，保育士等は，子どもの生活の安定を図りながら，自分でしようとする気持ちを尊重し，温かく見守るとともに，愛情豊かに，応答的に関わることが必要である。

イ　本項においては，この時期の発達の特徴を踏まえ，保育の「ねらい」及び「内容」について，心身の健康に関する領域「健康」，人との関わりに関する領域「人間関係」，身近な環境との関わりに関する領域「環境」，言葉の獲得に関する領域「言葉」及び感性と表現に関する領域「表現」としてまとめ，示している。

ウ　本項の各領域において示す保育の内容は，第1章の2に示された養護における「生命の保持」及び「情緒の安定」に関わる保育の内容と，一体となって展開されるものであることに留意が必要である。

（2）ねらい及び内容

ア　健康

健康な心と体を育て，自ら健康で安全な生活をつくり出す力を養う。

（ア）ねらい

①明るく伸び伸びと生活し，自分から体を動かすことを楽しむ。

②自分の体を十分に動かし，様々な動きをしようとする。

③健康，安全な生活に必要な習慣に気付き，自分でしてみようとする気持ちが育つ。

（イ）内容

①保育士等の愛情豊かな受容の下で，安定感をもって生活をする。

②食事や午睡，遊びと休息など，保育所における生活のリズムが形成される。

③走る，跳ぶ，登る，押す，引っ張るなど全身を使う遊びを楽しむ。

④様々な食品や調理形態に慣れ，ゆったりとした雰囲気の中で食事や間食を楽しむ。

⑤身の回りを清潔に保つ心地よさを感じ，その習慣が少しずつ身に付く。

⑥保育士等の助けを借りながら，衣類の着脱を自分でしようとする。

⑦便器での排泄に慣れ，自分で排泄ができるようになる。

（ウ）内容の取扱い

上記の取扱いに当たっては，次の事項に留意する必要がある。

①心と体の健康は，相互に密接な関連があるものであることを踏まえ，子どもの気持ちに配慮した温かい触れ合いの中で，心と体の発達を促すこと。特に，一人一人の発育に応じて，体を動かす機会を十分に確保し，自ら体を動かそうとする意欲が育つようにすること。

②健康な心と体を育てるためには望ましい食習慣の形成が重要であることを踏まえ，ゆったりとした雰囲気の中で食べる喜びや楽しさを味わい，進んで食べようとする気持ちが育つようにすること。なお，食物アレルギーのある子どもへの対応については，嘱託医等の指示や協力の下に適切に対応すること。

③排泄の習慣については，一人一人の排尿間隔等を踏まえ，おむつが汚れていないときに便器に座らせるなどにより，少しずつ慣れさせるようにすること。

④食事，排泄，睡眠，衣類の着脱，身の回りを清潔にすることなど，生活に必要な基本的な習慣については，一人一人の状態に応じ，落ち着いた雰囲気の中で行うようにし，子どもが自分でしようとする気持ちを尊重すること。また，基本的な生活習慣の形成に当たっては，家庭での生活経験に配慮し，家庭との適切な連携の下で行うようにすること。

イ　人間関係

他の人々と親しみ，支え合って生活するために，自立心を育て，人と関わる力を養う。

（ア）ねらい

①保育所での生活を楽しみ，身近な人と関わる心地よさを感じる。

②周囲の子ども等への興味や関心が高まり，関わりをもとうとす

る。
③保育所の生活の仕方に慣れ，きまりの大切さに気付く。
（イ）内容
①保育士等や周囲の子ども等との安定した関係の中で，共に過ごす心地よさを感じる。
②保育士等の受容的・応答的な関わりの中で，欲求を適切に満たし，安定感をもって過ごす。
③身の回りに様々な人がいることに気付き，徐々に他の子どもと関わりをもって遊ぶ。
④保育士等の仲立ちにより，他の子どもとの関わり方を少しずつ身につける。
⑤保育所の生活の仕方に慣れ，きまりがあることや，その大切さに気付く。
⑥生活や遊びの中で，年長児や保育士等の真似をしたり，ごっこ遊びを楽しんだりする。
（ウ）内容の取扱い
　上記の取扱いに当たっては，次の事項に留意する必要がある。
①保育士等との信頼関係に支えられて生活を確立するとともに，自分で何かをしようとする気持ちが旺盛になる時期であることに鑑み，そのような子どもの気持ちを尊重し，温かく見守るとともに，愛情豊かに，応答的に関わり，適切な援助を行うようにすること。
②思い通りにいかない場合等の子どもの不安定な感情の表出については，保育士等が受容的に受け止めるとともに，そうした気持ちから立ち直る経験や感情をコントロールすることへの気付き等につなげていけるように援助すること。
③この時期は自己と他者との違いの認識がまだ十分ではないことから，子どもの自我の育ちを見守るとともに，保育士等が仲立ちとなって，自分の気持ちを相手に伝えることや相手の気持ちに気付くことの大切さなど，友達の気持ちや友達との関わり方を丁寧に伝えていくこと。

ウ　環境
　周囲の様々な環境に好奇心や探究心をもって関わり，それらを生活に取り入れていこうとする力を養う。
（ア）ねらい
①身近な環境に親しみ，触れ合う中で，様々なものに興味や関心をもつ。
②様々なものに関わる中で，発見を楽しんだり，考えたりしようとする。
③見る，聞く，触るなどの経験を通して，感覚の働きを豊かにする。
（イ）内容
①安全で活動しやすい環境での探索活動等を通して，見る，聞く，触れる，嗅ぐ，味わうなどの感覚の働きを豊かにする。
②玩具，絵本，遊具などに興味をもち，それらを使った遊びを楽しむ。
③身の回りの物に触れる中で，形，色，大きさ，量などの物の性質や仕組みに気付く。
④自分の物と人の物の区別や，場所的感覚など，環境を捉える感覚が育つ。
⑤身近な生き物に気付き，親しみをもつ。
⑥近隣の生活や季節の行事などに興味や関心をもつ。
（ウ）内容の取扱い
　上記の取扱いに当たっては，次の事項に留意する必要がある。
①玩具などは，音質，形，色，大きさなど子どもの発達状態に応じて適切なものを選び，遊びを通して感覚の発達が促されるように工夫すること。
②身近な生き物との関わりについては，子どもが命を感じ，生命の尊さに気付く経験へとつながるものであることから，そうした気付きを促すような関わりとなるようにすること。
③地域の生活や季節の行事などに触れる際には，社会とのつながりや地域社会の文化への気付きにつながるものとなることが望ましいこと。その際，保育所内外の行事や地域の人々との触れ合いなどを通して行うこと等も考慮すること。

エ　言葉
　経験したことや考えたことなどを自分なりの言葉で表現し，相手の話す言葉を聞こうとする意欲や態度を育て，言葉に対する感覚や言葉で表現する力を養う。
（ア）ねらい
①言葉遊びや言葉で表現する楽しさを感じる。
②人の言葉や話などを聞き，自分でも思ったことを伝えようとする。
③絵本や物語等に親しむとともに，言葉のやり取りを通じて身近な人と気持ちを通わせる。
（イ）内容
①保育士等の応答的な関わりや話しかけにより，自ら言葉を使おうとする。
②生活に必要な簡単な言葉に気付き，聞き分ける。
③親しみをもって日常の挨拶に応じる。
④絵本や紙芝居を楽しみ，簡単な言葉を繰り返したり，模倣をしたりして遊ぶ。
⑤保育士等とごっこ遊びをする中で，言葉のやり取りを楽しむ。
⑥保育士等を仲立ちとして，生活や遊びの中で友達との言葉のやり取りを楽しむ。
⑦保育士等や友達の言葉や話に興味や関心をもって，聞いたり，話したりする。
（ウ）内容の取扱い
　上記の取扱いに当たっては，次の事項に留意する必要がある。
①身近な人に親しみをもって接し，自分の感情などを伝え，それに相手が応答し，その言葉を聞くことを通して，次第に言葉が獲得されていくものであることを考慮して，楽しい雰囲気の中で保育士等との言葉のやり取りができるようにすること。
②子どもが自分の思いを言葉で伝えるとともに，他の子どもの話などを聞くことを通して，次第に話を理解し，言葉による伝え合いができるようになるよう，気持ちや経験等の言語化を行うことを援助するなど，子ども同士の関わりの仲立ちを行うようにすること。
③この時期は，片言から，二語文，ごっこ遊びでのやり取りができる程度へと，大きく言葉の習得が進む時期であることから，それぞれの子どもの発達の状況に応じて，遊びや関わりの工夫など，保育の内容を適切に展開することが必要であること。

オ　表現
　感じたことや考えたことを自分なりに表現することを通して，豊かな感性や表現する力を養い，創造性を豊かにする。
（ア）ねらい
①身体の諸感覚の経験を豊かにし，様々な感覚を味わう。
②感じたことや考えたことなどを自分なりに表現しようとする。
③生活や遊びの様々な体験を通して，イメージや感性が豊かになる。
（イ）内容
①水，砂，土，紙，粘土など様々な素材に触れて楽しむ。
②音楽，リズムやそれに合わせた体の動きを楽しむ。
③生活の中で様々な音，形，色，手触り，動き，味，香りなどに気付いたり，感じたりして楽しむ。
④歌を歌ったり，簡単な手遊びや全身を使う遊びを楽しんだりする。
⑤保育士等からの話や，生活や遊びの中での出来事を通して，イメージを豊かにする。
⑥生活や遊びの中で，興味のあることや経験したことなどを自分なりに表現する。
（ウ）内容の取扱い
　上記の取扱いに当たっては，次の事項に留意する必要がある。
①子どもの表現は，遊びや生活の様々な場面で表出されているものであることから，それらを積極的に受け止め，様々な表現の仕方や感性を豊かにする経験となるようにすること。
②子どもが試行錯誤しながら様々な表現を楽しむことや，自分の力でやり遂げる充実感などに気付くよう，温かく見守るとともに，適切に援助を行うようにすること。

③様々な感情の表現等を通じて、子どもが自分の感情や気持ちに気付くようになる時期であることに鑑み、受容的な関わりの中で自信をもって表現をすることや、諦めずに続けた後の達成感等を感じられるような経験が蓄積されるようにすること。

④身近な自然や身の回りの事物に関わる中で、発見や心が動く経験が得られるよう、諸感覚を働かせることを楽しむ遊びや素材を用意するなど保育の環境を整えること。

(3) 保育の実施に関わる配慮事項

ア　特に感染症にかかりやすい時期であるので、体の状態、機嫌、食欲などの日常の状態の観察を十分に行うとともに、適切な判断に基づく保健的な対応を心がけること。

イ　探索活動が十分できるように、事故防止に努めながら活動しやすい環境を整え、全身を使う遊びなど様々な遊びを取り入れること。

ウ　自我が形成され、子どもが自分の感情や気持ちに気付くようになる重要な時期であることに鑑み、情緒の安定を図りながら、子どもの自発的な活動を尊重するとともに促していくこと。

エ　担当の保育士が替わる場合には、子どものそれまでの経験や発達過程に留意し、職員間で協力して対応すること。

3　3歳以上児の保育に関するねらい及び内容

(1) 基本的事項

ア　この時期においては、運動機能の発達により、基本的な動作が一通りできるようになるとともに、基本的な生活習慣もほぼ自立できるようになる。理解する語彙数が急激に増加し、知的興味や関心も高まってくる。仲間と遊び、仲間の中の一人という自覚が生じ、集団的な遊びや協同的な活動も見られるようになる。これらの発達の特徴を踏まえて、この時期の保育においては、個の成長と集団としての活動の充実が図られるようにしなければならない。

イ　本項においては、この時期の発達の特徴を踏まえ、保育の「ねらい」及び「内容」について、心身の健康に関する領域「健康」、人との関わりに関する領域「人間関係」、身近な環境との関わりに関する領域「環境」、言葉の獲得に関する領域「言葉」及び感性と表現に関する領域「表現」としてまとめ、示している。

ウ　本項の各領域において示す保育の内容は、第1章の2に示された養護における「生命の保持」及び「情緒の安定」に関わる保育の内容と、一体となって展開されるものであることに留意が必要である。

(2) ねらい及び内容

ア　健康

健康な心と体を育て、自ら健康で安全な生活をつくり出す力を養う。

(ア) ねらい

①明るく伸び伸びと行動し、充実感を味わう。

②自分の体を十分に動かし、進んで運動しようとする。

③健康、安全な生活に必要な習慣や態度を身に付け、見通しをもって行動する。

(イ) 内容

①保育士等や友達と触れ合い、安定感をもって行動する。

②いろいろな遊びの中で十分に体を動かす。

③進んで戸外で遊ぶ。

④様々な活動に親しみ、楽しんで取り組む。

⑤保育士等や友達と食べることを楽しみ、食べ物への興味や関心をもつ。

⑥健康な生活のリズムを身に付ける。

⑦身の回りを清潔にし、衣服の着脱、食事、排泄などの生活に必要な活動を自分でする。

⑧保育所における生活の仕方を知り、自分たちで生活の場を整えながら見通しをもって行動する。

⑨自分の健康に関心をもち、病気の予防などに必要な活動を進んで行う。

⑩危険な場所、危険な遊び方、災害時などの行動の仕方が分かり、安全に気を付けて行動する。

(ウ) 内容の取扱い

上記の取扱いに当たっては、次の事項に留意する必要がある。

①心と体の健康は、相互に密接な関連があるものであることを踏まえ、子どもが保育士等や他の子どもとの温かい触れ合いの中で自己の存在感や充実感を味わうことなどを基盤として、しなやかな心と体の発達を促すこと。特に、十分に体を動かす気持ちよさを体験し、自ら体を動かそうとする意欲が育つようにすること。

②様々な遊びの中で、子どもが興味や関心、能力に応じて全身を使って活動することにより、体を動かす楽しさを味わい、自分の体を大切にしようとする気持ちが育つようにすること。その際、多様な動きを経験する中で、体の動きを調整するようにすること。

③自然の中で伸び伸びと体を動かして遊ぶことにより、体の諸機能の発達が促されることに留意し、子どもの興味や関心が戸外にも向くようにすること。その際、子どもの動線に配慮した園庭や遊具の配置などを工夫すること。

④健康な心と体を育てるためには食育を通じた望ましい食習慣の形成が大切であることを踏まえ、子どもの食生活の実情に配慮し、和やかな雰囲気の中で保育士等や他の子どもと食べる喜びや楽しさを味わったり、様々な食べ物への興味や関心をもったりするなどし、食の大切さに気付き、進んで食べようとする気持ちが育つようにすること。

⑤基本的な生活習慣の形成に当たっては、家庭での生活経験に配慮し、子どもの自立心を育て、子どもが他の子どもと関わりながら主体的な活動を展開する中で、生活に必要な習慣を身に付け、次第に見通しをもって行動できるようにすること。

⑥安全に関する指導に当たっては、情緒の安定を図り、遊びを通して安全についての構えを身に付け、危険な場所や事物などが分かり、安全についての理解を深めるようにすること。また、交通安全の習慣を身に付けるようにするとともに、避難訓練などを通して、災害などの緊急時に適切な行動がとれるようにすること。

イ　人間関係

他の人々と親しみ、支え合って生活するために、自立心を育て、人と関わる力を養う。

(ア) ねらい

①保育所の生活を楽しみ、自分の力で行動することの充実感を味わう。

②身近な人と親しみ、関わりを深め、工夫したり、協力したりして一緒に活動する楽しさを味わい、愛情や信頼感をもつ。

③社会生活における望ましい習慣や態度を身に付ける。

(イ) 内容

①保育士等や友達と共に過ごすことの喜びを味わう。

②自分で考え、自分で行動する。

③自分でできることは自分でする。

④いろいろな遊びを楽しみながら物事をやり遂げようとする気持ちをもつ。

⑤友達と積極的に関わりながら喜びや悲しみを共感し合う。

⑥自分の思ったことを相手に伝え、相手の思っていることに気付く。

⑦友達のよさに気付き、一緒に活動する楽しさを味わう。

⑧友達と楽しく活動する中で、共通の目的を見いだし、工夫したり、協力したりなどする。

⑨よいことや悪いことがあることに気付き、考えながら行動する。

⑩友達との関わりを深め、思いやりをもつ。

⑪友達と楽しく生活する中できまりの大切さに気付き、守ろうとする。

⑫共同の遊具や用具を大切にし、皆で使う。

⑬高齢者をはじめ地域の人々などの自分の生活に関係の深いいろいろな人に親しみをもつ。

(ウ) 内容の取扱い

上記の取扱いに当たっては、次の事項に留意する必要がある。

①保育士等との信頼関係に支えられて自分自身の生活を確立していくことが人と関わる基盤となることを考慮し、子どもが自ら周囲に働き掛けることにより多様な感情を体験し、試行錯誤しながら諦めずにやり遂げることの達成感や、前向きな見通しをもって自

分の力で行うことの充実感を味わうことができるよう，子どもの行動を見守りながら適切な援助を行うようにすること。
②一人一人を生かした集団を形成しながら人と関わる力を育てていくようにすること。その際，集団の生活の中で，子どもが自己を発揮し，保育士等や他の子どもに認められる体験をし，自分のよさや特徴に気付き，自信をもって行動できるようにすること。
③子どもが互いに関わりを深め，協同して遊ぶようになるため，自ら行動する力を育てるとともに，他の子どもと試行錯誤しながら活動を展開する楽しさや共通の目的が実現する喜びを味わうことができるようにすること。
④道徳性の芽生えを培うに当たっては，基本的な生活習慣の形成を図るとともに，子どもが他の子どもとの関わりの中で他人の存在に気付き，相手を尊重する気持ちをもって行動できるようにし，また，自然や身近な動植物に親しむことなどを通して豊かな心情が育つようにすること。特に，人に対する信頼感や思いやりの気持ちは，葛藤やつまずきをも体験し，それらを乗り越えることにより次第に芽生えてくることに配慮すること。
⑤集団の生活を通して，子どもが人との関わりを深め，規範意識の芽生えが培われることを考慮し，子どもが保育士等との信頼関係に支えられて自己を発揮する中で，互いに思いを主張し，折り合いを付ける体験をし，きまりの必要性などに気付き，自分の気持ちを調整する力が育つようにすること。
⑥高齢者をはじめ地域の人々などの自分の生活に関係の深いいろいろな人と触れ合い，自分の感情や意志を表現しながら共に楽しみ，共感し合う体験を通して，これらの人々などに親しみをもち，人と関わることの楽しさや人の役に立つ喜びを味わうことができるようにすること。また，生活を通して親や祖父母などの家族の愛情に気付き，家族を大切にしようとする気持ちが育つようにすること。
ウ　環境
　周囲の様々な環境に好奇心や探究心をもって関わり，それらを生活に取り入れていこうとする力を養う。
（ア）ねらい
①身近な環境に親しみ，自然と触れ合う中で様々な事象に興味や関心をもつ。
②身近な環境に自分から関わり，発見を楽しんだり，考えたりし，それを生活に取り入れようとする。
③身近な事象を見たり，考えたり，扱ったりする中で，物の性質や数量，文字などに対する感覚を豊かにする。
（イ）内容
①自然に触れて生活し，その大きさ，美しさ，不思議さなどに気付く。
②生活の中で，様々な物に触れ，その性質や仕組みに興味や関心をもつ。
③季節により自然や人間の生活に変化のあることに気付く。
④自然などの身近な事象に関心をもち，取り入れて遊ぶ。
⑤身近な動植物に親しみをもって接し，生命の尊さに気付き，いたわったり，大切にしたりする。
⑥日常生活の中で，我が国や地域社会における様々な文化や伝統に親しむ。
⑦身近な物を大切にする。
⑧身近な物や遊具に興味をもって関わり，自分なりに比べたり，関連付けたりしながら考えたり，試したりして工夫して遊ぶ。
⑨日常生活の中で数量や図形などに関心をもつ。
⑩日常生活の中で簡単な標識や文字などに関心をもつ。
⑪生活に関係の深い情報や施設などに興味や関心をもつ。
⑫保育所内外の行事において国旗に親しむ。
（ウ）内容の取扱い
　上記の取扱いに当たっては，次の事項に留意する必要がある。
①子どもが，遊びの中で周囲の環境と関わり，次第に周囲の世界に好奇心を抱き，その意味や操作の仕方に関心をもち，物事の法則性に気付き，自分なりに考えることができるようになる過程を大切にすること。また，他の子どもの考えなどに触れて新しい考えを生み出す喜びや楽しさを味わい，自分の考えをよりよいものに

しようとする気持ちが育つようにすること。
②幼児期において自然のもつ意味は大きく，自然の大きさ，美しさ，不思議さなどに直接触れる体験を通して，子どもの心が安らぎ，豊かな感情，好奇心，思考力，表現力の基礎が培われることを踏まえ，子どもが自然との関わりを深めることができるよう工夫すること。
③身近な事象や動植物に対する感動を伝え合い，共感し合うことなどを通して自分から関わろうとする意欲を育てるとともに，様々な関わり方を通してそれらに対する親しみや畏敬の念，生命を大切にする気持ち，公共心，探究心などが養われるようにすること。
④文化や伝統に親しむ際には，正月や節句など我が国の伝統的な行事，国歌，唱歌，わらべうたや我が国の伝統的な遊びに親しんだり，異なる文化に触れる活動に親しんだりすることを通じて，社会とのつながりの意識や国際理解の意識の芽生えなどが養われるようにすること。
⑤数量や文字などに関しては，日常生活の中で子ども自身の必要感に基づく体験を大切にし，数量や文字などに関する興味や関心，感覚が養われるようにすること。
エ　言葉
　経験したことや考えたことなどを自分なりの言葉で表現し，相手の話す言葉を聞こうとする意欲や態度を育て，言葉に対する感覚や言葉で表現する力を養う。
（ア）ねらい
①自分の気持ちを言葉で表現する楽しさを味わう。
②人の言葉や話などをよく聞き，自分の経験したことや考えたことを話し，伝え合う喜びを味わう。
③日常生活に必要な言葉が分かるようになるとともに，絵本や物語などに親しみ，言葉に対する感覚を豊かにし，保育士等や友達と心を通わせる。
（イ）内容
①保育士等や友達の言葉や話に興味や関心をもち，親しみをもって聞いたり，話したりする。
②したり，見たり，聞いたり，感じたり，考えたりなどしたことを自分なりに言葉で表現する。
③したいこと，してほしいことを言葉で表現したり，分からないことを尋ねたりする。
④人の話を注意して聞き，相手に分かるように話す。
⑤生活の中で必要な言葉が分かり，使う。
⑥親しみをもって日常の挨拶をする。
⑦生活の中で言葉の楽しさや美しさに気付く。
⑧いろいろな体験を通じてイメージや言葉を豊かにする。
⑨絵本や物語などに親しみ，興味をもって聞き，想像をする楽しさを味わう。
⑩日常生活の中で，文字などで伝える楽しさを味わう。
（ウ）内容の取扱い
　上記の取扱いに当たっては，次の事項に留意する必要がある。
①言葉は，身近な人に親しみをもって接し，自分の感情や意志などを伝え，それに相手が応答し，その言葉を聞くことを通して次第に獲得されていくものであることを考慮して，子どもが保育士等や他の子どもと関わることにより心を動かされるような体験をし，言葉を交わす喜びを味わえるようにすること。
②子どもが自分の思いを言葉で伝えるとともに，保育士等や他の子どもなどの話を興味をもって注意して聞くことを通して次第に話を理解するようになっていき，言葉による伝え合いができるようにすること。
③絵本や物語などで，その内容と自分の経験とを結び付けたり，想像を巡らせたりするなど，楽しみを十分に味わうことによって，次第に豊かなイメージをもち，言葉に対する感覚が養われるようにすること。
④子どもが生活の中で，言葉の響きやリズム，新しい言葉や表現などに触れ，これらを使う楽しさを味わえるようにすること。その際，絵本や物語に親しんだり，言葉遊びなどをしたりすることを通して，言葉が豊かになるようにすること。

⑤子どもが日常生活の中で，文字などを使いながら思ったことや考えたことを伝える喜びや楽しさを味わい，文字に対する興味や関心をもつようにすること。

オ　表現

感じたことや考えたことを自分なりに表現することを通して，豊かな感性や表現する力を養い，創造性を豊かにする。

（ア）ねらい

①いろいろなものの美しさなどに対する豊かな感性をもつ。

②感じたことや考えたことを自分なりに表現して楽しむ。

③生活の中でイメージを豊かにし，様々な表現を楽しむ。

（イ）内容

①生活の中で様々な音，形，色，手触り，動きなどに気付いたり，感じたりするなどして楽しむ。

②生活の中で美しいものや心を動かす出来事に触れ，イメージを豊かにする。

③様々な出来事の中で，感動したことを伝え合う楽しさを味わう。

④感じたこと，考えたことなどを音や動きなどで表現したり，自由にかいたり，つくったりなどする。

⑤いろいろな素材に親しみ，工夫して遊ぶ。

⑥音楽に親しみ，歌を歌ったり，簡単なリズム楽器を使ったりなどする楽しさを味わう。

⑦かいたり，つくったりすることを楽しみ，遊びに使ったり，飾ったりなどする。

⑧自分のイメージを動きや言葉などで表現したり，演じて遊んだりするなどの楽しさを味わう。

（ウ）内容の取扱い

上記の取扱いに当たっては，次の事項に留意する必要がある。

①豊かな感性は，身近な環境と十分に関わる中で美しいもの，優れたもの，心を動かす出来事などに出会い，そこから得た感動を他の子どもや保育士等と共有し，様々に表現することなどを通して養われるようにすること。その際，風の音や雨の音，身近にある草や花の形や色など自然の中にある音，形，色などに気付くようにすること。

②子どもの自己表現は素朴な形で行われることが多いので，保育士等はそのような表現を受容し，子ども自身の表現しようとする意欲を受け止めて，子どもが生活の中で子どもらしい様々な表現を楽しむことができるようにすること。

③生活経験や発達に応じ，自ら様々な表現を楽しみ，表現する意欲を十分に発揮させることができるように，遊具や用具などを整えたり，様々な素材や表現の仕方に親しんだり，他の子どもの表現に触れられるよう配慮したりし，表現する過程を大切にして自己表現を楽しめるように工夫すること。

（3）保育の実施に関わる配慮事項

ア　第1章の4の（2）に示す「幼児期の終わりまでに育ってほしい姿」が，ねらい及び内容に基づく活動全体を通して資質・能力が育まれている子どもの小学校就学時の具体的な姿であることを踏まえ，指導を行う際には適宜考慮すること。

イ　子どもの発達や成長の援助をねらいとした活動の時間については，意識的に保育の計画等において位置付けて，実施することが重要であること。なお，そのような活動の時間については，保護者の就労状況等に応じて子どもが保育所で過ごす時間がそれぞれ異なることに留意して設定すること。

ウ　特に必要な場合には，各領域に示すねらいの趣旨に基づいて，具体的な内容を工夫し，それを加えても差し支えないが，その場合には，それが第1章の1に示す保育所保育に関する基本原則を逸脱しないよう慎重に配慮する必要があること。

4　保育の実施に関して留意すべき事項

（1）保育全般に関わる配慮事項

ア　子どもの心身の発達及び活動の実態などの個人差を踏まえるとともに，一人一人の子どもの気持ちを受け止め，援助すること。

イ　子どもの健康は，生理的・身体的な育ちとともに，自主性や社会性，豊かな感性の育ちとがあいまってもたらされることに留意すること。

ウ　子どもが自ら周囲に働きかけ，試行錯誤しつつ自分の力で行う活動を見守りながら，適切に援助すること。

エ　子どもの入所時の保育に当たっては，できるだけ個別的に対応し，子どもが安定感を得て，次第に保育所の生活になじんでいくようにするとともに，既に入所している子どもに不安や動揺を与えないようにすること。

オ　子どもの国籍や文化の違いを認め，互いに尊重する心を育てるようにすること。

カ　子どもの性差や個人差にも留意しつつ，性別などによる固定的な意識を植え付けることがないようにすること。

（2）小学校との連携

ア　保育所においては，保育所保育が，小学校以降の生活や学習の基盤の育成につながることに配慮し，幼児期にふさわしい生活を通じて，創造的な思考や主体的な生活態度などの基礎を培うようにすること。

イ　保育所保育において育まれた資質・能力を踏まえ，小学校教育が円滑に行われるよう，小学校教師との意見交換や合同の研究の機会などを設け，第1章の4の（2）に示す「幼児期の終わりまでに育って欲しい姿」を共有するなど連携を図り，保育所保育と小学校教育との円滑な接続を図るよう努めること。

ウ　子どもに関する情報共有に関して，保育所に入所している子どもの就学に際し，市町村の支援の下に，子どもの育ちを支えるための資料が保育所から小学校へ送付されるようにすること。

（3）家庭及び地域社会との連携

子どもの生活の連続性を踏まえ，家庭及び地域社会と連携して保育が展開されるよう配慮すること。その際，家庭や地域の機関及び団体の協力を得て，地域の自然，高齢者や異年齢の子ども等を含む人材，行事，施設等の地域の資源を積極的に活用し，豊かな生活体験をはじめ保育内容の充実が図られるよう配慮すること。

第3章　健康及び安全

保育所保育において，子どもの健康及び安全の確保は，子どもの生命の保持と健やかな生活の基本であり，一人一人の子どもの健康の保持及び増進並びに安全の確保とともに，保育所全体における健康及び安全の確保に努めることが重要となる。

また，子どもが，自らの体や健康に関心をもち，心身の機能を高めていくことが大切である。このため，第1章及び第2章等の関連する事項に留意し，次に示す事項を踏まえ，保育を行うこととする。

1　子どもの健康支援

（1）子どもの健康状態並びに発育及び発達状態の把握

ア　子どもの心身の状態に応じて保育するために，子どもの健康状態並びに発育及び発達状態について，定期的・継続的に，また，必要に応じて随時，把握すること。

イ　保護者からの情報とともに，登所時及び保育中を通じて子どもの状態を観察し，何らかの疾病が疑われる状態や傷害が認められた場合には，保護者に連絡するとともに，嘱託医と相談するなど適切な対応を図ること。看護師等が配置されている場合には，その専門性を生かした対応を図ること。

ウ　子どもの心身の状態等を観察し，不適切な養育の兆候が見られる場合には，市町村や関係機関と連携し，児童福祉法第25条に基づき，適切な対応を図ること。また，虐待が疑われる場合には，速やかに市町村又は児童相談所に通告し，適切な対応を図ること。

（2）健康増進

ア　子どもの健康に関する保健計画を全体的な計画に基づいて作成し，全職員がそのねらいや内容を踏まえ，一人一人の子どもの健康の保持及び増進に努めていくこと。

イ　子どもの心身の健康状態や疾病等の把握のために，嘱託医等により定期的に健康診断を行い，その結果を記録し，保育に活用するとともに，保護者が子どもの状態を理解し，日常生活に活用できるようにすること。

（3）疾病等への対応

ア　保育中に体調不良や傷害が発生した場合には，その子どもの状態等に応じて，保護者に連絡するとともに，適宜，嘱託医や子ど

ものかかりつけ医等と相談し，適切な処置を行うこと。看護師等が配置されている場合には，その専門性を生かした対応を図ること。

イ　感染症やその他の疾病の発生予防に努め，その発生や疑いがある場合には，必要に応じて嘱託医，市町村，保健所等に連絡し，その指示に従うとともに，保護者や全職員に連絡し，予防等について協力を求めること。また，感染症に関する保育所の対応方法等について，あらかじめ関係機関の協力を得ておくこと。看護師等が配置されている場合には，その専門性を生かした対応を図ること。

ウ　アレルギー疾患を有する子どもの保育については，保護者と連携し，医師の診断及び指示に基づき，適切な対応を行うこと。また，食物アレルギーに関して，関係機関と連携して，当該保育所の体制構築など，安全な環境の整備を行うこと。看護師や栄養士等が配置されている場合には，その専門性を生かした対応を図ること。

エ　子どもの疾病等の事態に備え，医務室等の環境を整え，救急用の薬品，材料等を適切な管理の下に常備し，全職員が対応できるようにしておくこと。

2　食育の推進

(1)　保育所の特性を生かした食育

ア　保育所における食育は，健康な生活の基本としての「食を営む力」の育成に向け，その基礎を培うことを目標とすること。

イ　子どもが生活と遊びの中で，意欲をもって食に関わる体験を積み重ね，食べることを楽しみ，食事を楽しみ合う子どもに成長していくことを期待するものであること。

ウ　乳幼児期にふさわしい食生活が展開され，適切な援助が行われるよう，食事の提供を含む食育計画を全体的な計画に基づいて作成し，その評価及び改善に努めること。栄養士が配置されている場合は，専門性を生かした対応を図ること。

(2)　食育の環境の整備等

ア　子どもが自らの感覚や体験を通して，自然の恵みとしての食材や食の循環・環境への意識，調理する人への感謝の気持ちが育つように，子どもと調理員等との関わりや，調理室など食に関わる保育環境に配慮すること。

イ　保護者や地域の多様な関係者との連携及び協働の下で，食に関する取組が進められること。また，市町村の支援の下に，地域の関係機関等との日常的な連携を図り，必要な協力が得られるよう努めること。

ウ　体調不良，食物アレルギー，障害のある子どもなど，一人一人の子どもの心身の状態等に応じ，嘱託医，かかりつけ医等の指示や協力の下に適切に対応すること。栄養士が配置されている場合は，専門性を生かした対応を図ること。

3　環境及び衛生管理並びに安全管理

(1)　環境及び衛生管理

ア　施設の温度，湿度，換気，採光，音などの環境を常に適切な状態に保持するとともに，施設内外の設備及び用具等の衛生管理に努めること。

イ　施設内外の適切な環境の維持に努めるとともに，子ども及び全職員が清潔を保つようにすること。また，職員は衛生知識の向上に努めること。

(2)　事故防止及び安全対策

ア　保育中の事故防止のために，子どもの心身の状態等を踏まえつつ，施設内外の安全点検に努め，安全対策のために全職員の共通理解や体制づくりを図るとともに，家庭や地域の関係機関の協力の下に安全指導を行うこと。

イ　事故防止の取組を行う際には，特に，睡眠中，プール活動・水遊び中，食事中等の場面では重大事故が発生しやすいことを踏まえ，子どもの主体的な活動を大切にしつつ，施設内外の環境の配慮や指導の工夫を行うなど，必要な対策を講じること。

ウ　保育中の事故の発生に備え，施設内外の危険箇所の点検や訓練を実施するとともに，外部からの不審者等の侵入防止のための措置や訓練など不測の事態に備えて必要な対応を行うこと。また，子どもの精神保健面における対応に留意すること。

4　災害への備え

(1)　施設・設備等の安全確保

ア　防火設備，避難経路等の安全性が確保されるよう，定期的にこれらの安全点検を行うこと。

イ　備品，遊具等の配置，保管を適切に行い，日頃から，安全環境の整備に努めること。

(2)　災害発生時の対応体制及び避難への備え

ア　火災や地震などの災害の発生に備え，緊急時の対応の具体的内容及び手順，職員の役割分担，避難訓練計画等に関するマニュアルを作成すること。

イ　定期的に避難訓練を実施するなど，必要な対応を図ること。

ウ　災害の発生時に，保護者等への連絡及び子どもの引渡しを円滑に行うため，日頃から保護者との密接な連携に努め，連絡体制や引渡し方法等について確認をしておくこと。

(3)　地域の関係機関等との連携

ア　市町村の支援の下に，地域の関係機関との日常的な連携を図り，必要な協力が得られるよう努めること。

イ　避難訓練については，地域の関係機関や保護者との連携の下に行うなど工夫すること。

第4章　子育て支援

保育所における保護者に対する子育て支援は，全ての子どもの健やかな育ちを実現することができるよう，第1章及び第2章等の関連する事項を踏まえ，子どもの育ちを家庭と連携して支援していくとともに，保護者及び地域が有する子育てを自ら実践する力の向上に資するよう，次の事項に留意するものとする。

1　保育所における子育て支援に関する基本的事項

(1)　保育所の特性を生かした子育て支援

ア　保護者に対する子育て支援を行う際には，各地域や家庭の実態等を踏まえるとともに，保護者の気持ちを受け止め，相互の信頼関係を基本に，保護者の自己決定を尊重すること。

イ　保育及び子育てに関する知識や技術など，保育士等の専門性や，子どもが常に存在する環境など，保育所の特性を生かし，保護者が子どもの成長に気付き子育ての喜びを感じられるように努めること。

(2)　子育て支援に関して留意すべき事項

ア　保護者に対する子育て支援における地域の関係機関等との連携及び協働を図り，保育所全体の体制構築に努めること。

イ　子どもの利益に反しない限りにおいて，保護者や子どものプライバシーを保護し，知り得た事柄の秘密を保持すること。

2　保育所を利用している保護者に対する子育て支援

(1)　保護者との相互理解

ア　日常の保育に関連した様々な機会を活用し子どもの日々の様子の伝達や収集，保育所保育の意図の説明などを通じて，保護者との相互理解を図るよう努めること。

イ　保育の活動に対する保護者の積極的な参加は，保護者の子育てを自ら実践する力の向上に寄与することから，これを促すこと。

(2)　保護者の状況に配慮した個別の支援

ア　保護者の就労と子育ての両立等を支援するため，保護者の多様化した保育の需要に応じ，病児保育事業など多様な事業を実施する場合には，保護者の状況に配慮するとともに，子どもの福祉が尊重されるよう努め，子どもの生活の連続性を考慮すること。

イ　子どもに障害や発達上の課題が見られる場合には，市町村や関係機関と連携及び協力を図りつつ，保護者に対する個別の支援を行うよう努めること。

ウ　外国籍家庭など，特別な配慮を必要とする家庭の場合には，状況等に応じて個別の支援を行うよう努めること。

(3)　不適切な養育等が疑われる家庭への支援

ア　保護者に育児不安等が見られる場合には，保護者の希望に応じて個別の支援を行うよう努めること。

イ　保護者に不適切な養育等が疑われる場合には，市町村や関係機関と連携し，要保護児童対策地域協議会で検討するなど適切な対応を図ること。また，虐待が疑われる場合には，速やかに市町村又は児童相談所に通告し，適切な対応を図ること。

3　地域の保護者等に対する子育て支援
(1) 地域に開かれた子育て支援
ア　保育所は，児童福祉法第48条の4の規定に基づき，その行う
　保育に支障がない限りにおいて，地域の実情や当該保育所の体制
　等を踏まえ，地域の保護者等に対して，保育所保育の専門性を生
　かした子育て支援を積極的に行うよう努めること。
イ　地域の子どもに対する一時預かり事業などの活動を行う際に
　は，一人一人の子どもの心身の状態などを考慮するとともに，日
　常の保育との関連に配慮するなど，柔軟に活動を展開できるよう
　にすること。
(2) 地域の関係機関等との連携
ア　市町村の支援を得て，地域の関係機関等との積極的な連携及び
　協働を図るとともに，子育て支援に関する地域の人材と積極的に
　連携を図るよう努めること。
イ　地域の要保護児童への対応など，地域の子どもを巡る諸課題に
　対し，要保護児童対策地域協議会など関係機関等と連携及び協力
　して取り組むよう努めること。

第5章　職員の資質向上

　第1章から前章までに示された事項を踏まえ，保育所は，質の高
い保育を展開するため，絶えず，一人一人の職員についての資質向
上及び職員全体の専門性の向上を図るよう努めなければならない。
1　職員の資質向上に関する基本的事項
(1) 保育所職員に求められる専門性
　子どもの最善の利益を考慮し，人権に配慮した保育を行うために
は，職員一人一人の倫理観，人間性並びに保育所職員としての職務
及び責任の理解と自覚が基盤となる。各職員は，自己評価に基づく
課題等を踏まえ，保育所内外の研修等を通じて，保育士・看護師・
調理員・栄養士等，それぞれの職務内容に応じた専門性を高めるた
め，必要な知識及び技術の修得，維持及び向上に努めなければなら
ない。
(2) 保育の質の向上に向けた組織的な取組
　保育所においては，保育の内容等に関する自己評価等を通じて把
握した，保育の質の向上に向けた課題に組織的に対応するため，保
育内容の改善や保育士等の役割分担の見直し等に取り組むととも
に，それぞれの職位や職務内容等に応じて，各職員が必要な知識及
び技能を身につけられるよう努めなければならない。
2　施設長の責務
(1) 施設長の責務と専門性の向上
　施設長は，保育所の役割や社会的責任を遂行するために，法令等
を遵守し，保育所を取り巻く社会情勢等を踏まえ，施設長としての
専門性等の向上に努め，当該保育所における保育の質及び職員の専
門性向上のために必要な環境の確保に努めなければならない。
(2) 職員の研修機会の確保等
　施設長は，保育所の全体的な計画や，各職員の研修の必要性等を
踏まえて，体系的・計画的な研修機会を確保するとともに，職員の
勤務体制の工夫等により，職員が計画的に研修に参加し，その専
門性の向上が図られるよう努めなければならない。
3　職員の研修等
(1) 職場における研修
　職員が日々の保育実践を通じて，必要な知識及び技術の修得，維
持及び向上を図るとともに，保育の課題等への共通理解や協働性を
高め，保育所全体としての保育の質の向上を図っていくためには，
日常的に職員同士が主体的に学び合う姿勢と環境が重要であり，職
場内での研修の充実が図られなければならない。
(2) 外部研修の活用
　各保育所における保育の課題への的確な対応や，保育士等の専門
性の向上を図るためには，職場内での研修に加え，関係機関等によ
る研修の活用が有効であることから，必要に応じて，こうした外部
研修への参加機会が確保されるよう努めなければならない。
4　研修の実施体制等
(1) 体系的な研修計画の作成
　保育所においては，当該保育所における保育の課題や各職員の
キャリアパス等も見据えて，初任者から管理職員までの職位や職務

内容等を踏まえた体系的な研修計画を作成しなければならない。
(2) 組織内での研修成果の活用
　外部研修に参加する職員は，自らの専門性の向上を図るととも
に，保育所における保育の課題を理解し，その解決を実践できる力
を身に付けることが重要である。また，研修で得た知識及び技能を
他の職員と共有することにより，保育所全体としての保育実践の質
及び専門性の向上につなげていくことが求められる。
(3) 研修の実施に関する留意事項
　施設長等は保育所全体としての保育実践の質及び専門性の向上の
ために，研修の受講は特定の職員に偏ることなく行われるよう，配
慮する必要がある。また，研修を修了した職員については，その職
務内容等において，当該研修の成果等が適切に勘案されることが望
ましい。

◆ 巻末資料⑤

全国保育士会倫理綱領

　すべての子どもは，豊かな愛情のなかで心身ともに健やかに育
てられ，自ら伸びていく無限の可能性を持っています。
　私たちは，子どもが現在（いま）を幸せに生活し，未来（あす）
を生きる力を育てる保育の仕事に誇りと責任をもって，自らの人
間性と専門性の向上に努め，一人ひとりの子どもを心から尊重し，
次のことを行います。
　　　私たちは，子どもの育ちを支えます。
　　　私たちは，保護者の子育てを支えます。
　　　私たちは，子どもと子育てにやさしい社会をつくります。
（子どもの最善の利益の尊重）
1．私たちは，一人ひとりの子どもの最善の利益を第一に考え，
保育を通してその福祉を積極的に増進するよう努めます。
（子どもの発達保障）
2．私たちは，養護と教育が一体となった保育を通して，一人ひ
とりの子どもが心身ともに健康，安全で情緒の安定した生活がで
きる環境を用意し，生きる喜びと力を育むことを基本として，そ
の健やかな育ちを支えます。
（保護者との協力）
3．私たちは，子どもと保護者のおかれた状況や意向を受けとめ，
保護者とより良い協力関係を築きながら，子どもの育ちや子育て
を支えます。
（プライバシーの保護）
4．私たちは，一人ひとりのプライバシーを保護するため，保育
を通して知り得た個人の情報や秘密を守ります。
（チームワークと自己評価）
5．私たちは，職場におけるチームワークや，関係する他の専門
機関との連携を大切にします。
　また，自らの行う保育について，常に子どもの視点に立って自
己評価を行い，保育の質の向上を図ります。
（利用者の代弁）
6．私たちは，日々の保育や子育て支援の活動を通して子どもの
ニーズを受けとめ，子どもの立場に立ってそれを代弁します。
　また，子育てをしているすべての保護者のニーズを受けとめ，
それを代弁していくことも重要な役割と考え，行動します。
（地域の子育て支援）
7．私たちは，地域の人々や関係機関とともに子育てを支援し，
そのネットワークにより，地域で子どもを育てる環境づくりに努
めます。
（専門職としての責務）
8．私たちは，研修や自己研鑽を通して，常に自らの人間性と専
門性の向上に努め，専門職としての責務を果たします。

社会福祉法人 全国社会福祉協議会
全国保育協議会
全国保育士会

児童福祉施設の設備及び運営に関する基準（昭和23年厚生省令第63号）（抄）

第32条―第36条の3（改正：平成31年2月15日厚生労働省令第十五号）（平成31年4月1日から施行）

第五章　保育所
（設備の基準）
第三十二条　保育所の設備の基準は，次のとおりとする。
一　乳児又は満二歳に満たない幼児を入所させる保育所には，乳児室又はほふく室，医務室，調理室及び便所を設けること。
二　乳児室の面積は，乳児又は前号の幼児一人につき一・六五平方メートル以上であること。
三　ほふく室の面積は，乳児又は第一号の幼児一人につき三・三平方メートル以上であること。
四　乳児室又はほふく室には，保育に必要な用具を備えること。
五　満二歳以上の幼児を入所させる保育所には，保育室又は遊戯室，屋外遊戯場（保育所の付近にある屋外遊戯場に代わるべき場所を含む。次号において同じ。），調理室及び便所を設けること。
六　保育室又は遊戯室の面積は，前号の幼児一人につき一・九八平方メートル以上，屋外遊戯場の面積は，前号の幼児一人につき三・三平方メートル以上であること。
七　保育室又は遊戯室には，保育に必要な用具を備えること。
八　乳児室，ほふく室，保育室又は遊戯室（以下「保育室等」という。）を二階に設ける建物は，次のイ，ロ及びヘの要件に，保育室等を三階以上に設ける建物は，次のロからチまでの要件に該当するものであること。
イ　建築基準法（昭和二十五年法律第二百一号）第二条第九号の二に規定する耐火建築物又は同条第九号の三に規定する準耐火建築物（同号ロに該当するものを除く。）であること。
ロ　保育室等が設けられている次の表の上欄に掲げる階に応じ，同表の中欄に掲げる区分ごとに，それぞれ同表の下欄に掲げる施設又は設備が一以上設けられていること。

階	区分	施設又は設備
二階	常用	1　屋内階段 2　屋外階段
二階	避難用	1　建築基準法施行令（昭和二十五年政令第三百三十八号）第百二十三条第一項各号又は同条第三項各号に規定する構造の屋内階段（ただし，同条第一項の場合においては，当該階段の構造は，建築物の一階から二階までの部分に限り，屋内と階段室とは，バルコニー又は付室を通じて連絡することとし，かつ，同条第三項第三号，第四号及び第十号を満たすものとする。） 2　待避上有効なバルコニー 3　建築基準法第二条第七号の二に規定する準耐火構造の屋外傾斜路又はこれに準ずる設備 4　屋外階段
三階	常用	1　建築基準法施行令第百二十三条第一項各号又は同条第三項各号に規定する構造の屋内階段 2　屋外階段
三階	避難用	1　建築基準法施行令第百二十三条第一項各号又は同条第三項各号に規定する構造の屋内階段（ただし，同条第一項の場合においては，当該階段の構造は，建築物の一階から三階までの部分に限り，屋内と階段室とは，バルコニー又は付室を通じて連絡することとし，かつ，同条第三項第三号，第四号及び第十号を満たすものとする。） 2　建築基準法第二条第七号に規定する耐火構造の屋外傾斜路又はこれに準ずる設備 3　屋外階段
四階以上	常用	1　建築基準法施行令第百二十三条第一項各号又は同条第三項各号に規定する構造の屋内階段 2　建築基準法施行令第百二十三条第二項各号に規定する構造の屋外階段
四階以上	避難用	1　建築基準法施行令第百二十三条第一項各号又は同条第三項各号に規定する構造の屋内階段（ただし，同条第一項の場合においては，当該階段の構造は，建築物の一階から保育室等が設けられている階までの部分に限り，屋内と階段室とは，バルコニー又は付室（階段室が同条第三項第二号に規定する構造を有する場合を除き，同号に規定する構造を有するものに限る。）を通じて連絡することとし，かつ，同条第三項第三号，第四号及び第十号を満たすものとする。） 2　建築基準法第二条第七号に規定する耐火構造の屋外傾斜路 3　建築基準法施行令第百二十三条第二項各号に規定する構造の屋外階段

ハ　ロに掲げる施設及び設備が避難上有効な位置に設けられ，かつ，保育室等の各部分からその一に至る歩行距離が三十メートル以下となるように設けられていること。
ニ　保育所の調理室（次に掲げる要件のいずれかに該当するものを除く。ニにおいて同じ。）以外の部分と保育所の調理室の部分が建築基準法第二条第七号に規定する耐火構造の床若しくは壁又は建築基準法施行令第百十二条第一項に規定する特定防火設備で区画されていること。この場合において，換気，暖房又は冷房の設備の風道が，当該床若しくは壁を貫通する部分又はこれに近接する部分に防火上有効にダンパーが設けられていること。
（1）　スプリンクラー設備その他これに類するもので自動式のものが設けられていること。
（2）　調理用器具の種類に応じて有効な自動消火装置が設けられ，かつ，当該調理室の外部への延焼を防止するために必要な措置が講じられていること。
ホ　保育所の壁及び天井の室内に面する部分の仕上げを不燃材料でしていること。
ヘ　保育室等その他乳幼児が出入し，又は通行する場所に，乳幼児の転落事故を防止する設備が設けられていること。
ト　非常警報器具又は非常警報設備及び消防機関へ火災を通報する設備が設けられていること。
チ　保育所のカーテン，敷物，建具等で可燃性のものについて防炎処理が施されていること。
（保育所の設備の基準の特例）
第三十二条の二　次の各号に掲げる要件を満たす保育所は，第十一条第一項の規定にかかわらず，当該保育所の満三歳以上の幼児に対する食事の提供について，当該保育所外で調理し搬入する方法により行うことができる。この場合において，当該保育所は，当該食事の提供について当該方法によることとしてもなお当該保育所において行うことが必要な調理のための加熱，保存等の調理機能を有する設備を備えるものとする。
一　幼児に対する食事の提供の責任が当該保育所にあり，その管理者が，衛生面，栄養面等業務上必要な注意を果たし得るような体制及び調理業務の受託者との契約内容が確保されていること。
二　当該保育所又は他の施設，保健所，市町村等の栄養士により，献立等について栄養の観点からの指導が受けられる体制にある等，栄養士による必要な配慮が行われること。
三　調理業務の受託者を，当該保育所における給食の趣旨を十分に認識し，衛生面，栄養面等，調理業務を適切に遂行できる能力を有する者とすること。
四　幼児の年齢及び発達の段階並びに健康状態に応じた食事の提供や，アレルギー，アトピー等への配慮，必要な栄養素量の給与等，幼児の食事の内容，回数及び時機に適切に応じることができること。
五　食を通じた乳幼児の健全育成を図る観点から，乳幼児の発育及び発達の過程に応じて食に関し配慮すべき事項を定めた食育に関

する計画に基づき食事を提供するよう努めること。

（職員）

第三十三条　保育所には，保育士（特区法第十二条の四第五項に規定する事業実施区域内にある保育所にあつては，保育士又は当該事業実施区域に係る国家戦略特別区域限定保育士。次項において同じ。），嘱託医及び調理員を置かなければならない。ただし，調理業務の全部を委託する施設にあつては，調理員を置かないことができる。

2　保育士の数は，乳児おおむね三人につき一人以上，満一歳以上満三歳に満たない幼児おおむね六人につき一人以上，満三歳以上満四歳に満たない幼児おおむね二十人につき一人以上，満四歳以上の幼児おおむね三十人につき一人以上とする。ただし，保育所一につき二人を下ることはできない。

（保育時間）

第三十四条　保育所における保育時間は，一日につき八時間を原則とし，その地方における乳幼児の保護者の労働時間その他家庭の状況等を考慮して，保育所の長がこれを定める。

（保育の内容）

第三十五条　保育所における保育は，養護及び教育を一体的に行うことをその特性とし，その内容については，厚生労働大臣が定める指針に従う。

（保護者との連絡）

第三十六条　保育所の長は，常に入所している乳幼児の保護者と密接な連絡をとり，保育の内容等につき，その保護者の理解及び協力を得るよう努めなければならない。

（業務の質の評価等）

第三十六条の二　保育所は，自らその行う法第三十九条に規定する業務の質の評価を行い，常にその改善を図らなければならない。

2　保育所は，定期的に外部の者による評価を受けて，それらの結果を公表し，常にその改善を図るよう努めなければならない。

第三十六条の三　削除

ワークシート例

科目名:	受講日:	年 月 日 ( )
	提出日:	年 月 日 ( )

クラス:	学生番号:	氏名:

授業の内容とポイント ※実習の段階と方法についての講義の内容，ポイントをまとめる。

「保育実習Ⅰ」に対する期待と学びたいこと	ラベル A
※講義の内容，ポイントを理解した上での期待と学びたいこと書き出す。	※ラベル A・B に友人が期待していること，学びたいこと，不安を書いてもらい，共有する。

「保育実習Ⅰ」に対する不安	ラベル B
※講義の内容，ポイントを理解した上での不安を書き出す。	

「保育実習Ⅰ」に対する期待，学びたいことを実現するための準備

※期待と学びたいこと，不安をもとに準備しておくべきことを考え，書き出す。

※赤字部分は，各項目の使用方法です。

| 科目名： | 受講日： | 年 | 月 | 日 （ ） |
| | 提出日： | 年 | 月 | 日 （ ） |

| クラス： | 学生番号： | 氏名： |

指導案

月　　日（　）	組　（　　歳児）　名　　実習生氏名
子どもの姿	ねらい
	内　容

時間	環境の構成	予想される子どもの活動	保育者(実習生)の援助と配慮

| 科目名： | 受講日： | 年　　　月　　　日（　　） |
| | 提出日： | 年　　　月　　　日（　　） |

| クラス：　　　　　　学生番号： | 氏名： |

今度予定している実習の課題を考え，書いてみましょう。

Step 1. 実習で学びたいことを箇条書きで挙げてみましょう。書き出したことを仲間と共有しましょう。
　以下の点を踏まえて考えます。
　Point 1 自分が行う実習の段階と内容を理解する
　Point 2 これまでの授業等での学びから自分の関心を整理する
　Point 3 実習施設の概要を理解する，を踏まえて考えます。

Step 2. Step 1 で挙げた学びたいことを以下の表に（大項目と小項目）に整理し，具体化しましょう。

	大項目	小項目
1		
2		
3		

Step 3. Step 2 で具体的になった学びたいことを整理し，順序立てて文章にましょう。
　　　　レポート用紙に実習課題をまとめます。

Homework Sheet Lesson 10 (Sample)

| 科目名： | 受講日： | 年 月 日 （ ） |
| | 提出日： | 年 月 日 （ ） |

クラス：　　　　　　学生番号：　　　　　　氏名：

主な授業内容：

本日の学び：

課題内容：

① 本日の学びから，実習に向け今から準備すべきことを自分なりに整理しましょう。

----

② 実習を希望する保育所（または該当地域）の概要を調べましょう。

③ その他

| 科目名： | 受講日： | 年 | 月 | 日 （ 　 ） |
| | 提出日： | 年 | 月 | 日 （ 　 ） |

| クラス： | 学生番号： | 氏名： |

主な授業内容：

本日の学び：

課題内容：
本日の学びから，以下について考えましょう。

①実習園の概要・特色を調べましょう。

②オリエンテーションの依頼の準備をしましょう。（日程の把握，電話のかけ方の練習等）

③オリエンテーションの実施に向け，準備（質問項目・持ち物等）を書き出しましょう。

④その他

科目名：	受講日：	年	月	日（ ）
	提出日：	年	月	日（ ）

クラス：	学生番号：	氏名：

課題1－①：年齢ごとの心身の発達の特徴と考えるポイントを書き出して整理し，他の学生と見比べて みましょう。

3歳児	
4歳児	
5歳児	
6歳児	

課題1－②：他の学生の書いた特徴と見比べて気づいたこと

課題2－①：いくつかの遊びを思い浮かべ，年齢によって遊び方や子どもが楽しんでいる部分，ルール などが違う部分を書き出して他の学生のものと見比べてみましょう。

遊び：
年齢による違い：
遊び：
年齢による違い：

課題2－②：他の学生の書いた特徴と見比べて気づいたこと

| 科目名： | 受講日： | 年 | 月 | 日 （　） |
| | | 提出日： | 年 | 月 | 日 （　） |

| クラス： | 学生番号： | 氏名： |

課題1：室内での遊びの環境を考えてみましょう。保育室の中に「コーナー遊び」と「保育者の位置」
を書き入れてみましょう。
・子どもたちが興味を持ちそうな遊びを最低4種類は考えましょう。
・遊び場所の配置により，遊び同士の影響や関連なども考えましょう。
・子どもたちの動きやすさや安全を配慮した動線が確保できるようにコーナーを配置しましょう。
・保育者が全体を見渡せたり，すぐに動けたりする位置を確保しましょう。

課題2：理想の園庭を考えてみましょう。どのような遊びができるのか想像しながら，自然物も人工物
も自由に組み合わせて園環境を設定してください。完成した園庭について，周りの方にプレゼン
して意見をもらい改善してみましょう。

科目名：	受講日：	年 月 日（ ）
	提出日：	年 月 日（ ）

クラス： 学生番号：	氏名：

部分実習を想定して，仲間とともに練習してみましょう。（模擬部分実習）

　部分実習の想定は，①対象年齢と，表19-1を参考に②担当する時間帯，③内容を決めて行います。Lesson 8 のワークで作成した指導案をもとに，練習してもよいでしょう。

保育者と子ども役に別れて，順番に練習してみましょう。
実践したら振り返り，評価をしましょう。

想定する部分実習　　　対象年齢　　　　場面　　　　活動内容　　　　　　　

自己評価：実践の振り返り

良かった点	課題

他者評価：仲間からのコメント

良かった点	課題

今後へ向けて

科目名：	受講日：	年	月	日 （ ）
	提出日：	年	月	日 （ ）

クラス： 学生番号：	氏名：

課題：子どもと楽しむ遊びを仲間と研究しましょう。

①子どもが楽しめそうな遊びを調べ「遊び研究シート」に記入しましょう。

遊びのタイトル：	想定される対象年齢
遊びの内容　→図や絵を活用してわかりやすく書く（遊び方や遊びのルール，製作活動の場合は作り方）	準備するもの
	楽しさのポイント
	実践する際の留意点

②各自が調べ、考えてきた遊びを仲間に紹介し遊んでみます。その遊びをより楽しむための工夫や実践する際の留意点などを話し合います。

| 科目名： | 受講日： | 年 | 月 | 日 （ ） |
| | 提出日： | 年 | 月 | 日 （ ） |

| クラス： 　　　学生番号： 　　　　氏名： |

課題1：あなたの住んでいる地域の子育てを支える専門機関の名称やその機関の種別，提供している支援などについて調べて表にまとめてみましょう。

機関の名称：(例：○○療育園)

機関の種別：(例：児童発達支援センター)

提供している支援：(例：保護者に対する相談，発達に関する検査，作業療法士や公認心理師による訓練，保育所などへの巡回指導)

機関の名称：

機関の種別：

提供している支援：

機関の名称：

機関の種別：

提供している支援：

機関の名称：

機関の種別：

提供している支援：

機関の名称：

機関の種別：

提供しているサービス：

課題2：他の学生が書いた表と見比べて気づいたこと

Homework Sheet Lesson 40 (Sample)

科目名：	受講日：	年	月	日（ ）
	提出日：	年	月	日（ ）

クラス：	学生番号：	氏名：

課題内容

以下は日誌の記述の例です。下線部を正しい表現あるいはより適切な表現に改めましょう。

〈「子どもの活動」欄の記述例〉

・保育士の①話しを②よく聞く　　①（　　　　　）②（　　　　　　　　　）

　Point ▶ ①送り仮名の誤りを改めましょう。②具体的に書きましょう。

・トイレで③はいせつする　　③（　　　　　　）

　Point ▶ ③漢字に改めましょう。

〈「保育士の援助・配慮」欄の記述例〉

・④挨拶をする　　④（　　　　　　　　　　　　　　　　　　　　）

　Point ▶ ④登園時を想定し、「誰に」「どのように」挨拶をするのかを書き加えましょう。

・⑤「手を洗いなさい」と言う　　⑤（　　　　　　　　　　　　　　　　）

　Point ▶ ⑤鉤括弧を用いず，間接話法に改めましょう。

・⑥泣いてる子どもを抱き上げ，落ち着けるよう，背中を⑦トントンしながら穏やかにどうしたのかと声をかける　　⑥（　　　　　　　　　）⑦（　　　　　　　　　　）

　Point ▶ ⑥話し言葉は用いません。⑦具体的にはどのような動作か詳しく書きましょう。

・内容が⑧かぶらないよう，多様な種類の絵本を用意し，自由に子ども⑨に選ばせる

　⑧（　　　　　　　　　　　）⑨（　　　　　　　　　　）

　Point ▶ ⑧若者言葉は用いません。⑨子ども主体の表現に改めましょう。

〈「環境の構成」欄の記述例〉

・窓を開けて⑩換気したり机や椅子を移動して保育室内の環境を整える

　⑩（　　　　　　　　　　　　　　　　　　　　）

　Point ▶ ⑩「たり」は単独では用いません。

・⑪動物に関する絵本や紙芝居，図鑑を保育室内の本棚に置く

　⑪（　　　　　　　　　　　　　　　　　　　　　　）

　Point ▶ ⑪動物園遠足の直前を想定し，「なぜ」「何のために」そうするのかを書き加えましょう。

〈「実習生の気づき・考察」欄の記述例〉

・⑫「発達には個人差があるんだなあ」と実感した

　⑫（　　　　　　　　　　　　　　　　　　　　）

　Point ▶ ⑫鉤括弧を用いず，間接話法に改めましょう。また話し言葉を書き言葉に改めましょう。

・⑬子どもたちが笑顔で過ごせるのは，先生方が絶えず笑顔で，明るく楽しい雰囲気作りをしていらっしゃることに気づいた。

　⑬（　　　　　　　　　　　　　　　　　　　　　　）

　Point ▶ ⑬「主述のねじれ」が起きています。本来，「子どもたちが笑顔ですごせるのは」のあとには理由を示す表現が続きます。

【Homework Sheet 40 解答例】

①話，②注意深く（集中して），③排泄，④保護者と子どもへ笑顔で元気よく挨拶をする，⑤手を洗うよう促す，⑥泣いている，⑦優しく撫でさすり，⑧重ならない（重複しない），⑨が選べるよう配慮する，⑩換気したり机や椅子を移動したりして，⑪子どもが自由に手に取れるよう（動物へ関心が持てるよう），⑫発達には個人差があるのだと，⑬子どもたちが笑顔で過ごせるのは，先生方が絶えず笑顔で，明るく楽しい雰囲気作りをしていらっしゃるからだと気づいた

保育所実習指導　ワークシート

授業実施日	月　　日　　曜日　天候　　第　　回目		出席者	名
			欠席者	名
学籍番号		氏　名	ゲスト	

主な授業内容 と 授業のねらい	※下の欄は，担当の先生の指示に従って記入してください。	Lesson　No.

◆授業のポイント！

ラベルA（白色）

ラベルB（桃色）

◆Reflection！

次回までの課題（Homework）・その他〔予定，特記事項〕	
HW（No.　）	
その他	

A.N.H　2020〈Ver.1.1〉

Homework　Sheet　（No.　　）

チェック担当者サイン

学籍		氏		印	提 出 締 切 日 と 提 出 先	月	日	曜日
番号		名					：	までに
								へ提出

課題内容

※用紙が足りない場合には，裏面を使用しても構わない。

Let's have a dialogue !
ワークシートで学ぶ保育所実習

2020 年 4 月 1 日　第一版第 1 刷発行
2023 年 3 月 31 日　第一版第 2 刷発行

編 著 者　相浦雅子・那須信樹・原孝成
発 行 者　宇野文博
発 行 所　株式会社同文書院
　　　　　〒 112-0002
　　　　　東京都文京区小石川 5-24-3
　　　　　TEL（03）3812-7777
　　　　　FAX（03）3812-7792
　　　　　振替　00100-4-1316
印刷・製本　日本ハイコム株式会社